세상의 속도를
따라잡고 싶다면

Do it!

데이터 분석 프로젝트 전 과정 수록!

쉽게 배우는
파이썬 데이터 분석

통계 분석 · 머신러닝 · 텍스트 마이닝 · 공공데이터 분석 등
가장 인기 있는 파이썬 패키지로 데이터 분석에 입문한다!

데이터 분석가 김영우 지음

이지스퍼블리싱

세상의 속도를 따라잡고 싶다면 **Do it!**
변화의 속도를 즐기게 됩니다.

Do it!
쉽게 배우는
파이썬 데이터 분석
Do it! Python Data Analysis

초판 발행 • 2022년 05월 31일
초판 4쇄 • 2024년 03월 20일

지은이 • 김영우
펴낸이 • 이지연
펴낸곳 • 이지스퍼블리싱(주)
출판사 등록번호 • 제313-2010-123호
주소 • 서울특별시 마포구 잔다리로 109 이지스빌딩 4층 (우편번호 04003)
대표전화 • 02-325-1722 / **팩스** • 02-326-1723
홈페이지 • www.easyspub.co.kr | **페이스북** • www.facebook.com/easyspub
Do it! 스터디룸 카페 • cafe.naver.com/doitstudyroom | **이메일** • service@easyspub.co.kr

기획 및 책임 편집 • 박현규 / **표지 디자인 및 내지 디자인** • 정우영, 트인글터 / **교정교열** • 박명희
전산편집 • 트인글터 / **베타 테스터** • 김정규, 김경민, 신동욱, 서은교, 박가영, 배기원 / **마케팅** • 박정현, 한송이, 이나리
인쇄 및 제본 • 보광문화사 / **영업 및 강의자료 PPT 문의** • 이주동, 김요한(support@easyspub.co.kr)
독자지원 • 오경신, 박애림

ISBN 979-11-6303-349-3 13000
가격 23,000원

처음 시작하는 사람을 위해

데이터에는 사람들이 살아온 흔적, 세상이 움직인 흔적이 담겨 있습니다. 데이터 분석은 이런 흔적에서 패턴을 찾아내는 일입니다. 세상에는 인식의 한계를 넘어설 만큼 많은 일이 일어나기 때문에 각각 떼어 놓고 보면 잘 이해되지 않습니다. 하지만 데이터를 분석해 패턴을 찾아내면 사람들이 어떻게 살아가고 있는지, 세상이 어떻게 움직이는지 이해할 수 있습니다. 미래를 예측하고, 세상을 더 아름답게 만들 방법을 찾아낼 수도 있습니다. 데이터를 분석한다는 건 멋지고 신나는 일입니다.

이 책은 쉽습니다.
데이터 분석을 처음 시작하는 분들을 위해 이 책을 만들었습니다. IT 전공자가 아니어도 괜찮습니다. 데이터 분석에 대해 아는 게 전혀 없어도 괜찮습니다. 태어나서 프로그래밍 근처에도 가본 적 없어도, 데이터 분석을 한 번도 해본 적 없어도 차근차근 실습을 따라 하다 보면 자연스럽게 파이썬 코드에 익숙해지도록 구성했습니다. 실습을 마칠 때쯤이면 어느새 데이터 분석 기술을 습득하게 될 겁니다.

데이터 분석에 집중합니다.
이 책은 데이터 분석 기술을 익히는 데 집중합니다. 프로그래밍 문법은 데이터를 분석하는 데 필요한 만큼만 다룹니다. 프로그래밍을 처음 해보더라도 좌절하지 않고 데이터 분석의 세계에 들어갈 수 있습니다.

백과사전식이 아니라 튜토리얼 방식의 책입니다.
기초 문법과 함수들을 나열해 가며 하나하나 익힌 후, 마지막에 데이터 분석 실습을 하는 백과사전식이 아니라 처음부터 데이터를 분석하면서 그때그때 필요한 기능을 익히는 튜토리얼 방식의 책입니다.

데이터 분석의 모든 과정을 경험하게 됩니다.
데이터를 정제하고, 가공하고, 분석하고, 그래프를 만들면서 실제 현업에서 데이터 분석 프로젝트를 할 때 거치게 되는 모든 과정을 경험하게 됩니다. 끝에 가서는 공공데이터를 이용해 자신만의 훌륭한 데이터 분석 프로젝트를 완수하게 됩니다.

데이터 분석의 세계에 오신 것을 환영합니다.
데이터를 분석한다는 건 멋지고 신나는 일입니다. 파이썬을 익히면 전 세계 데이터 분석가들이 축적해 놓은 지식과 기술을 활용해 자유자재로 데이터를 분석할 수 있습니다. 독자 옆에 앉아 차근차근 설명한다는 마음으로 썼습니다. 데이터 분석의 세계에 첫발을 내딛는 데 도움이 되었으면 좋겠습니다. 감사합니다.

데이터 분석가 **김영우**

초심자도 쉽게 따라 할 수 있도록 친절하게 구성된 책

이 책의 가장 큰 장점은 친절하다는 것입니다. '친절함'은 이 책의 저자가 다른 저작에서도 보여주는 특유의 재능입니다. 파이썬을 전혀 알지 못하는 초심자도 쉽게 따라 할 수 있도록 친절하게 구성되어 있습니다. 그러면서도 내용이 매우 알찹니다. 저는 현업 데이터 과학자인데도 이 책을 읽으면서 배운 것들이 많을 정도입니다.

두 번째 장점은 곁길로 새지 않고 본질에 충실하다는 것입니다. 파이썬을 다룬 책들은 도구에 대한 설명에 집중한 나머지 데이터 분석이라는 본질을 놓치는 함정에 쉽게 빠집니다. 이 책은 그런 함정에 빠지지 않고 데이터 분석에 집중하면서 파이썬은 도구로서의 역할에 집중하고 있습니다. 데이터 분석 실력이 나아지면서 파이썬 자체에 흥미를 갖게 되는 건 자연스러운 일이지만, 처음에는 데이터 분석이라는 본질에 집중해야 합니다. 이 책은 그런 목표를 달성하는 데 적합하게 구성돼 있습니다.

세 번째 장점은 실무에 많이 사용되는 기술을 충실히 다루고 있다는 것입니다. **현업에서 데이터 분석을 하는 사람들이 흔히 접하는 문제를 해결하는 방법을 예시를 통해 소개하고 있습니다.** 특히 프로덕트 매니저, 비즈니스 애널리스트 직군에게 큰 도움이 될 것으로 생각합니다.

입문서를 쓴다는 것은 쉬운 일이 아닙니다. 저자에게 당연한 것들이 독자에게는 결코 당연하지 않음을 명심하고, 초심자들이 이해하기 어려울 만한 것들을 하나하나 세심하게 짚어주어야 하기 때문입니다. 그런 점에서 이 책은 입문서의 목표를 훌륭하게 달성하고 있습니다. 파이썬으로 데이터 분석에 입문하는 분들께 이 책을 널리 추천합니다.

박준석 • Amazon Research Scientist, 오하이오의 낚시꾼

멘토가 옆에서 1:1로 파이썬 과외를 해주는 느낌

학교 수업이나 외부 강의에서 데이터 분석 관련 책을 추천해달라는 요청을 받으면 단연코 가장 먼저 추천하는 책이 김영우 데이터 분석가의 《Do it! 쉽게 배우는 R 데이터 분석》입니다. 불필요한 내용을 나열하기보다는 실제 업무에 사용되는 분석 기술을 다루기에, 자칫 딱딱할 수 있는 프로그래밍이 매우 친근하게 다가오는 책입니다. 저 또한 이 책의 도움을 많이 받았습니다. 그러한 저자가 파이썬을 이용한 데이터 분석 책을 집필한다는 소식을 듣고 너무나 기대되었습니다.

원고를 받아본 순간 기대가 헛되지 않았음을 깨달았습니다. 김영우 분석가 **특유의 다정한 설명으로 마치 멘토가 옆에서 1:1로 파이썬 과외를 해주는 느낌이 들었습니다.** 많은 기본서들이 놓치고 있는 부분을 하나하나 설명해 주는 점도 매우 인상 깊었습니다. 처음 공부하는 사람은 헷갈릴 수 있는 내용들, 예를 들어 설치 오류 해결 방법이나 단축키, 함수와 메서드의 차이, 약어 지정하기 등을 매우 꼼꼼하게 설명해 줍니다. 파이썬이 생소한 분들에게 가장 필요한 내용이 아닐까 생각합니다. 또한 데이터 분석에서 가장 자주 사용되는 데이터 프레임을 다루는데 집중하므로 기초를 튼튼히 하면서도 실용적인 기술을 익힐 수 있을 겁니다.

이 책은 오랜 기간 최고의 데이터 분석가 중 한 명인 저자가 실무에서 데이터 분석을 어떻게 하는지 친절하면서도 꼼꼼하게 알려주고 있습니다. 이 책으로 뼈대를 세우고, 자신에게 필요한 역량에 맞게 조금씩 살을 붙여 나간다면 초보자분들도 훌륭한 데이터 분석가로 거듭날 수 있으리라 생각합니다.

이현열 • 두물머리 퀀트, 한양대학교 겸임교수

책에서 알려주는 것만으로도
누구나 데이터 분석 업무를 효율적으로 할 수 있을 것이다

데이터 분석을 처음 시작하시는 분들이 개발 언어로서의 파이썬을 배우다가 지치는 모습을 많이 보곤 한다. 입문서를 보면 자료 구조, 제어흐름, 클래스 등을 먼저 설명하고 시작한다. 기초 단계로 이 모든 것을 알아야 한다고 생각하면 막막하기만 하다. 이 책은 개발 언어로서의 파이썬보다는 데이터 분석 도구로서의 파이썬에 집중한다. 저자는 그 흔한 자료 구조 이름들도 설명하지 않고 데이터 분석 기술을 소개한다. 놀랍게도 모두 이해하기 쉽고, 데이터 분석 프로젝트까지 하는 데도 문제가 없다. 자료 구조를 가장 마지막에 참고 정도로 설명하는 책이라니, 상상하기 어렵다.

게다가 저자가 까다롭게 고른 도구와 패키지를 최소한으로만 사용한다. **그 덕분에 데이터 분석 작업의 좋은 취향을 배울 수 있다.** 오랫동안 직접 문제를 겪으면서 해결 방법을 찾기 위해 적극적으로 노력해야 간신히 얻을 수 있을 정보들을 저자가 먼저 알려준다. 책에서 알려주는 것만으로도 누구나 데이터 분석 업무를 효율적으로 할 수 있을 것이다.

"당신도 할 수 있다!"고 외치는 듯한 이 책은 데이터 분석이 어려운 것이 아님을, 지금 바로 당신도 이 책으로 시작해 데이터를 분석할 수 있기를 소망하듯 쓰여있다. **실습을 따라 하다 보면 만나는 문제점과 대처하는 방법까지 친절하게 미리 알려주는 점도 놀랍다.** 옆에서 족집게 과외를 받는 느낌이랄까. 그러니 책을 집어 들고 지금 바로 시작하길 추천한다.

박찬엽 • SKT Multimodal AI팀 엔지니어

파이썬 데이터 분석 독학용으로 최고의 책

《Do it! 쉽게 배우는 파이썬 데이터 분석》의 베타테스터 공지를 보자마자 주저 없이 신청했습니다. 디자인도 읽기 편해서 좋았고 **'학습 주제 - 학습 내용 - 혼자서 해보기'의 학습 구성도 알차서 혼자 공부하기 매우 좋은 책입니다.** 초보자가 가장 포기하기 쉬운 지점인 에러를 해결하는 방법은 보충 설명으로 세심하게 배려했습니다. 데이터 분석을 파이썬으로 해봄으로써 자연스럽게 파이썬 실력도 키울 수 있을 것입니다.

신동욱 · IT 분야를 열렬히 가르치고 있는 교수

파이썬 때문에 데이터 분석 공부를 망설였다면? 이 책으로!

데이터 분석을 위해 파이썬을 더 많이 공부해야 하는, 배보다 배꼽이 더 큰 상황을 겪어 보셨나요? 이런 분들에게 꼭 필요한 정말 좋은 책을 발견했습니다. 파이썬과 데이터 분석을 이제 막 시작한 저 같은 사람에게 딱 좋은 책입니다. 본문에서 배운 내용을 복습할 수 있게 해주는 '혼자서 해보기' 코너, 다양한 주제로 실제 파이썬을 활용한 데이터 분석을 경험하게 해주는 '실전 프로젝트' 코너도 유익했습니다. 이 책을 통해 파이썬 데이터 분석에 쉽게 입문하게 되어 기쁩니다.

김정규 · 파이썬은 초보인 8년 차 마케터

나만의 데이터 분석 과외 선생님의 애정 어린 꿀팁이 가득 담긴 책!

이 책은 파이썬 입문서가 아닙니다. 그래서 변수나 함수와 같은 파이썬 문법은 필요한 만큼만 설명하고 데이터 분석 입문서로서의 역할에 충실합니다. 데이터 프레임, 데이터 가공 및 정제를 직접 해보는 구성이어서 실무를 경험하는 기분도 듭니다. 마지막에는 저자가 1:1 과외를 마친 학생에게 애정 어린 마음으로 조언해 주는 내용이 담겨 있습니다. 데이터 분석가가 되려면 앞으로 어떤 공부를 어떻게 해야 하는지, 또 어떤 길로 나아가야 하는지, 인터넷 어디서도 찾아볼 수 없는 귀한 조언이었습니다.

김경민 · 보건학을 공부하는 대학원생

파이썬 초보자도 성큼성큼 나아갈 수 있게 만들어 주는 책!

프로그램 설치부터 데이터 분석의 모든 과정을 친절하게 설명하여 데이터 분석이 매우 쉽게 느껴지게 만들어 주는 책이었습니다. **파이썬을 아예 모르는 사람도 데이터 분석 과정을 성큼성큼 따라갈 수 있게 해주는 책입니다. 이 책 덕분에 데이터 분석에 큰 자신감이 생겼습니다.** 마지막 장에서는 앞으로 데이터 분석가가 되려면 어떻게 공부해야 하는지, 어느 방향으로 나아가야 하는지 알려 줘서 공부를 제대로 마무리하는 기분이 들었습니다.

배기원 • 파이썬 데이터 분석을 공부하는 대학생

파이썬의 'ㅍ'도 몰라도 괜찮아요! 이 책으로 데이터 분석에 입문하세요!

파이썬을 전혀 모르는 저에게 '갑자기 이 코드가 왜 나오지?', '이 단어는 뭐지?'와 같은 질문이 생기지 않게 해주는 명쾌한 책이었습니다. 또한 연습 문제를 풀면서 배운 내용을 정말로 내 지식이 될 수 있게 도와준다는 생각을 했습니다. **데이터 분석 프로젝트 과정 안에서 데이터 분석을 가르치니 내가 배운 내용을 어디서, 어떻게 사용해야 하는지 저절로 알게 되더군요.** 배운 내용을 어떻게 활용해야 할지 감이 잘 잡히지 않는 초보자에게 딱입니다! 이 책을 통해 데이터 분석 프로젝트를 해낸 것 같아서 굉장히 뿌듯했습니다!

박가연 • 파이썬이 처음이라 걱정했던 대학원생

비전공자도 데이터 분석가가 될 수 있게 해주는 책!

데이터 분석은 처음인 저에게도 무척 쉬운 책이었습니다. 친절하게 설명해서 예제를 술술 잘 따라 할 수 있었어요. 본문을 다 읽은 후에는 '정리하기' 코너로 개념을 다시 한번 되짚어 보고, '혼자서 해보기' 코너로 문제를 풀며 배운 내용을 확인하니 학습 효과가 매우 좋았습니다.
비전공자이면서 데이터 분석 실력자가 되고 싶거나, 파이썬을 알아도 데이터 분석에 어떻게 활용해야 할지 막막한 사람에게 이 책을 적극 권장합니다.

서은교 • 파이썬 문법 공부를 막 마친 대학생

이 책의 구성

이 책에서 소개하는 대로 차근차근 실습하다 보면 자연스럽게 파이썬 코드에 익숙해지도록 구성했습니다. 실습을 마칠 때 쯤이면 어느새 데이터 분석 기술을 습득하고 자신만의 훌륭한 데이터 분석 프로젝트를 완수할 것입니다.

01

첫째마당 ┃ 파이썬이랑 친해지기

01 안녕, 파이썬?
02 파이썬 데이터 분석 환경 만들기
03 데이터 분석에 필요한 연장 챙기기

02

둘째마당 ┃ 본격 실습! 데이터 갖고 놀기

04 데이터 프레임의 세계로!
05 데이터 분석 기초! - 데이터 파악하기, 다루기 쉽게 수정하기
06 자유자재로 데이터 가공하기
07 데이터 정제 - 빠진 데이터, 이상한 데이터 제거하기
08 그래프 만들기

03

셋째마당 ┃ 실전! 데이터 분석 프로젝트

09 데이터 분석 프로젝트 - 한국인의 삶을 파악하라!

04

넷째마당 ┃ 다양한 데이터 분석의 세계

10 텍스트 마이닝
11 지도 시각화
12 인터랙티브 그래프
13 마크다운으로 데이터 분석 보고서 만들기

05

다섯째마당 ┃ 데이터 과학의 세계

14 통계 분석 기법을 이용한 가설 검정
15 머신러닝을 이용한 예측 분석

06

여섯째마당 ┃ 한발 더 들어가기

16 데이터를 추출하는 다양한 방법
17 자료 구조 다루기
18 데이터 분석 기술 효율적으로 익히기

텍스트 마이닝부터 머신러닝 모델링까지!

통계 분석은 물론, 머신러닝, 텍스트 마이닝, 지도 시각화, 인터랙티브 그래프 등 최근 주목받는 다양한 데이터 분석 기법들을 다룹니다.

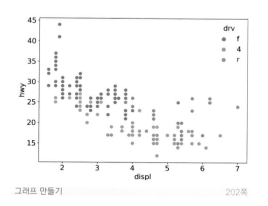

그래프 만들기   202쪽

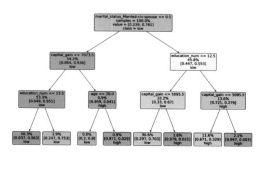

머신러닝 모델링   365쪽

텍스트 마이닝   299쪽

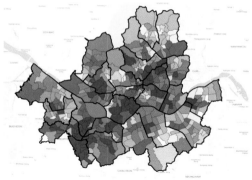

지도 시각화   312쪽

인터랙티브 그래프   318쪽

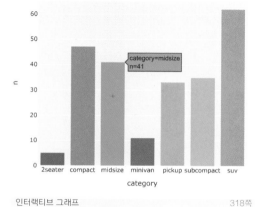

통계적 가설 검정   344쪽

머리말   3
이 책을 먼저 본 이 분야 전문가들의 한마디   4
이 책을 읽은 베타테스터의 한마디   6

첫째마당

파이썬이랑 친해지기

01 안녕, 파이썬?   18
01-1 데이터 분석과 파이썬   19
01-2 파이썬이 강력한 데이터 분석 도구인 이유   26

02 파이썬 데이터 분석 환경 만들기   31
02-1 아나콘다로 파이썬과 JupyterLab 설치하기   32
02-2 JupyterLab과 친해지기   37
02-3 유용한 환경 설정   48

03 데이터 분석에 필요한 연장 챙기기   52
03-1 변하는 수, '변수' 이해하기   53
03-2 마술 상자 같은 '함수' 이해하기   59
03-3 함수 꾸러미, '패키지' 이해하기   62

둘째마당

본격 실습! 데이터 갖고 놀기

04 데이터 프레임의 세계로!   76
04-1 데이터 프레임 이해하기 - 데이터는 어떻게 생겼나?   77
04-2 데이터 프레임 만들기 - 시험 성적 데이터를 만들어 보자!   81
04-3 외부 데이터 이용하기 - 축적된 시험 성적 데이터를 불러오자!   85

05 데이터 분석 기초! - 데이터 파악하기, 다루기 쉽게 수정하기   98
05-1 데이터 파악하기   99
05-2 변수명 바꾸기   113
05-3 파생변수 만들기   116

06 자유자재로 데이터 가공하기   131
06-1 데이터 전처리 - 원하는 형태로 데이터 가공하기   132
06-2 조건에 맞는 데이터만 추출하기   133
06-3 필요한 변수만 추출하기   145
06-4 순서대로 정렬하기   151
06-5 파생변수 추가하기   154
06-6 집단별로 요약하기   159
06-7 데이터 합치기   167

07 데이터 정제 - 빠진 데이터, 이상한 데이터 제거하기 ... 177
07-1 빠진 데이터를 찾아라! - 결측치 정제하기 ... 178
07-2 이상한 데이터를 찾아라! - 이상치 정제하기 ... 186

08 그래프 만들기 ... 196
08-1 파이썬으로 만들 수 있는 그래프 살펴보기 ... 197
08-2 산점도 - 변수 간 관계 표현하기 ... 199
08-3 막대 그래프 - 집단 간 차이 표현하기 ... 205
08-4 선 그래프 - 시간에 따라 달라지는 데이터 표현하기 ... 212
08-5 상자 그림 - 집단 간 분포 차이 표현하기 ... 218

셋째마당
•
실전! 데이터 분석 프로젝트

09 데이터 분석 프로젝트 - '한국인의 삶을 파악하라!' ... 224
09-1 '한국복지패널 데이터' 분석 준비하기 ... 225
09-2 성별에 따른 월급 차이 - 성별에 따라 월급이 다를까? ... 229
09-3 나이와 월급의 관계 - 몇 살 때 월급을 가장 많이 받을까? ... 235
09-4 연령대에 따른 월급차이 - 어떤 연령대의 월급이 가장 많을까? ... 240
09-5 연령대 및 성별 월급차이 - 성별 월급 차이는 연령대별로 다를까? ... 244
09-6 직업별 월급 차이 - 어떤 직업이 월급을 가장 많이 받을까? ... 248
09-7 성별 직업 빈도 - 성별에 따라 어떤 직업이 가장 많을까? ... 255
09-8 종교 유무에 따른 이혼율 - 종교가 있으면 이혼을 덜 할까? ... 259
09-9 지역별 연령대 비율 - 어느 지역에 노년층이 많을까? ... 269

넷째마당
•
다양한 데이터 분석의 세계

10 텍스트 마이닝 ... 278
10-1 대통령 연설문 텍스트 마이닝 ... 279
10-2 기사 댓글 텍스트 마이닝 ... 293

11 지도 시각화 ... 300
11-1 시군구별 인구 단계 구분도 만들기 ... 301
11-2 서울시 동별 외국인 인구 단계 구분도 만들기 ... 308

12 인터랙티브 그래프 ... 314
12-1 인터랙티브 그래프 만들기 ... 315

13 마크다운으로 데이터 분석 보고서 만들기 322

13-1 신뢰할 수 있는 데이터 분석 보고서 만들기 323

13-2 마크다운 문서 만들기 324

다섯째마당

데이터 과학의 세계

14 통계 분석 기법을 이용한 가설 검정 332

14-1 가설 검정이란? 333

14-2 t 검정 - 두 집단의 평균 비교하기 334

14-3 상관분석 - 두 변수의 관계 분석하기 337

15 머신러닝을 이용한 예측 분석 345

15-1 머신러닝 모델 알아보기 346

15-2 소득 예측 모델 만들기 354

여섯째마당

한발 더 들어가기

16 데이터를 추출하는 다양한 방법 382

16-1 [ ] 이용하기 383

16-2 df.loc[ ] 이용하기 390

16-3 df.iloc[ ] 이용하기 399

17 자료 구조 다루기 406

17-1 자료 구조란? 407

17-2 스칼라 410

17-3 리스트 413

17-4 튜플 416

17-5 딕셔너리 418

17-6 시리즈 422

17-7 데이터 프레임 427

18 데이터 분석 기술 효율적으로 익히기 434

18-1 집중할 방향 정하기 435

18-2 데이터 분석 기술을 효율적으로 익히는 방법 437

18-3 오픈 소스 생태계에서 어울리기 440

빠르게 끝내고 싶다면 목표를 세워 공부해 보세요!

2주 집중 코스

파이썬이랑 친해지기 ▸ 데이터 갖고 놀기 ▸ 다양한 데이터 분석의 세계 ▸ 데이터 과학의 세계 ▸ 한발 더 들어가기

1일차 [월 일]	2일차 [월 일]	3일차 [월 일]	4일차 [월 일]	5일차 [월 일]
01~03장 파이썬 기초와 데이터 분석 준비	04장 데이터 프레임	05장 데이터 분석 기초	06장 데이터 가공	07장 데이터 정제
6일차 [월 일]	**7일차** [월 일]	**8일차** [월 일]	**9일차** [월 일]	**10일차** [월 일]
08장 그래프 만들기	09장 (1/2) 데이터 분석 프로젝트	09장 (2/2) 데이터 분석 프로젝트	10장 텍스트 마이닝	11장 지도 시각화
11일차 [월 일]	**12일차** [월 일]	**13일차** [월 일]	**14일차** [월 일]	
12~13장 인터랙티브 그래프, 보고서 만들기	14장 통계 분석	15장 머신러닝	16~17장 데이터 추출, 자료 구조	

끝!
수고하셨습니다!

실습에 사용할 데이터 파일을 다운로드하세요

• 깃허브에서 다운받기

이 책의 실습에 사용할 데이터 파일을 저자의 깃허브에서 다운로드하세요.

> https://bit.ly/doit_python

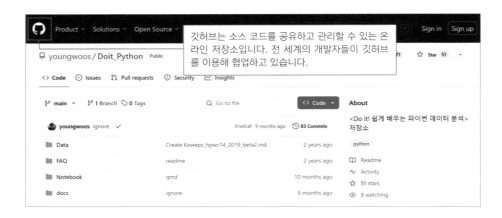

• exam.csv 파일 다운로드

①깃허브에서 [Data] 폴더 클릭 → ②다운로드할 파일 클릭 → ③ 클릭

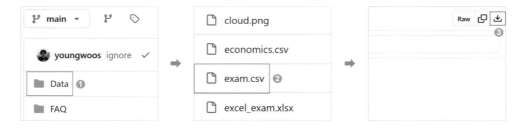

• 이지스퍼블리싱 자료실에서 다운받기

이지스퍼블리싱에 회원가입을 하면 압축 파일로 한 번에 내려받을 수 있습니다.

> 이지스퍼블리싱 홈페이지 - [자료실] www.easyspub.co.kr → [자료실] → 도서명으로 검색

강의용 프레젠테이션 자료를 다운로드하세요

이 책을 강의 교재로 사용하는 분들을 위해 강의용 프레젠테이션 자료를 준비해 두었습니다. 저자의 깃허브에서 다운로드할 수 있습니다.

이 책에 대한 질문과 이야기를 나눌 수 있는 곳

데이터 분석 커뮤니티 https://www.facebook.com/groups/datacommunity

* 비공개 커뮤니티이므로 가입해야 내용을 볼 수 있습니다.

공부하다가 궁금한 점이 생기면 저자가 운영하는 페이스북 커뮤니티인 '데이터 분석 커뮤니티'에 질문해 주세요. 이곳에서는 데이터 분석을 공부하기 시작한 사람들이 활동하고 있으니 질문과 답변을 주고받으면서 함께 공부할 수 있습니다. 질문할 때는 실습할 때 작성한 코드나 캡처한 이미지를 함께 올려 주는 것이 좋습니다.

Do it! 공부단에서 같이 공부할 친구를 찾아보세요!

'Do it! 공부단'에서 같이 공부할 친구를 찾아보세요. 이 책뿐만 아니라 다른 IT 도서도 함께 스터디할 수 있습니다.

Do it! 공부단 http://cafe.naver.com/doitstudyroom

책에서 사용하는 도구와 패키지 버전

• 도구		• 패키지			
conda	23.7.4	folium	0.15.1	plotly	5.9.0
pandoc	3.1.12.1	jpype1	1.5.0	pydataset	0.2.0
Python	3.11.5	jupyterlab	3.6.3	pyreadstat	1.2.6
		konlpy	0.6.0	scikit-learn	1.3.0
		matplotlib	3.7.2	seaborn	0.12.2
		numpy	1.24.3	wordcloud	1.9.3
		pandas	2.0.3		

첫째마당

파이썬이랑
친해지기

파이썬의 세계에 오신 것을 환영합니다. 첫째마당에서는 파이썬이 전 세계 데이터
분석가들의 사랑을 받는 이유를 알아보고, 파이썬을 설치하는 방법과 기본 사용법
을 익힙니다.

01 안녕, 파이썬?

02 파이썬 데이터 분석 환경 만들기

03 데이터 분석에 필요한 연장 챙기기

안녕, 파이썬?

파이썬은 데이터 분석가들이 가장 많이 사용하는 데이터 분석 도구입니다. 이 장에서는 파이썬이 왜 강력한지, 파이썬으로 어떤 일을 할 수 있는지 알아봅니다.

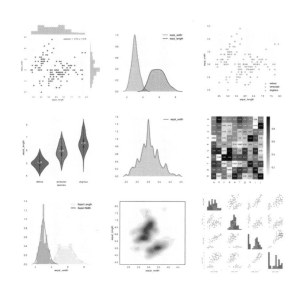

01-1 데이터 분석과 파이썬

01-2 파이썬이 강력한 데이터 분석 도구인 이유

01-1
데이터 분석과 파이썬

데이터 분석 분야에서 인기있는 파이썬

파이썬은 데이터를 분석하는 데 많이 사용되는 프로그래밍 언어입니다. 기업, 학계, 언론 등 다양한 분야의 데이터 분석가들이 파이썬을 사용하고 있고, 이제 막 데이터 분석 공부를 시작한 입문자들도 파이썬을 익히고 있습니다. 파이썬은 수많은 데이터 분석 도구들 사이에서 큰 인기를 끌고 있으며 점유율도 계속 늘고 있습니다.

파이썬을 어디에 쓰나요?

많은 사람이 파이썬을 사용하는 가장 큰 이유는 파이썬으로 할 수 있는 일이 매우 다양하기 때문입니다. 파이썬은 범용 도구이기 때문에 파이썬 하나만 잘 다뤄도 어떤 형태의 데이터든 자유롭게 분석할 수 있습니다.

통계 분석

데이터의 특징을 살펴보는 기초 통계 분석부터 가설검정을 하는 데 사용하는 고급 통계 분석 기법에 이르기까지 다양한 통계 분석 기법에 활용할 수 있습니다.

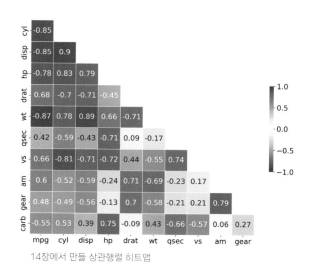

14장에서 만들 상관행렬 히트맵

머신러닝 모델링

머신러닝^{machine learning}은 다량의 데이터를 이용해 특정 변수를 예측하는 예측 모형을 만드는 기법을 말합니다. 파이썬을 이용하면 랜덤 포레스트, XGBoost, 딥러닝 등 최신 머신러닝 알고리즘을 쉽게 활용할 수 있습니다.

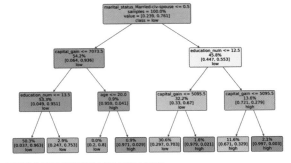

15장에서 만들 의사결정 나무 모델 시각화

텍스트 마이닝

텍스트 마이닝 기술을 이용하면 문자로 이루어진 데이터를 분석할 수 있습니다. 문장에 자주 등장하는 단어를 찾거나 어떤 감정을 표현한 단어가 자주 사용되는지 분석할 수 있습니다.

10장에서 만들 워드 클라우드

네트워크 분석

트위터, 페이스북과 같은 소셜 네트워크 서비스에서 사람들이 어떤 관계를 형성하고 있는지, 어떤 경로로 메시지가 퍼져 나가는지 분석하는 네트워크 분석 기술을 활용할 수 있습니다.

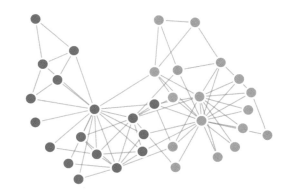

네트워크 시각화(bit.ly/easypy_11)

지도 시각화

위도, 경도 등의 지리 정보와 지역 통
계를 활용해 국가별 GDP, 시군구별
범죄율 등 지역별 특징을 지도로 표
현할 수 있습니다.

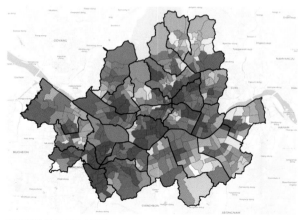

11장에서 만들 지도 시각화

주식 분석

온라인에서 주식 관련 데이터를 수
집해 분석할 수 있습니다. 주식 투자
에 사용되는 지표들을 계산하거나
그래프로 표현할 수 있고, 실제 투자
하는 데 사용하는 투자 시스템을 구
축할 수도 있습니다.

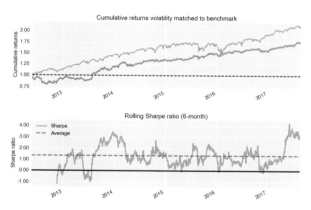

주가 분석(bit.ly/easypy_16)

이미지 분석

사진, 그림 등의 이미지에서 속성을 추출해 데이터로 변환할 수 있습니다. 추출한 데이터는 이미지 식별 등 영상 처리 알고리즘을 개발하는 데 사용할 수 있습니다.

객체 탐지(bit.ly/easypy_12)

사운드 분석

소리 데이터에서 음량, 진폭 등의 속성을 추출해 데이터로 변환하거나 시각화할 수 있습니다. 추출한 데이터는 음성 인식 등 사운드 처리 알고리즘을 개발하는 데 사용할 수 있습니다.

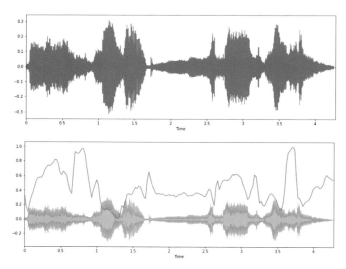

오디오 데이터 분석(abit.ly/easypy_13)

소프트웨어 개발

파이썬은 범용 프로그래밍 언어이기 때문에 데이터 분석뿐 아니라 소프트웨어를 개발하는데 활용할 수 있습니다. 유튜브, 인스타그램, 넷플릭스와 같은 서비스를 운용하는 데도 파이썬을 사용합니다.

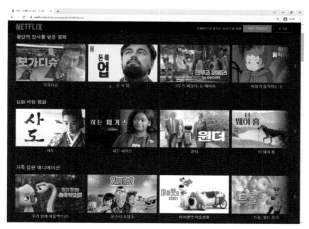

netflix.com

전 세계 데이터 분석가들이 사용하는 파이썬

어떤 도구를 사용하는 사람이 많다는 것은 큰 이점입니다. 문제에 부딪혔을 때 많은 사람으로부터 경험에서 우러나온 조언을 얻을 수 있기 때문입니다. 전 세계의 수많은 파이썬 사용자들이 활발하게 커뮤니티 활동을 하고 있습니다. 파이썬을 사용하다 막히는 부분이 있을 때 온라인 커뮤니티에 질문을 올리면 비슷한 문제를 해결한 경험이 있는 사람들로부터 친절한 답변을 받을 수 있습니다. 특히 초보자들이 겪는 문제는 다른 사람들도 겪어봤기 때문에 검색하면 질문과 답변을 쉽게 찾을 수 있습니다. 설명글에는 대부분 파이썬 코드가 함께 정리되어 있으므로 코드를 그대로 활용해 자신의 문제를 해결할 수 있습니다.

인터넷 검색량으로 프로그래밍 언어의 인기 순위를 구하는 TIOBE(tiobe.com)에서 2022년 1월 파이썬이 1위를 차지한 이후로 1위 자리를 계속 유지하고 있습니다. 특히 최근 들어 파이썬의 인기가 다른 언어에 비해 빠른 속도로 올라가고 있습니다.

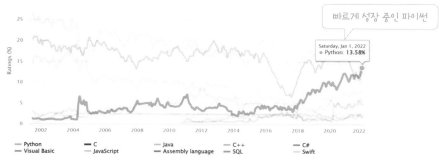

파이썬의 TIOBE 인덱스 추이(bit.ly/easypy_14)

데이터 분석 대회 참가자들이 사용하는 파이썬

캐글(kaggle.com)은 데이터 분석 대회가 열리는 온라인 플랫폼입니다. 기업들이 당면한 문제와 데이터를 사이트에 올리면 개인 참가자들이 알고리즘을 개발해 제출하는 방식으로 대회가 진행됩니다. 가장 성능이 좋은 알고리즘을 제출한 우승자는 거액의 상금과 함께 데이터 분석가로서의 명성을 얻고, 기업은 현업에 적용할 수 있는 훌륭한 알고리즘을 얻게 됩니다. 캐글은 전 세계의 데이터 분석가들이 실력을 검증받는 동시에 다양한 사람들의 아이디어가 모여 데이터 분석 기법이 발전해 나가는 현장입니다.

캐글의 설문 조사에 따르면 캐글 이용자들이 가장 많이 사용하는 프로그래밍 언어는 파이썬입니다. 데이터 분석가, 데이터 과학자, 머신러닝 엔지니어, 소프트웨어 엔지니어 직군 모두 파이썬을 사용한다고 답한 사람이 가장 많았습니다.

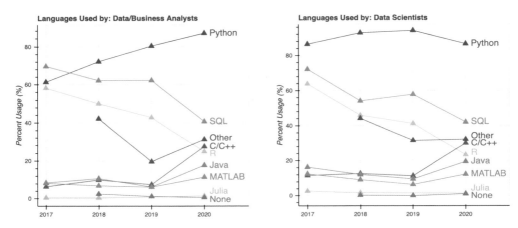

캐글 이용자가 사용하는 프로그래밍 언어의 인기 추이(bit.ly/easypy_15)

세계적인 기업들이 사용하는 파이썬

세계적인 규모의 기업들이 파이썬을 사용한다는 점도 파이썬이 인기를 끄는데 한몫하고 있습니다. 특히 데이터 분석 기술을 선도하는 구글, 페이스북, 아마존, 넷플릭스가 파이썬을 사용하고 있습니다. 다음은 파이썬을 사용하는 대표적인 기업들입니다.

파이썬을 사용하는 기업이 늘고 있는 한국

세계적인 추세와 마찬가지로 한국에서도 파이썬을 사용하는 기업이 빠르게 늘어나고 있습니다. 특히 데이터 관련 업무가 많은 네이버, 카카오, 라인과 같은 IT 회사들은 채용 시험에 파이썬을 활용한 문제를 출제할 만큼 파이썬 활용 능력을 중요하게 여기고 있습니다. 구인·구직 사이트를 살펴보면 SKT, KT, 엔씨소프트, 넥슨, LINE, 쿠팡, 배달의민족 등 데이터 분석 담당자를 채용하는 대다수 조직에서 파이썬 사용 경험을 중요시한다는 것을 알 수 있습니다.

01-2
파이썬이 강력한 데이터 분석 도구인 이유

무료로 사용할 수 있는 오픈 소스다

다른 데이터 분석 도구보다 파이썬을 사용하는 사람이 압도적으로 많은 이유는 파이썬을 무료로 사용할 수 있기 때문입니다. 파이썬은 네덜란드의 프로그래머 귀도 반 로섬[Guido van Rossum]이 만들었습니다. 귀도 반 로섬은 많은 사람이 손쉽게 컴퓨터 프로그램을 개발할 수 있길 바랐고, 누구든 자유롭게 파이썬을 사용할 수 있도록 온라인에 공개했습니다. 심지어 소스 코드까지 공개해서 파이썬을 응용해 소프트웨어를 개발하거나 상업화할 수 있도록 허용했습니다.

SAS, SPSS처럼 전통적으로 많이 사용해 온 데이터 분석 소프트웨어들은 대부분 유료입니다. 이런 상용 도구를 사용하려면 적게는 수십만 원, 많게는 수천만 원을 지불해야 합니다. 반면 파이썬은 무료이면서도 상용 도구가 제공하는 기능을 대부분 갖추고 있고, 심지어 훨씬 더 많은 기능을 활용할 수 있습니다. 수십 년간 상용 도구를 사용해 오던 학계와 산업계가 점차 기존 도구 대신 파이썬을 사용하는 데는 파이썬이 오픈 소스여서 비용이 들지 않는다는 점이 중요하게 작용합니다.

데이터 분석을 대중화했다

파이썬은 데이터 분석 기술의 장벽을 낮추는 역할을 하고 있습니다. 과거에는 대기업이나 대학처럼 상용 도구를 구입하는데 비용을 지불할 여력이 있는 조직에서만 데이터 분석 기술을 활용해 왔습니다. 하지만 파이썬이 등장하면서 규모가 작은 기업이나 개인 사용자도 데이터 분석 기술을 손쉽게 활용할 수 있게 됐습니다. 최근 들어 데이터 분석 기술에 대한 관심이 높아진 것도 파이썬과 같은 오픈 소스가 기술 장벽을 낮췄기 때문입니다.

오픈 소스 생태계가 발달되어 있다

오픈 소스 생태계야말로 파이썬이 각광받는 가장 큰 이유입니다. SAS, SPSS 등과 같은 상용 분석 도구를 사용한다면 새로운 분석 기법이 등장하더라도 다음 버전이 나올 때까지 기다

렸다가 유료로 구매해야 합니다. 반면 파이썬은 새로운 분석 기법이 등장하면 며칠 내로 패키지가 업로드되므로 바로 다운로드해 사용할 수 있습니다. 전 세계의 전문가들이 패키지를 만들어 온라인에 공개하고 있습니다.

파이썬 사용자들이 패키지를 만들어 공유하는 소프트웨어 저장소 PyPI(pypi.org)에는 37만 개가 넘는 패키지가 공개되어 있습니다(2022년 5월 기준). PyPI를 이용하지 않고 깃허브^{github}나 콘다^{conda} 등 다양한 경로를 통해서도 패키지가 공개되는 점을 생각하면 파이썬 생태계의 규모를 짐작할 수 있습니다.

특히 최근에는 온라인 서비스를 중심으로 텍스트, 이미지, 동영상과 같은 비정형 데이터가 많이 만들어지면서 비정형 데이터를 다루는 분석 기법들도 새롭게 등장하고 있습니다. 또한 머신러닝이 주목받으면서 성능을 개선한 머신러닝 알고리즘도 계속 공개되고 있습니다. 이런 새로운 분석 기법과 알고리즘이 등장하면 거의 동시에 파이썬 패키지가 개발되어 공유됩니다. 오픈 소스 생태계 덕분에 최신 분석 기법을 빠르게 활용할 수 있는 것입니다. 최신 기술을 활용해야 하는 여러 분야의 전문가들이 파이썬을 선호하는 이유가 바로 여기에 있습니다.

🐢 연봉, 학점처럼 정해진 규칙이나 구조가 있는 데이터를 '정형 데이터'라고 하고, 텍스트나 이미지처럼 규칙이나 구조가 없는 데이터를 '비정형 데이터'라고 합니다.

교육 재료가 다양하다

사용자가 많은 만큼 책, 온라인 강의, 온라인 문서 등 파이썬을 다룬 다양한 교육 콘텐츠가 개발되어 있습니다. 교육 재료가 많다는 것은 기술을 익히기 시작한 입문자에게 반가운 일입니다. 영어로 된 자료가 많지만 최근에는 한국어로 된 콘텐츠도 많아졌습니다.

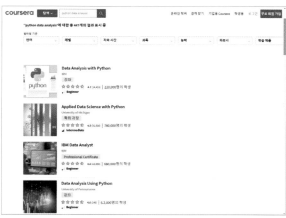

coursera.com의 파이썬 관련 온라인 강의

다양한 그래프를 만들 수 있다

데이터 분석가들이 파이썬을 많이 사용하는 데에는 그래프를 만드는 성능도 한몫합니다. 데이터 분석 작업은 대부분 분석 결과를 이해하기 쉽도록 그래프를 만드는 작업으로 마무리됩니다. 다른 분석 도구들도 그래프를 만드는 기능을 제공하지만, 조작이 불편하고 결과물의 품질이 떨어져서 별도의 프로그램을 이용해야 하는 경우가 많습니다. 반면, 파이썬에는 멋진 그래프를 만들 수 있는 다양한 패키지가 있습니다. 코드 몇 줄이면 학술 논문이나 출판물에 사용할 수 있을 정도로 고품질 그래프를 만들 수 있습니다. 파이썬을 사용하면 데이터 분석부터 그래프를 만드는 일까지 하나의 도구로 작업할 수 있어서 매우 효율적입니다.

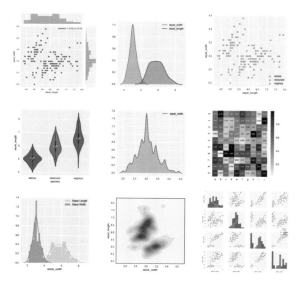

파이썬으로 만든 다양한 그래프(bit.ly/easypy_seaborn)

전문적인 데이터 분석까지 할 수 있는 '프로그래밍 방식' 이다

데이터 분석 도구는 'GUI 방식'과 '프로그래밍 방식'이 있습니다. GUI^{graphic user interface} 방식은 엑셀이나 SPSS처럼 화면의 메뉴와 버튼을 마우스로 클릭하는 형태를 말하고, 프로그래밍 방식은 파이썬이나 SAS처럼 키보드로 명령어를 입력하는 형태를 말합니다.

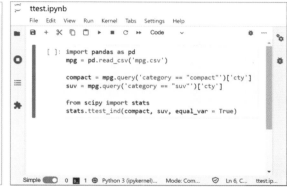

GUI 방식의 SPSS(왼쪽)와 프로그래밍 방식의 파이썬(오른쪽)

GUI 방식의 분석 도구는 마우스 조작만으로 분석 작업을 할 수 있어서 비교적 사용하기 쉽습니다. 그러나 데이터의 크기가 작고 절차가 단순하다면 GUI 방식의 분석 도구로도 충분하지만, 데이터의 크기가 크고 절차가 복잡하다면 프로그래밍 방식의 도구를 이용하는 게 좋습니다. 비유하자면, GUI 방식의 분석 도구는 사용하기 쉽지만 고품질 사진을 찍기 어려운 스마트폰 카메라라고 할 수 있고, 프로그래밍 방식의 분석 도구는 상대적으로 조작이 까다롭지만 예술 작품 수준의 결과물을 만들어 낼 수 있는 DSLR 카메라라고 할 수 있습니다. 프로그래밍 방식의 분석 도구는 전문적인 데이터 분석 작업을 할 수 있을 뿐만 아니라 GUI 방식의 분석 도구와 비교해 다음과 같은 장점이 있습니다.

재현성이 확보된다

분석 방법과 데이터가 같다면 누가 분석하든 같은 결과물을 얻을 수 있어야 하는데, 이를 재현성reproducibility이라고 합니다. 과학적인 연구를 수행하거나 머신러닝 모델을 만드는 것처럼 데이터에 기반을 둔 작업을 할 때는 재현성을 반드시 확보해야 합니다. 데이터 분석 과정을 재현할 수 있어야만 결과물을 신뢰할 수 있기 때문입니다. 파이썬과 같은 프로그래밍 방식의 분석 도구를 사용하면 데이터 분석의 전 과정이 코드에 고스란히 남기 때문에 재현성을 확보할 수 있습니다.

오류가 줄어든다

GUI 방식의 분석 도구를 이용해 마우스로 메뉴를 클릭하며 작업하다 보면 조작 실수를 할 때가 있습니다. 간단한 실수는 실행 취소 기능으로 되돌릴 수 있지만, 절차가 복잡한 작업을 하다가 실수하면 되돌리기 어렵습니다. 어떤 작업 때문에 문제가 생겼는지 알기 어렵기 때문입니다. 더욱 위험한 점은 실수를 하더라도 자신이 실수했다는 사실을 알아차리기 힘들다는 것입니다.

파이썬과 같은 프로그래밍 방식의 도구를 이용하면 이런 문제를 해소할 수 있습니다. 모든 작업 과정이 코드에 드러나기 때문에 분석 결과에 이상한 점이 발견되더라도 오류를 쉽게 파악하여 수정할 수 있습니다. 다른 사람에게 코드를 검토해달라고 부탁할 수도 있습니다. 자신이 직접 분석하지 않았더라도 코드를 보면 오류를 찾아낼 수 있기 때문입니다.

공동 작업을 할 수 있다

GUI 방식의 분석 도구를 사용하면 분석 결과만 남고 분석 과정은 기록되지 않습니다. 작업 하던 자료를 다른 사람에게 넘겨주면 어떤 작업을 이어서 해야 하는지 판단하기 어렵기 때문에 GUI 방식의 분석 도구는 여러 사람이 함께 작업하는 데 적합하지 않습니다.

반면, 프로그래밍 방식의 분석 도구를 사용하면 모든 분석 과정이 코드로 남습니다. 코드를 보면 어떤 작업을 할 차례인지 알 수 있으므로 코드를 공유하며 공동 작업을 할 수 있습니다. 분석 과정을 데이터 전처리, 통계 분석, 시각화 등 몇 단계로 나눠 여러 사람이 동시에 작업하면 데이터를 효율적으로 분석할 수 있습니다.

파이썬 데이터 분석 환경 만들기

파이썬과 JupyterLab을 설치하고 JupyterLab을 다루는 방법을 알아봅니다.

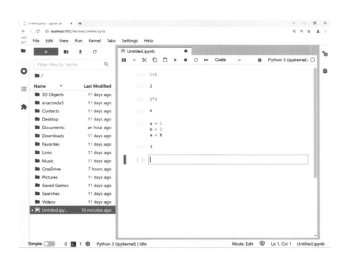

02-1 아나콘다로 파이썬과 JupyterLab 설치하기

02-2 JupyterLab과 친해지기

02-3 유용한 환경 설정

02-1
아나콘다로 파이썬과 JupyterLab 설치하기

파이썬을 익히려면 PC에 파이썬과 JupyterLab을 설치해야 합니다. JupyterLab은 데이터 분석 작업을 쉽게 할 수 있도록 도와주는 IDE 소프트웨어입니다. JupyterLab을 사용하면 다양한 부가 기능을 활용해 데이터를 효율적으로 분석할 수 있습니다.

👀 IDE(Integrated Development Environment, 통합 개발 환경)는 코딩, 파일 관리, 배포 등 프로그래밍에 필요한 다양한 작업을 수행할 수 있는 소프트웨어입니다.

⌨ Do it! 실습 아나콘다 다운로드 및 설치하기

아나콘다^{Anaconda}는 데이터 분석을 하는데 필요한 여러 가지 소프트웨어를 쉽게 설치해주는 프로그램입니다. 아나콘다를 설치하면 파이썬, JupyterLab뿐 아니라 데이터를 다룰 때 자주 사용되는 패키지가 함께 설치됩니다.

1. 아나콘다 다운로드 페이지에 접속합니다.

anaconda.com/download

2. 'Download' 버튼을 클릭해 설치 파일을 다운로드합니다.

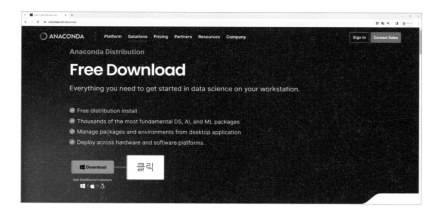

3. 다운로드한 설치 파일을 실행해 설치합니다. 옵션을 변경하지 않고 〈Next〉, 〈I Agree〉, 〈Install〉 버튼을 클릭해 설치합니다. 설치가 끝나면 다음과 같은 창이 나타납니다. 체크를 모두 해제하고 〈Finish〉 버튼을 클릭해 설치를 마무리하세요. **윈도우 사용자 계정이 한글로 되어 있으면 설치 중에 오류가 발생합니다.** 이 때는 다음 쪽의 '아나콘다 설치 오류 해결하기'를 참고하세요.

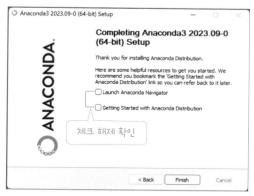

설치 완료 창의 체크 모두 해제하고 〈Finish〉 클릭하기

4. 설치를 완료하면 윈도우 시작 메뉴의 프로그램 목록에서 Anaconda3 폴더의 ⟳ Anaconda Navigator를 클릭해 실행합니다.

Anaconda Navigator 화면

화면의 아이콘을 보면 데이터 분석 작업에 사용하는 여러 소프트웨어가 설치되었음을 알 수 있습니다. 이제 오른쪽 위에 있는 〈×〉를 클릭해 Anaconda Navigator를 종료합니다.

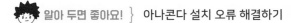

알아 두면 좋아요! } 아나콘다 설치 오류 해결하기

윈도우 사용자 계정이 한글로 되어 있으면 아나콘다 설치 중에 오류가 발생합니다. 이때는 다음 절차에 따라 사용자 계정을 영문으로 새로 만들어 로그인한 다음 아나콘다를 다시 설치하면 됩니다.

1. 윈도우의 [설정]에서 [계정 → 다른 사용자 → 계정 추가]
2. ['이 사람의 로그인 정보를 가지고 있지 않습니다' → '자세히' 모두 클릭 → 동의]

3. ['Microsoft 계정 없이 사용자 추가' → '사용자 이름'에 띄어쓰기, 특수문자 없이 영문자로만 이름 입력 → 다음]
4. [⊞ + ⓧ → 종료 또는 로그아웃 → 로그아웃]
5. 윈도우 시작 화면에서 왼쪽 아래의 새로 만든 영문 계정을 클릭해 로그인한 다음 아나콘다 재설치

Do it! 실습 **프롬프트에서 파이썬 사용해보기**

프롬프트^{command prompt}는 명령어를 입력해 윈도우의 프로그램을 실행하는 도구입니다. 프롬프트를 이용하면 파이썬을 실행할 수 있습니다. 파이썬 사용자는 대부분 프롬프트보다 사용하기 편리하고 다양한 기능을 갖춘 JupyterLab을 사용합니다. 여기서는 프롬프트에서 파이썬이 어떻게 작동하는지 간단히 살펴보고 넘어가겠습니다.

1. 윈도우 시작 메뉴의 프로그램 목록에서 Anaconda3 폴더의 🔲 Anaconda Prompt를 클릭해 실행합니다. 아나콘다 프롬프트는 아나콘다에 들어 있는 프로그램을 실행하거나 설정을 변경할 때 사용하는 프롬프트입니다.

🍎 맥 사용자는 아나콘다 프롬프트 대신 터미널^{terminal}을 이용하면 됩니다. command + Spacebar 를 눌러 Spotlight를 실행한 다음 'Terminal'을 입력하고 Enter 를 누르면 터미널이 실행됩니다.

2. 검정 화면에 부등호 >가 표시되어 있고 그 오른쪽에 깜빡이고 있는 세로 막대가 있습니다. 이곳에 명령어를 입력하고 [Enter]를 누르면 명령어를 실행합니다.

프롬프트 실행 화면

프롬프트에 python을 입력하고 [Enter]를 눌러 파이썬을 실행하겠습니다. 파이썬을 실행하면 파이썬 버전에 관한 설명이 표시되고 프롬프트 모양이 >>>로 바뀝니다.

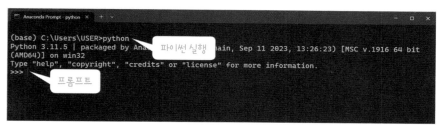

프롬프트에서 파이썬을 실행한 화면

3. 간단한 연산을 수행하는 명령어를 실행하겠습니다. 프롬프트에 1+1을 입력하고 [Enter]를 누르면 명령어 밑에 2가 출력됩니다. 1+1이라는 명령어를 실행한 결과가 출력된 것입니다.

1+1을 실행한 화면

4. 이번에는 프롬프트에 2*3을 입력하고 (Enter)를 누르겠습니다. 2*3이라는 명령어를 실행한 결과로 6이 출력됩니다.

🐢 곱하기는 *로 입력하고, 나누기는 /로 입력합니다.

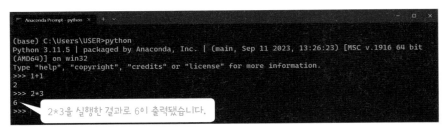

2*3을 실행한 화면

이처럼 파이썬은 명령어를 입력하고 실행하면 곧바로 결과물을 출력합니다. 이런 식으로 한 줄씩 명령어를 입력하고 결과를 확인하는 과정을 반복하면서 데이터를 분석합니다. 이제 오른쪽 위에 있는 〈×〉를 클릭해 아나콘다 프롬프트를 종료합니다.

🐢 파이썬처럼 명령어를 실행하면 곧바로 결과물을 출력하는 프로그래밍 언어를 '인터프리터(interpreter) 방식'이라고 하고, 입력된 명령어 전체를 한꺼번에 실행해 결과물을 출력하는 프로그래밍 언어를 '컴파일러(compiler) 방식'이라고 합니다.

02-2
JupyterLab과 친해지기

JupyterLab은 데이터 분석 작업을 쉽게 할 수 있게 도와주는 IDE 소프트웨어입니다. JupyterLab을 이용하면 프롬프트를 이용할 때 보다 편리하게 데이터 분석 작업을 할 수 있습니다. JupyterLab을 다루는 방법을 익혀보겠습니다.

Do it! 실습   JupyterLab 실행하기

1. [윈도우 시작 메뉴 → Anaconda3 폴더 → ▦]를 클릭해 아나콘다 프롬프트를 실행합니다. 프롬프트에 `jupyter lab`을 입력하고 [Enter]를 누르면 웹 브라우저에 JupyterLab이 실행됩니다. 아나콘다 프롬프트 창은 JupyterLab을 사용하는 동안에는 종료하면 안 되니 주의하세요.

🐢 맥 사용자는 아나콘다 프롬프트 대신 터미널을 이용하면 됩니다.

JupyterLab 실행 화면

2. JupyterLab을 실행하면 화면이 두 개의 창으로 나뉘어 있습니다. 왼쪽에는 파일을 관리할 때 사용하는 파일 브라우저^{file browser}, 오른쪽에는 주요 기능을 실행하는 런처^{launcher}가 열려 있습니다.

파일 브라우저

런처

3. 왼쪽 창의 사이드바에는 여러 탭이 나열되어 있습니다. 탭 아이콘을 클릭하면 창이 나타나고, 다시 클릭하면 창을 숨깁니다.

클릭하여 창을 숨기거나 나타냅니다.

드래그하여 창 크기를 조절합니다.

탭은 분석 작업을 하는데 도움이 되는 다양한 기능을 합니다.

❶ File Browser: 파일 관리
❷ Running Terminals and Kernels: 작동 중인 기능 목록
❸ Table of Contents: 마크다운 목차
❹ Extension Manager: 확장 기능 관리

창 사이의 세로 막대를 드래그하면 창 크기를 조절할 수 있습니다. 작업할 때 주로 오른쪽 창을 이용하므로 세로 막대를 드래그해 오른쪽 창을 크게 만들거나 사이드바의 탭을 클릭해 왼쪽 창을 숨겨두면 편리합니다.

⌨ **Do it! 실습**   노트북 다루기

JupyterLab에서 데이터를 분석할 때는 가장 먼저 노트북[notebook]을 만듭니다. 노트북을 이용하면 코드와 출력 결과를 정리한 문서를 만들 수 있습니다. 오른쪽 창에 열려 있는 런처에서 'Notebook' 항목의 🐍 아이콘을 클릭해 노트북을 만들겠습니다.

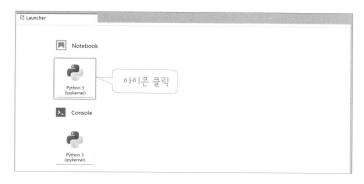

셀을 이용해 명령어 실행하기

노트북을 만들면 가로로 긴 상자가 나타나는데 이 상자를 셀[cell]이라고 합니다. 셀을 마우스로 클릭하면 명령어를 입력할 수 있는 상태가 되고 왼쪽 끝에 커서가 깜빡입니다.

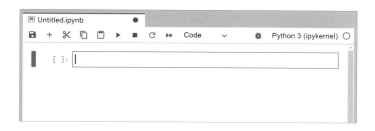

1. 아나콘다 프롬프트에서 했던 것처럼 간단한 연산을 수행하는 명령어를 입력하고 실행해 보겠습니다. 셀에 1+1을 입력하고 Shift + Enter를 누릅니다. 명령어를 실행한 결과가 셀 아래에 출력되고, 출력 결과 밑에 새로운 셀이 만들어집니다.

첫 번째 셀의 왼쪽 대괄호([ ])에 이 셀을 몇 번째로 실행했는지 나타낸 숫자가 표시됩니다. 지금은 처음 실행했으므로 1이 표시됩니다. 새로 만들어진 셀은 명령어를 입력할 수 있는 상태로 커서가 깜빡입니다.

2. 이번에는 두 번째 셀에 2*3을 입력한 다음 실행하겠습니다. 코드 실행 결과가 셀 아래에 출력되고, 출력 결과 밑에 새로운 셀이 다시 만들어집니다. 셀을 두 번째로 실행했으므로 대괄호에 2가 표시됩니다.

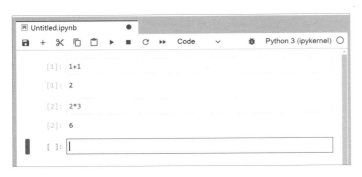

3. 이번에는 여러 줄의 명령어를 입력해 한 번에 실행해보겠습니다. 세 번째 셀에 a = 1을 입력합니다. 'a라는 변수를 만들어 1을 집어넣으라'는 의미의 명령어입니다. 명령어를 입력하고 [Enter]를 누르면 커서가 다음 행으로 넘어갑니다. 두 번째 행에 b = 2를 입력하고 [Enter]를 눌러 커서를 다음 행으로 넘긴 다음 마지막으로 세 번째 행에 a + b를 입력합니다.

이제 [Shift] + [Enter]를 눌러 셀을 실행하겠습니다. 여러 줄의 명령어를 입력해 실행하면 명령어를 순서대로 실행합니다. 출력 결과를 보면 a에 들어 있는 1과 b에 들어 있는 2를 더해 3이 되었음을 알 수 있습니다.

```
[3]: a = 1
     b = 2
     a + b

[3]: 3

[ ]:
```

알아 두면 좋아요! } **여러 명령어의 실행 결과를 모두 출력하기**

결과를 출력하는 명령어를 여러 줄 입력해 실행하면 다음과 같이 마지막 명령어의 결과만 출력됩니다.

```
[1]:  1+1
      2+2

[1]:  4
```

여러 명령어의 실행 결과를 모두 출력하려면 print() 함수를 사용해야 합니다.

```
[2]:  print(1+1)
      print(2+2)

      2
      4
```

🍵 함수를 사용하는 방법은 03-2절에서 자세히 다룹니다

에디트 모드와 커맨드 모드

노트북은 에디트 모드와 커맨드 모드, 두 가지 방식으로 다룰 수 있습니다.

에디트 모드

에디트 모드$^{edit\ mode}$는 '셀에 코드를 입력하거나 수정할 수 있는 상태'입니다. 셀을 마우스로 클릭하거나 Enter 를 누르면 에디트 모드가 됩니다. 에디트 모드일 때는 셀 안에 커서가 깜빡이고 셀 안쪽 면은 흰색, 테두리는 파란색으로 표시됩니다. 선택한 셀은 왼쪽에 파란색 세로 막대가 표시됩니다. 셀에 코드를 입력하거나 수정할 때 노트북을 에디트 모드로 만들면 됩니다.

커맨드 모드

커맨드 모드$^{command\ mode}$는 '셀을 편집할 수 있는 상태'입니다. 에디트 모드에서 Esc 를 누르면 커맨드 모드가 됩니다. 커맨드 모드일 때는 셀의 안쪽 면과 테두리가 모두 회색으로 표시됩

니다. 커맨드 모드에서는 ⬆ 또는 ⬇ 방향 키를 이용해 다른 셀을 선택할 수 있고, 셀을 추가하거나 삭제할 수 있습니다. 선택한 셀은 왼쪽에 파란색 세로 막대가 표시됩니다. 셀을 편집할 때 노트북을 커맨드 모드로 만들면 됩니다.

커맨드 모드의 단축키를 이용하면 셀을 자유롭게 편집할 수 있습니다.

기능	단축키
셀 삭제	D 연속 두 번
셀 복사	C
셀 잘라내기	X
셀 아래에 셀 붙여넣기	V
셀 위에 새 셀 추가하기	A
셀 아래에 새 셀 추가하기	B

모드 바꾸기

커맨드 모드에서 Enter 를 누르면 에디트 모드가 되고, 에디트 모드에서 Esc 를 누르면 커맨드 모드가 됩니다.

- Enter : 커맨드 모드 → 에디트 모드

- Esc : 에디트 모드 → 커맨드 모드

🐢 셀에 마우스 커서를 올리고 우클릭하면 다양한 셀 편집 기능을 사용할 수 있습니다.

알아 두면 좋아요! 〉 노트북의 유용한 기능들

- 명령어 실행하고 새 셀 만들기: Shift + Enter 로 명령어를 실행하면 출력 결과 아래 새 셀을 만들고 에디트 모드가 됩니다. 명령어를 실행한 다음 바로 다음 명령어를 입력할 때 유용합니다.
- 명령어 실행하고 새 셀 만들지 않기: Ctrl + Enter 로 명령어를 실행하면 새 셀을 만들지 않고 커맨드 모드가 됩니다. 이 때 다시 Enter 를 누르면 에디트 모드가 됩니다. 한 셀의 명령어를 여러 번 수정하며 실행할 때 유용합니다.
- 출력 결과 지우기: 셀에 마우스 커서를 올리고 [우클릭 → 'Clear Outputs']를 클릭하면 셀의 출력 결과를 지웁니다. 'Clear All Outputs'를 클릭하면 노트북의 모든 출력 결과를 지웁니다.
- 모든 셀 새로 실행하기: JupyterLab 메뉴의 [Run → Run All Cells]를 클릭하면 노트북의 모든 셀을 순서대로 새로 실행합니다. <Restart Kernel and Run All Cells...>를 클릭하면 노트북을 새로 시작한 다음 모든 셀을 순서대로 실행합니다. 이 기능을 실행하면 셀 왼쪽 [ ]의 번호를 1부터 순서대로 매깁니다.
- 셀 순서 바꾸기: 셀 왼쪽에 마우스를 올리면 커서가 ⊕ 모양으로 바뀝니다. 이 때 셀을 마우스로 드래그하면 원하는 위치로 옮길 수 있습니다.
- 여러 셀 선택하기: 커맨드 모드에서 Shift + 방향키로 여러 셀을 선택할 수 있습니다. 이 상태에서 Shift + Enter 를 누르면 여러 셀을 순서대로 실행합니다.

 **Do it! 실습**　　**노트북 저장하기, 노트북 열기**

노트북을 저장하고 여는 방법을 알아보겠습니다.

Ctrl + S를 누르면 'Rename file'창이 나타납니다. 〈Rename〉을 클릭하면 앞에서 작성한 노트북을 저장합니다. 그런 다음 노트북 탭의 〈×〉를 클릭해 노트북을 종료합니다.

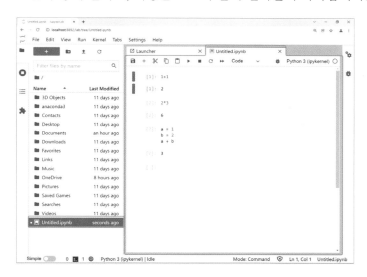

왼쪽 창에 열려 있는 파일 브라우저의 Untitled.ipynb가 저장한 노트북 파일입니다. 노트북을 만들면 자동으로 Untitled.ipynb라는 이름이 됩니다. 노트북 파일을 더블클릭하면 오른쪽 창에 열리고, 저장한 코드와 출력 결과물이 나타납니다.

노트북 파일명 바꾸기

노트북 파일명을 바꿔보겠습니다. [노트북 탭 마우스 우클릭 → 'Rename Notebook']을 클릭하면 'Rename File' 창이 나타납니다. 새 이름 'notebook'을 입력하고 〈Rename〉을 클릭하면 파일명이 notebook.ipynb로 바뀝니다. 파일명을 바꿀 때 노트북 파일 확장자 .ipynb를 수정하지 않도록 주의하세요.

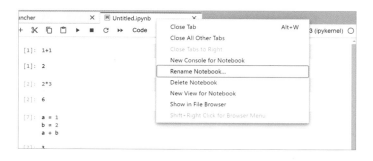

새 노트북 만들기

새 노트북을 만들어 보겠습니다. JupyterLab 메뉴의 [File → New → Notebook → Select]를 클릭하면 새 노트북을 만들어 오른쪽 창에 엽니다. 새 노트북은 자동으로 Untitled.ipynb로 저장됩니다. 파일 브라우저를 보면 노트북이 새로 만들어진 것을 알 수 있습니다. 노트북 메뉴 위의 탭 바를 보면 앞에서 만든 노트북과 새로 만든 노트북이 서로 다른 탭에 열려 있습니다. 이처럼 JupyterLab은 여러 노트북을 동시에 열어놓고 작업할 수 있습니다. 마우스로 탭을 드래그하면 노트북의 순서를 바꿀 수 있습니다.

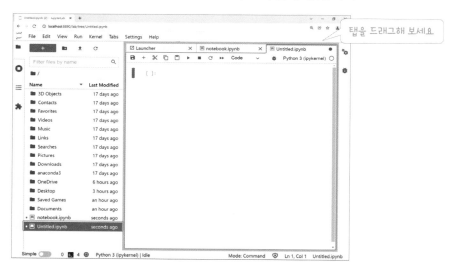

노트북 삭제하기

앞에서 만든 노트북을 삭제하겠습니다. 파일 브라우저에서 Untitled.ipynb 파일에 마우스 커서를 올리고 [우클릭 → Delete → Delete]를 클릭하면 파일을 삭제합니다. 파일 브라우저를 보면 Untitled.ipynb 파일이 사라졌음을 확인할 수 있습니다.

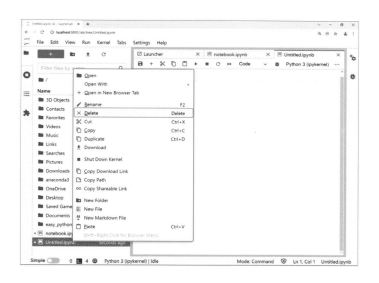

워킹 디렉터리 다루기

JupyterLab 왼쪽에 열려 있는 파일 브라우저$^{file\ browser}$는 윈도우의 파일 탐색기, 맥의 파인더와 비슷한 기능을 합니다. 데이터 분석에 활용하는 파일을 관리할 때 파일 브라우저를 사용합니다. 파일 브라우저는 워킹 디렉터리의 내용물을 보여 줍니다.

워킹 디렉터리란?

워킹 디렉터리$^{working\ directory}$는 JupyterLab에서 파일을 불러오거나 저장할 때 사용하는 폴더를 의미합니다. 노트북에서 파일을 불러오는 명령어를 실행하면 워킹 디렉터리에 있는 파일을 불러오고, 파일을 저장하는 명령어를 실행하면 워킹 디렉터리에 저장합니다. 워킹 디렉터리의 기본값은 'C:/Users/〈사용자 이름〉'으로 지정되어 있습니다. ■에 마우스 커서를 올리면 워킹 디렉터리 경로를 표시합니다.

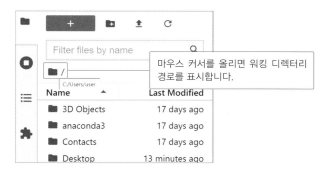

워킹 디렉터리 만들기

JupyterLab에서 데이터 분석을 시작하기 전에 먼저 워킹 디렉터리를 만들겠습니다. 데이터를 분석하다 보면 소스 코드, 이미지, 문서, 외부 프로그램에서 생성된 자료 등 수많은 파일을 활용하게 됩니다. 새 작업을 시작할 때마다 워킹 디렉터리를 만들면 이런 파일들을 효율적으로 관리할 수 있습니다. 여러 가지 분석 작업을 동시에 진행할 때도 파일들을 폴더별로 관리하면 편리합니다.

1. 새 폴더를 만들어 워킹 디렉터리로 지정하는 방법을 알아보겠습니다. 파일 브라우저의 빈 공간에 마우스 커서를 올리고 우클릭한 다음 'New Folder'를 클릭합니다. 파일 브라우저에 'Untitled Folder'가 나타나면 이름을 입력하고 Enter를 누릅니다. 여기서는 'easy_python'을 입력하겠습니다. **폴더 이름이나 경로에 한글이 들어가면 오류가 발생할 수 있으니 주의하세요.**

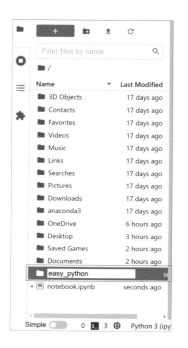

'easy_python' 폴더를 더블클릭해 진입하겠습니다. 아직 아무 파일도 만들지 않았으므로 파일 브라우저가 비어 있습니다. 이제 노트북을 새로 만들겠습니다. JupyterLab 메뉴의 [File → New → Notebook → Select]를 클릭해 새 노트북을 만듭니다. 오른쪽 창에 새 노트북이 열리고, 파일 브라우저를 보면 노트북이 새로 만들어진 것을 알 수 있습니다.

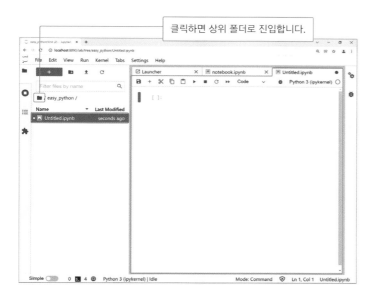
클릭하면 상위 폴더로 진입합니다.

JupyterLab은 노트북 파일이 들어 있는 폴더를 자동으로 워킹 디렉터리로 지정합니다. 따라서 새로 만든 Untitled.ipynb의 워킹 디렉터리는 'C:/Users/user/easy_python' 폴더입니다. 이제 Untitled.ipynb에서 파일을 불러오는 코드를 실행하면 'C:/Users/user/easy_python' 폴더에 있는 파일을 불러오고, 이미지 파일이나 엑셀 파일 등 작업물을 파일로 저장하는 코드를 실행하면 'C:/Users/user/easy_python' 폴더에 저장합니다.

🐢 파일을 불러오거나 저장할 때 기본적으로 워킹 디렉터리를 이용하지만, 코드에 경로를 직접 입력하면 다른 폴더를 이용할 수도 있습니다.

윈도우 탐색기로 'C:/사용자/〈사용자 이름〉' 폴더를 열어보면 'easy_python' 폴더가 만들어진 것을 볼 수 있습니다. 'easy_python' 폴더를 열어보면 JupyterLab에서 만든 Untitled.ipynb 파일이 들어있습니다.

🐢 윈도우 탐색기에는 'Users' 폴더 이름이 '사용자'로 표시됩니다.

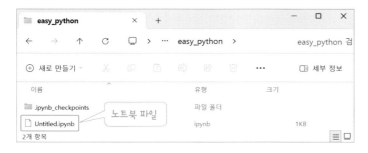

'.ipynb_checkpoints' 폴더에는 노트북의 변경 사항이 저장된 체크 포인트 파일이 들어있습니다. 이 파일은 노트북을 만들 때 자동으로 만들어지고, 데이터 분석 과정에서 수시로 업데이트됩니다.

02-3
유용한 환경 설정

![키보드 아이콘] **Do it!** 실습 　보기 좋게 화면 조절하기

웹 브라우저에서 화면 크기 조절하기

JupyterLab이 열려 있는 웹 브라우저에서 Ctrl + + 또는 - 를 누르면 JupyterLab 화면을
확대하거나 축소할 수 있습니다. Ctrl + 마우스 휠로도 화면 크기를 조절할 수 있습니다.

JupyterLab 메뉴에서 화면 크기 조절하기

JupyterLab 상단 메뉴를 이용하면 JupyterLab 화면 크기를 요소별로 조절할 수 있습니다.
메뉴를 클릭할 때마다 조금씩 바뀌어서 차이가 잘 느껴지지 않으므로 여러 번 클릭해보세요.

- 노트북 글자 크기: [Settings → Theme → Increase Code Font Size(확대) /
  Decrease Code Font Size(축소)]

- 메뉴와 버튼 크기: [Settings → Theme → Increase UI Font Size(확대) /
  Decrease UI Font Size(축소)]

다크 테마로 바꾸기

JupyterLab을 다크 테마^{dark theme}로 바꾸면 화면을 어둡게 만들어 눈 피로를 줄일 수 있습니다.

- 다크 테마로 바꾸기: 　[Settings → Theme → JupyterLab Dark]
- 라이트 테마로 바꾸기: [Settings → Theme → JupyterLab Light]

자동 괄호 닫기

자동 괄호 닫기 기능을 활성화하면 여는 괄호만 입력해도 닫힘 괄호가 함께 입력되어 편리
합니다.

- [Settings → Auto Close Brackets]

![키보드 아이콘] **Do it! 실습** JupyterLab 바로 가기 만들기

JupyterLab 바로 가기를 만들면 아나콘다 프롬프트를 이용하는 대신 아이콘을 더블클릭해 JupyterLab을 바로 실행할 수 있어 편리합니다. 또한 워킹 디렉터리를 자신이 원하는 폴더로 설정할 수 있습니다.

1. 윈도우 탐색기를 열어 'C:/Users/⟨사용자 이름⟩/anaconda3/Scripts'로 이동합니다. 폴더에서 'jupyter-lab.exe' 파일을 찾습니다.

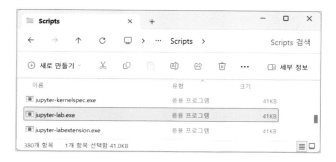

2. 'jupyter-lab.exe' 파일을 우클릭으로 드래그해 바탕화면에 놓은 다음 '여기에 바로 가기 만들기'를 클릭합니다. 이제 바탕화면에 있는 바로 가기 아이콘을 더블클릭하면 JupyterLab이 실행됩니다.

3. 다음 과정을 통해 바로 가기 아이콘 모양을 노트북 로고로 바꿀 수 있습니다.

　① ['jupyter-lab.exe – 바로 가기' 우클릭 → 속성 → 아이콘 변경 → 찾아보기] 클릭

　② 'C:/Users/⟨사용자 이름⟩/anaconda3/Menu'의 'jupyter' 아이콘을 선택한 다음 [열기 → 확인 → 확인] 클릭

완성한 JupyterLab 바로 가기

jupyter-lab.exe –
바로 가기

바로 가기의 시작 위치를 바꾸면 워킹 디렉터리를 자신이 원하는 폴더로 설정할 수 있습니다.

1. 윈도우 탐색기를 열어 워킹 디렉터리로 사용할 폴더를 만듭니다. 폴더 이름이나 경로에 한글이 들어가면 오류가 발생할 수 있으니 주의하세요.

2. 'jupyter-lab.exe - 바로 가기' [우클릭 → 속성]을 클릭한 다음 '시작 위치'에 워킹 디렉터리로 사용할 폴더의 경로를 입력하고 [확인]을 클릭합니다. 폴더를 새로 만들지 않고 원래 있던 폴더의 경로를 입력해도 됩니다.

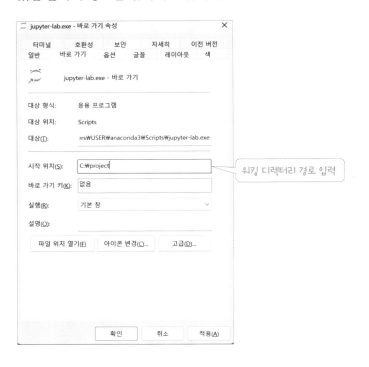

이제 바로 가기 아이콘을 더블클릭해 JupyterLab을 실행한 다음 파일 브라우저를 보면 워킹 디렉터리가 바뀌었음을 알 수 있습니다.

3장부터는 이렇게 공부하세요!

지금까지 JupyterLab 사용 방법을 알아봤습니다. 3장부터 본격적으로 노트북을 이용해 실습하면서 파이썬 기초를 익힙니다. 책에 설명된 코드를 직접 셀에 입력한 다음 Shift + Enter 를 눌러 같은 결과가 출력되는지 확인하면서 실습하세요.

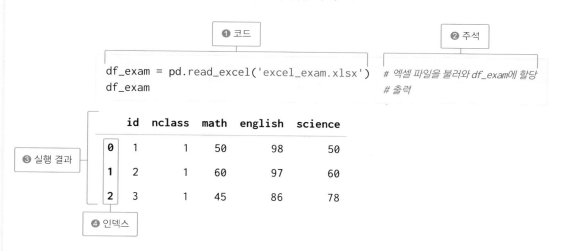

❶ 박스에서 영문자로 시작하는 부분은 파이썬 코드입니다. 이 내용을 셀에 입력한 다음 실행하면 됩니다.

❷ 샵이 1개(#) 표시되고 기울임체로 된 부분은 '주석'입니다. 주석은 코드를 설명하는 일종의 메모로, 코드 실행 결과에 영향을 미치지 않습니다. 중간중간 주석을 달아 놓으면 코드를 이해하는 데 도움이 됩니다.

❸ 박스 아래 표시된 내용은 코드를 실행해서 나타난 출력 결과입니다.

❹ 실행 결과 앞에 표시된 숫자는 결괏값이 몇 번째 순서에 위치하는지 의미하는 인덱스 (index) 값입니다.

- 코드는 한 노트북에 계속 이어서 작성하면 됩니다. 노트북은 원하는 만큼 여러 개 만들어도 됩니다. 단, 같은 워킹 디렉터리에 저장해야 합니다. 실습이 끝나면 Ctrl + S 를 눌러 노트북을 저장하세요.

- 만약 책과 똑같이 코드를 입력하고 실행했는데 에러 메시지가 나타나거나 출력 결과가 다르다면 코드에 오류가 있거나 실행 순서가 틀렸기 때문입니다. 이럴 땐 94쪽의 '초보자가 자주 하는 실수'를 참고하세요.

데이터 분석에 필요한 연장 챙기기

이 장에서는 데이터를 분석하는데 필요한 기본 개념인 변수, 함수, 패키지를 알아
보고 파이썬에서 사용하는 방법을 익힙니다.

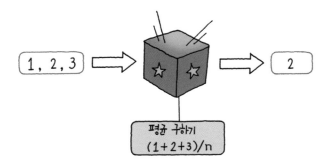

03-1	변하는 수, '변수' 이해하기
03-2	마술 상자 같은 '함수' 이해하기
03-3	함수 꾸러미, '패키지' 이해하기

03-1
변하는 수, '변수' 이해하기

변수는 '변하는 수'다

다음 표는 소득, 성별, 학점, 국적의 4가지 정보를 담고 있습니다. 여기서 소득, 성별, 학점은 국적과 달리 다양한 값을 지니고 있다는 특징이 있습니다. 소득은 1,000만 원~4,000만 원, 학점은 2.6~4.5점의 범위에 분포하고, 성별은 남자 또는 여자로 구분됩니다. 이처럼 다양한 값을 지닌 하나의 속성을 **변수**^{variable}라고 합니다. 데이터는 변수들의 덩어리라고 할 수 있습니다. 여러 변수가 모여 데이터가 됩니다.

소득	성별	학점	국적
1,000만 원	남자	3.8	대한민국
2,000만 원	남자	4.2	대한민국
3,000만 원	여자	2.6	대한민국
4,000만 원	여자	4.5	대한민국

변수는 데이터 분석의 대상

변수는 데이터 분석의 대상입니다. 앞의 데이터를 이용하면 성별에 따라 소득과 학점에 차이가 있는지, 학점과 소득은 어떤 관계가 있는지 분석할 수 있습니다. 이처럼 데이터 분석은 변수 간에 어떤 관계가 있는지 파악하는 작업입니다.

상수는 분석할 게 없다

앞의 데이터에서 국적은 다른 속성과 달리 '대한민국'이라는 고정된 값을 지니고 있습니다. 이처럼 하나의 값으로만 되어 있는 속성을 **상수**^{constant}라고 합니다. 상수는 변수와 달리 분석 대상이 될 수 없습니다. 이 데이터는 모든 사람의 국적이 같으므로 국적에 따른 소득 차이나 남녀 비율을 분석할 수 없습니다.

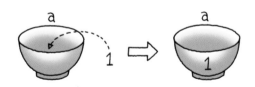

데이터 분석은 변수를 만드는 것으로 시작합니다. 변수를 만드는 방법을 알아보겠습니다. 변수를 만들 때는 등호(=)를 사용합니다. 예를 들어, a = 1은 '변수 a를 만들어 1을 넣으라'는 뜻입니다. a라는 이름의 빈 그릇에 1이라는 내용물을 담는다고 생각하면 됩니다.

🦔 등호(=)는 변수에 값을 할당한다는 의미에서 할당 연산자(assignment operators)라고 합니다.

변수를 만든 다음 a를 실행하면 a에 들어 있는 1이 출력됩니다.

```
a = 1    # a에 1 할당    ← #으로 시작하는 주석은 입력하지 않아도 됩니다.
a        # a 출력
```

1 ← 출력 결과

같은 방식으로 변수를 몇 개 더 만들어 보겠습니다.

```
b = 2
b
```

```
2
```

```
c = 3
c
```

```
3
```

```
d = 3.5
d
```

```
3.5
```

변수를 만들면 변수를 이용해 연산할 수 있습니다. 변수끼리 연산할 수도 있고, 변수와 숫자를 조합해 연산할 수도 있습니다. 앞에서 만든 변수를 이용해 연산해 보겠습니다.

```
a + b
```
```
3
```

```
a + b + c
```
```
6
```

```
4 / b
```
```
2.0
```

```
5 * b
```
```
10
```

변수명 정하기 규칙

앞에서는 변수명을 알파벳으로 단순하게 정했습니다. 하지만 실제 분석에서는 score, sex, grade처럼 알아보기 쉽고 잘 기억되도록 의미를 담아 이름을 정합니다. 변수명은 문자, 숫자, 언더바(_)를 조합해 정할 수 있습니다. 단, 반드시 문자로 시작해야 합니다.

변수명은 한글로 정해도 되지만, 간혹 오류가 날 때가 있으니 영문으로 정하길 권장합니다. 또한 대소문자를 구분하므로 헷갈리지 않도록 모든 변수를 소문자로 만드는 습관을 들이는 게 좋습니다.

🐢 대문자와 소문자를 섞어서 변수명을 정하면 대소문자를 잘못 입력해 오류가 났을 때 코드에서 오타를 찾기가 어렵습니다.

변수에는 값을 여러 개 넣을 수 있습니다. 대괄호([]) 안에 쉼표를 이용해 값을 나열하면 됩니다. []를 이용해 여러 숫자로 구성된 변수를 만들어 보겠습니다.

🌏 []에 쉼표로 값을 나열해 만든 자료 구조를 리스트(list)라고 합니다. 리스트는 17-3절에서 자세히 다룹니다.

```
var1 = [1, 2, 3]
var1
```

```
[1, 2, 3]
```

```
var2 = [4, 5, 6]
var2
```

```
[4, 5, 6]
```

🌏 변수명 var1에서 'var'은 '변수'를 의미하는 'variable'의 머리글자입니다.

여러 값으로 구성된 변수를 더하면 순서대로 결합합니다. 아래 코드를 실행하면 var1에 들어 있는 1, 2, 3과 var2에 들어있는 4, 5, 6을 결합하여 출력합니다.

```
var1 + var2
```

```
[1, 2, 3, 4, 5, 6]
```

str1에 소문자 'a'를 넣어 변수를 만들어 보겠습니다. 변수에 문자를 넣을 때는 문자 앞 뒤에 따옴표(')를 붙여야 합니다. 출력된 값의 앞뒤에 따옴표가 붙어 있으면 문자로 구성된 변수라는 것을 의미합니다.

🖱 큰따옴표(")와 작은따옴표(') 모두 사용할 수 있습니다. 단, 여는 따옴표와 닫는 따옴표가 같아야 합니다.

🖱 변수명 str1에서 'str'은 '문자열'을 의미하는 'string'의 머리글자입니다.

```
str1 = 'a'
str1

'a'
```

문자 변수에는 문자 하나, 여러 문자로 구성된 단어, 여러 단어로 구성된 문장을 넣을 수 있고, 띄어쓰기나 특수문자를 넣을 수도 있습니다.

```
str2 = 'text'
str2

'text'
```

```
str3 = 'Hello World!'
str3

'Hello World!'
```

[]에 숫자 여러 개를 넣어 변수를 만드는 것과 마찬가지로, []에 문자 여러 개를 넣어 변수를 만들 수 있습니다. 변수에 넣을 문자를 쉼표를 이용해 나열하면 됩니다. 이때 각 문자의 앞뒤에 따옴표를 넣어 감싸야 합니다. 출력 결과를 보면 각 문자의 앞뒤에 따옴표가 붙어 있는 것을 확인할 수 있습니다.

```
str4 = ['a', 'b', 'c']
str4

['a', 'b', 'c']
```

```
str5 = ['Hello!', 'World', 'is', 'good!']
str5
```

```
['Hello!', 'World', 'is', 'good!']
```

문자가 들어 있는 변수끼리 더하면 순서대로 결합하여 출력합니다.

```
str2 + str3
```

```
'textHello World!'
```

따옴표를 이용해 빈칸을 삽입하면 `'text'`와 `'Hello World!'` 사이에 띄어쓰기를 넣어 출력합니다.

```
str2 + ' ' + str3
```

```
'text Hello World!'
```

문자로 된 변수로는 연산할 수 없다

숫자로 된 변수와 달리 문자로 된 변수로는 연산할 수 없습니다. 문자 변수로 연산하면 에러 메시지를 출력합니다.

```
str1 + 2
```

```
TypeError: can only concatenate str (not "int") to str
```

03-2
마술 상자 같은 '함수' 이해하기

데이터 분석은 함수로 시작해 함수로 끝난다

데이터 분석은 '함수를 이용해서 변수를 조작하는 일'이라고 할 수 있습니다. 분석 작업은 대부분 함수를 다루는 것으로 시작해 함수를 다루는 것으로 끝납니다. 데이터 분석을 공부하는 것은 함수의 기능과 조작 방법을 익히는 과정입니다. 다양한 함수를 능숙하게 다룰수록 데이터를 의도한 대로 분석할 수 있습니다.

함수는 마법 상자 같은 기능을 한다

마술사가 상자에 물을 한 컵 넣고 뚜껑을 닫습니다. 주문을 외우고 뚜껑을 열었더니 비둘기가 튀어나옵니다. 상자가 어떤 작용을 해서 물을 비둘기로 바꾼 것입니다. 함수는 마법 상자 같은 기능을 합니다. 함수에 값을 넣으면 특정한 기능을 수행해 처음과 다른 값으로 만듭니다.

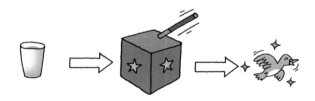

마법 상자 같은 역할을 하는 함수

함수에 3개의 숫자 1, 2, 3을 넣었더니 2가 나왔습니다. 함수 안에서 무슨 일이 일어난 것일까요? 함수는 평균을 구하는 기능을 했습니다. 숫자를 모두 더한 다음 개수 3으로 나눠 2를 출력한 것입니다.

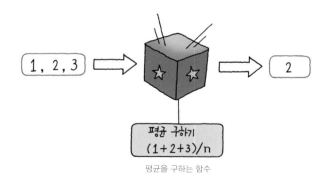

평균을 구하는 함수

🦔 한자어 '함수(函數)'는 '숫자를 담는 상자'를 의미하고, 함수를 뜻하는 영단어 'function'은 '기능'이라는 의미를 가지고 있습니다.

함수를 이용하는 방법을 알아보겠습니다. 함수는 '함수 이름'과 '괄호'로 구성됩니다. 함수 이름을 쓰고 그 뒤에 괄호를 입력한 다음 함수의 기능을 적용할 값이나 변수를 입력하면 됩니다.

합계를 구하는 함수 sum()을 사용해 보겠습니다. 우선 []를 이용해 3개의 숫자 1, 2, 3으로 구성된 변수를 만들고, 이렇게 만든 변수를 sum()에 넣어 합계를 구하겠습니다.

```
# 변수 만들기
x = [1, 2, 3]
x
```

```
[1, 2, 3]
```

```
# 함수 적용하기
sum(x)
```

```
6
```

같은 방식으로 max()를 이용해 최대값, min()을 이용해 최소값을 구하겠습니다.

```
max(x)
```

```
3
```

```
min(x)
```

```
1
```

🌰 주어진 값 중 가장 큰 값을 '최대값', 가장 작은 값을 '최소값'이라 합니다.

함수의 결과물로 새 변수 만들기

함수의 결과물을 바로 출력할 수도 있지만, 새 변수에 집어넣을 수도 있습니다. 변수를 만들 때처럼 함수 앞에 변수명과 =를 입력하면 됩니다.

```
x_sum = sum(x)
x_sum
```

```
6
```

```
x_max = max(x)
x_max
```

```
3
```

03-3
함수 꾸러미, '패키지' 이해하기

패키지란?

앞에서 함수를 특정한 기능을 하는 상자에 비유했습니다. '패키지 packages'는 이런 상자가 여러 개 들어 있는 꾸러미에 비유할 수 있습니다.

패키지에는 다양한 함수가 들어 있다

패키지에는 다양한 함수가 들어 있습니다. 예를 들어 그래프를 만들 때 많이 사용하는 패키지인 seaborn에는 scatterplot(), barplot(), lineplot() 등 수십 가지 그래프 관련 함수가 들어 있습니다. seaborn패키지를 설치하고 불러오면 이 함수들을 이용할 수 있게 됩니다.

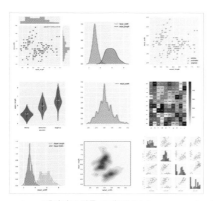

seaborn 패키지로 만든 그래프(bit.ly/easypy_seaborn)

스마트폰에 앱을 깔듯 입맛대로 골라 설치할 수 있다

파이썬의 가장 큰 장점은 그래프를 만들고, 텍스트 데이터를 분석하고, 머신러닝 모델을 구현하는 등 다양한 패키지가 있다는 점입니다. 전 세계의 파이썬 사용자들이 패키지를 만들어 온라인에 공개하고 있습니다. 마치 스마트폰에 입맛에 맞는 앱을 깔듯, 누구든지 무료로 패키지를 설치해 사용할 수 있습니다.

⌨️ **Do it! 실습** 패키지 활용하기

패키지를 설치하고 사용하는 방법을 알아보겠습니다. 패키지를 사용하려면 패키지를 설치한 다음 로드해야 합니다. 로드^{load}는 패키지를 사용할 수 있도록 불러들이는 작업을 의미합니다.

패키지 설치하기	➡	패키지 로드하기	➡	함수 사용하기

패키지는 한 번만 설치하면 되지만 로드하는 작업은 JupyterLab을 새로 시작할 때마다 반복해야 합니다. 패키지를 로드하지 않은 상태에서 패키지의 함수를 실행하면 함수를 사용할 수 없다는 에러 메시지가 출력됩니다.

아나콘다에는 주요 패키지가 대부분 들어 있다

아나콘다에는 데이터 분석에 필요한 주요 패키지가 대부분 들어 있습니다. 아나콘다를 이용해 파이썬을 설치했다면 수백 가지 패키지를 함께 설치한 셈입니다. 사용자가 적거나 최근에 개발되어 아나콘다에 포함되지 않은 패키지를 사용할 때가 아니라면 설치 과정을 생략하고 바로 패키지를 로드하여 함수를 사용하면 됩니다.

🐢 아나콘다에 들어 있는 패키지 목록: bit.ly/easypy_32

패키지 로드하기

패키지를 설치하는 방법은 뒤에서 다루기로 하고, 패키지를 로드하는 방법을 먼저 알아보겠습니다. 패키지의 함수를 사용하려면 우선 패키지를 로드해야 합니다. 패키지를 로드하려면 import 뒤에 패키지 이름을 입력하고 실행하면 됩니다. 그래프를 만들 때 많이 사용하는 seaborn 패키지를 로드해 보겠습니다.

```
import seaborn
```

패키지 함수 사용하기

패키지를 로드하고 나면 패키지에 들어 있는 다양한 함수를 이용할 수 있습니다. seaborn 패키지를 로드했으니 이제 그래프를 만드는 함수들을 이용할 수 있는 상태가 됐습니다. seaborn 패키지의 countplot() 함수를 이용해 빈도 막대 그래프를 만들어 보겠습니다. 빈도 막대 그래프는 값의 개수(빈도)를 막대의 길이로 표현합니다. 먼저 여러 개의 문자로 구성된 변수 var을 만들겠습니다.

```
var = ['a', 'a', 'b', 'c']
var
```

```
['a', 'a', 'b', 'c']
```

countplot()을 이용해 빈도 막대 그래프를 만들겠습니다. 패키지의 함수를 이용할 때는 seaborn.countplot()처럼 패키지명 뒤에 점(.)을 찍고 함수명을 입력하면 됩니다. countplot()에 x를 입력하고 var을 지정하겠습니다. 이렇게 하면 var의 값으로 x축을 구성해 빈도 막대 그래프를 만듭니다.

```
seaborn.countplot(x = var)
```

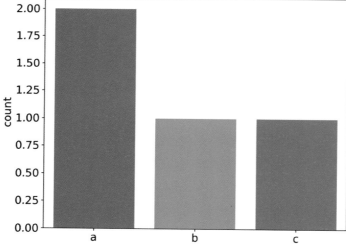

설치하거나 로드하지 않고 사용하는 내장 함수

앞에서 다룬 sum(), max(), min() 같은 함수는 파이썬에 기본으로 내장되어 있어서 따로 설치하거나 로드하지 않아도 사용할 수 있습니다. 즉, 함수에는 패키지를 설치하고 로드해야 사용할 수 있는 '패키지 함수'와 파이썬에 내장되어 있어서 설치하거나 로드하지 않고 바로 사용하는 내장 함수(built-in function)가 있습니다.

패키지 약어 활용하기

패키지 함수를 이용하려면 함수 이름 앞에 패키지 이름을 항상 입력해야 해서 번거롭습니다. 패키지 약어를 지정해두면 함수를 사용할 때 패키지 이름 대신 약어를 활용해 코드를 짧게 줄일 수 있어 편리합니다.

패키지 약어를 지정하려면 패키지를 로드하는 코드 뒤에 as와 약어를 입력하면 됩니다. 다음 코드를 실행하면 seaborn 패키지의 약어를 sns로 지정합니다.

```python
import seaborn as sns
```

🐢 패키지 약어는 자유롭게 정해도 되지만 보통 패키지 개발자가 권하는 이름을 사용합니다. 예를 들어 seaborn 패키지는 sns, 뒤에서 다룰 pandas 패키지는 pd를 주로 사용합니다.

이제 seaborn 패키지 함수를 사용할 때 패키지 이름 위치에 seaborn 대신 sns를 입력하면 됩니다.

```python
sns.countplot(x = var)
```

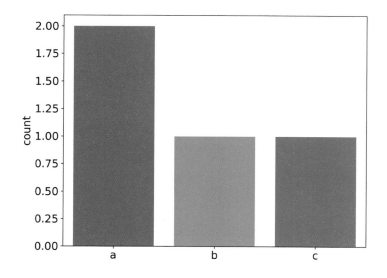

Do it! 실습   **seaborn의 titanic 데이터로 그래프 만들기**

패키지에는 함수의 기능을 테스트할 수 있는 예제 데이터가 들어 있습니다. seaborn 패키지에 들어 있는 titanic 데이터를 이용해 그래프를 만들어 보겠습니다. titanic 데이터는 1912년, 영국 사우샘프턴에서 출발해 미국 뉴욕으로 항해하다가 침몰한 여객선 타이타닉호의 승객 정보가 담겨 있습니다.

seaborn의 load_dataset()로 titanic 데이터 불러오기

seaborn 패키지의 dataload_dataset()를 이용하면 seaborn 패키지에 들어 있는 데이터를 불러올 수 있습니다. dataload_dataset()에 'titanic'을 입력해 titanic 데이터를 불러온 다음 df에 할당하겠습니다.

```
df = sns.load_dataset('titanic')
df
```

	survived	pclass	sex	age	sibsp	parch	fare	embarked
0	0	3	male	22.0	1	0	7.2500	S
1	1	1	female	38.0	1	0	71.2833	C
2	1	3	female	26.0	0	0	7.9250	S
3	1	1	female	35.0	1	0	53.1000	S
4	0	3	male	35.0	0	0	8.0500	S

(...생략...)

함수의 다양한 기능 이용하기

앞에서 countplot()으로 빈도 막대 그래프를 만들 때 x = var을 입력해 x축을 var의 값으로 구성하도록 설정했습니다. countplot()에 입력한 x는 빈도 막대 그래프의 x축을 정하는 기능을 합니다. 이처럼 함수의 옵션을 설정하는 명령어를 **파라미터**^{parameter} 또는 **매개변수**라고 합니다.

함수에는 저마다 기능이 다른 파라미터가 들어 있고, 이를 조정해서 원하는 결과를 얻을 수 있습니다. 따라서 어떤 파라미터가 있는지 알고 있어야 함수를 자유자재로 활용할 수 있습니다.

파라미터 설정을 바꿔 보면서 countplot()의 기능이 어떻게 달라지는지 살펴보겠습니다. countplot()의 data 파라미터에 df를 지정하고, 그래프의 x축을 결정하는 x 파라미터에 'sex'를 지정해 '성별 빈도 막대 그래프'를 만들어 보겠습니다. sex는 탑승객의 성별을 나타낸 변수입니다.

```
sns.countplot(data = df, x = 'sex')
```

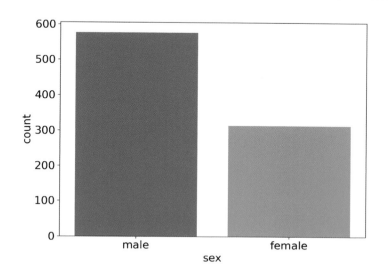

countplot()의 파라미터를 바꿔가며 코드를 실행해 보겠습니다. 파라미터를 바꿀 때마다 그래프 형태가 어떻게 달라지는지 확인해 보세요. 다음 코드에서 class는 선실 등급, alive는 생존 여부를 나타낸 변수입니다. hue는 변수의 항목별로 막대의 색을 다르게 표현하는 파라미터입니다.

```
sns.countplot(data = df, x = 'class')                    # x축 class
sns.countplot(data = df, x = 'class', hue = 'alive')     # x축 class, alive별 색 표현
sns.countplot(data = df, y = 'class', hue = 'alive')     # y축 class, alive별 색 표현
```

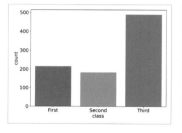
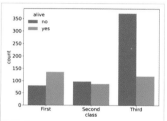
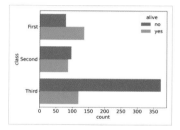

알아 두면 좋아요! } 함수 사용법이 궁금할 땐 Help 함수를 활용해 보세요

함수를 사용하다 보면 파라미터를 지정하는 방식 등 문법이 기억나지 않거나 헷갈릴 때가 있습니다. 이럴 때 함수명 앞 또는 뒤에 물음표를 넣어 Help 함수를 실행하면 매뉴얼을 출력합니다. 매뉴얼에는 함수 소개, 파라미터 사용법, 예제 코드가 들어 있습니다.

🥚 함수가 들어 있는 패키지를 로드한 상태에서만 매뉴얼을 출력하는 코드가 실행됩니다.

```
# sns.countplot() 매뉴얼 출력
sns.countplot?
```

```
Signature:
sns.countplot(
    *,
    x=None,
    y=None,
    hue=None,
    data=None,
    order=None,
    hue_order=None,
    orient=None,
    color=None,
    palette=None,
    saturation=0.75,
    dodge=True,
    ax=None,
    **kwargs,
)
Docstring:
Show the counts of observations in each categorical bin using bars.

A count plot can be thought of as a histogram across a categorical, instead
of quantitative, variable. The basic API and options are identical to those
for :func:`barplot`, so you can compare counts across nested variables.
```

모듈 알아 보기

어떤 패키지는 함수가 굉장히 많기 때문에 비슷한 함수끼리 묶어 몇 개의 **모듈**^{module}로 나뉘어 있습니다. 패키지라는 큰 꾸러미에 비슷한 함수들을 넣어둔 작은 꾸러미들이 들어 있다고 생각하면 됩니다.

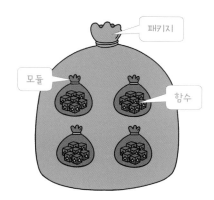

머신러닝 모델을 만들 때 사용하는 sklearn 패키지를 예로 들어 모듈을 사용하는 방법을 알아보겠습니다. sklearn 패키지에는 metrics, tree, model_selection 등 여러 모듈이 들어 있습니다. metrics 모듈에는 머신러닝 모델의 예측이 얼마나 정확한지 성능을 평가할 때 사용하는 accuracy_score() 함수가 들어 있습니다. accuracy_score()를 사용하려면 먼저 metrics 모듈을 로드해야 합니다. 패키지의 모듈을 불러오려면 import sklearn.metrics처럼 패키지를 로드하는 코드 뒤에 점을 찍고 모듈 이름을 입력하면 됩니다.

```
# sklearn 패키지의 metrics 모듈 로드하기
import sklearn.metrics
```

모듈에 들어 있는 함수를 사용하려면 **패키지명.모듈명.함수명()**을 입력하면 됩니다.

```
# sklearn 패키지 metrics 모듈의 accuracy_score() 사용하기
sklearn.metrics.accuracy_score()
```

🌐 앞의 코드는 함수에 아무 값도 입력하지 않았기 때문에 'TypeError' 메시지를 출력합니다. 여기서는 모듈을 활용하는 방법만 간단히 살펴보고 **sklearn** 패키지를 이용해 머신러닝 모델을 만드는 방법은 15장에서 자세히 다룹니다.

모듈명.함수명()으로 함수 사용하기

모듈의 함수를 사용할 때 매번 패키지명을 입력하는 게 번거롭다면 from 패키지명 import 모듈명으로 모듈을 로드하면 됩니다. 모듈을 로드하면 함수를 사용할 때 **모듈명.함수명()**만 입력하면 됩니다.

```
# sklearn 패키지의 metrics 모듈 로드하기
from sklearn import metrics
metrics.accuracy_score()
```

함수명()으로 함수 사용하기

모듈명을 입력하는 것도 번거롭다면 from 패키지명.모듈명 import 함수명으로 함수를 직접 로드하면 됩니다. 함수를 직접 로드하면 함수를 사용할 때 함수명만 입력하면 됩니다.

```
# sklearn 패키지 metrics 모듈의 accuracy_score() 로드하기
from sklearn.metrics import accuracy_score
accuracy_score()
```

함수를 지정해 로드하면 로드한 함수만 사용할 수 있고 모듈의 다른 함수는 사용할 수 없습니다. 모듈의 특정 함수만 자주 사용할 때는 함수를 지정해 로드하고, 모듈의 여러 함수를 함께 사용할 때는 모듈 전체를 로드하는 게 편리합니다.

> **알아 두면 좋아요!** } **as로 약어 지정하기**
>
> import로 로드하는 대상은 모두 as로 약어를 지정해 사용할 수 있습니다.
>
> ```
> import sklearn.metrics as met
> met.accuracy_score()
>
> from sklearn import metrics as met
> met.accuracy_score()
>
> from sklearn.metrics import accuracy_score as accuracy
> accuracy()
> ```

![keyboard icon] **Do it! 실습**　패키지 설치하기

데이터 분석을 하는 데 필요한 주요 패키지는 대부분 아나콘다를 설치할 때 함께 설치되므로 따로 설치할 필요 없이 바로 로드하여 사용하면 됩니다. 하지만 아나콘다에 들어있지 않은 패키지를 사용하려면 우선 패키지를 직접 설치한 다음 로드해야 합니다.

패키지 설치하기

PyDataset 패키지를 설치해 보겠습니다. PyDataset 패키지를 이용하면 여러 가지 데이터셋을 손쉽게 불러올 수 있습니다.

패키지를 설치하려면 아나콘다 프롬프트를 열어 `pip install 패키지명`을 실행하면 됩니다. `pip`는 파이썬 패키지를 설치하거나 관리할 때 사용하는 명령어입니다. 아나콘다 프롬프트에 다음과 같이 입력한 다음 [Enter]를 눌러 실행합니다.

```
pip install pydataset
```

코드를 실행하면 파이썬 패키지 저장소 PyPI(pypi.org)에서 패키지 관련 파일을 다운로드해 하드디스크에 설치하는 과정이 프롬프트에 출력됩니다. 패키지 설치를 완료하면 입력 대기 상태가 됩니다.

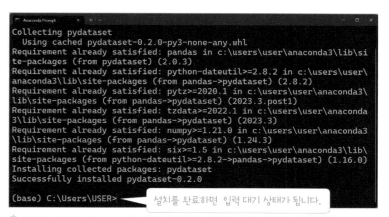

💭 패키지 설치 중 'Proceed (y/n)?' 메시지가 나오면 'y'를 입력하고 [Enter]를 누르세요.

패키지 함수 사용하기

설치를 완료했으니 JupyterLab에서 패키지를 사용할 수 있도록 로드하겠습니다.

```
import pydataset
```

이제 pydataset 패키지를 사용할 수 있는 상태가 됐습니다. pydataset의 data() 함수를 이용해 pydataset 패키지에 들어 있는 데이터셋 목록을 출력해 보겠습니다.

```
pydataset.data()
```

	dataset_id	title
0	AirPassengers	Monthly Airline Passenger Numbers 1949-1960
1	BJsales	Sales Data with Leading Indicator
2	BOD	Biochemical Oxygen Demand
3	Formaldehyde	Determination of Formaldehyde
4	HairEyeColor	Hair and Eye Color of Statistics Students

(...생략...)

이번에는 data()에 'mtcars'를 입력해 자동차 32종의 정보를 담고 있는 mtcars 데이터셋을 불러오겠습니다.

```
df = pydataset.data('mtcars')    # mtcars 데이터를 df에 할당
df                               # df 출력
```

	mpg	cyl	disp	hp	drat	wt	qsec	vs	am
Mazda RX4	21.0	6	160.0	110	3.90	2.620	16.46	0	1
Mazda RX4 Wag	21.0	6	160.0	110	3.90	2.875	17.02	0	1
Datsun 710	22.8	4	108.0	93	3.85	2.320	18.61	1	1	...
Hornet 4 Drive	21.4	6	258.0	110	3.08	3.215	19.44	1	0
Hornet Sportabout	18.7	8	360.0	175	3.15	3.440	17.02	0	0

(...생략...)

이처럼 아나콘다에 들어 있지 않은 패키지의 함수를 이용하려면 먼저 패키지를 설치하고 로드해야 합니다. 패키지 함수가 실행되지 않으면 우선 패키지를 로드했는지 확인해 보세요. 패키지가 로드되지 않으면 아나콘다 프롬프트를 이용해 패키지를 설치한 다음 로드하면 됩니다.

 앞에서 익힌 기능을 활용해 분석 문제를 해결해 보세요.

Q1 시험 점수 변수 만들고 출력하기

학생 5명이 시험을 봤습니다. 학생들의 시험 점수를 담고 있는 변수를 만들어 출력해 보세요. 학생들의 시험 점수는 다음과 같습니다.

```
80, 60, 70, 50, 90
```

Q2 합계 점수 구하기

앞 문제에서 만든 변수를 이용해 합계 점수를 구해 보세요.

Q3 합계 점수 변수 만들어 출력하기

합계 점수를 담고 있는 새 변수를 만들어 출력해 보세요. 앞 문제를 풀 때 사용한 코드를 응용하면 됩니다.

정답: 445쪽

둘째마당

본격 실습!
데이터 갖고 놀기

이제 본격적으로 데이터를 다뤄볼 차례입니다. 둘째마당에서는 데이터의 구조를 파악하는 것부터 데이터 추출하기, 합치기, 그래프 만들기에 이르기까지 데이터를 자유자재로 가지고 노는 방법을 익힙니다.

04 데이터 프레임의 세계로!

05 데이터 분석 기초! - 데이터 파악하기, 다루기 쉽게 수정하기

06 자유자재로 데이터 가공하기

07 데이터 정제 - 빠진 데이터, 이상한 데이터 제거하기

08 그래프 만들기

데이터 프레임의 세계로!

이 장에서는 가장 많이 사용하는 데이터 형태인 '데이터 프레임'을 살펴봅니다. 데이터 프레임을 만들고, 저장하고, 외부에서 생성된 데이터를 불러와 데이터 프레임으로 변환하는 방법을 익혀 보겠습니다.

이름	영어 점수	수학 점수
김지훈	90	50
이유진	80	60
박동현	60	100
김민지	70	20

04-1 데이터 프레임 이해하기 - 데이터는 어떻게 생겼나?

04-2 데이터 프레임 만들기 - 시험 성적 데이터를 만들어 보자!

04-3 외부 데이터 이용하기 - 축적된 시험 성적 데이터를 불러오자!

04-1
데이터 프레임 이해하기 - 데이터는 어떻게 생겼나?

데이터 프레임$^{data\ frame}$은 데이터를 다룰 때 가장 많이 사용하는 데이터 형태로, 행과 열로 구성된 사각형 모양의 표처럼 생겼습니다. 어떤 기업에서 연봉에 영향을 미치는 요인을 파악하기 위해 직원을 대상으로 조사했다고 가정해 보겠습니다. 조사 결과를 다음처럼 표로 정리했습니다.

성별	연령	학점	연봉
남자	26	3.8	2,700만원
여자	42	4.2	4,000만원
남자	35	2.6	3,500만원

이 표는 열 4개와 행 3개로 구성된 데이터 프레임입니다. 열은 성별, 연령, 학점, 연봉의 4가지 속성으로 되어 있습니다. 행은 3개이므로 3명의 정보를 담고 있습니다. 이 표는 '4개의 속성에 대한 3명의 자료로 구성된 데이터 프레임'이라고 할 수 있습니다.

'열'은 속성이다

세로로 나열되는 열은 속성을 나타냅니다. 열은 **컬럼**^{column} 또는 **변수**^{variable}라고 불립니다.

```
                        ┌─────────┐
                        │ 4개의 열 │
                        └─────────┘
        ┌──────────────┬──────────┬──────────┐
        A              B          C          D
        ↓              ↓          ↓          ↓
```

성별	연령	학점	연봉
남자	26	3.8	2,700만원
여자	42	4.2	4,000만원
남자	35	2.6	3,500만원

만약 어떤 데이터에 100가지 속성의 정보가 들어 있다면, 그 데이터는 100개의 컬럼 또는 100개의 변수를 가지고 있다고 표현할 수 있습니다. 누군가 '그 데이터는 몇 컬럼까지 있나요?', '변수가 몇 개짜리 데이터인가요?'라고 한다면, 이는 데이터에 몇 가지 속성이 담겨 있는지 묻는 것입니다.

'행'은 한 사람의 정보다

가로로 나열되는 행은 각 사람의 정보를 나타냅니다. 행은 로^{row} 또는 **케이스**^{case}라고 불립니다.

	성별	연령	학점	연봉
1 ➡	남자	26	3.8	2,700만원
2 ➡	여자	42	4.2	4,000만원
3 ➡	남자	35	2.6	3,500만원

3개의 행

만약 어떤 데이터에 30명의 정보가 들어 있다면, 그 데이터는 30개의 로 또는 30개의 케이스를 가지고 있다고 표현할 수 있습니다. 누군가 '그 데이터는 몇 로까지 있나요?', '케이스가 몇 개짜리 데이터인가요?'라고 한다면, 이는 데이터에 몇 명의 정보가 담겨 있는지 묻는 것입니다.

한 사람의 정보는 가로 한 줄에 나열된다

앞의 표를 보면 한 사람의 정보는 가로 한 줄에 나열되어 있습니다. 첫 번째 행을 보면 이 사람은 26세 남자이고, 졸업 학점이 3.8이며, 연봉은 2,700만 원이라는 것을 알 수 있습니다. 이처럼 한 명의 데이터는 하나의 행으로 구성됩니다. 만약 어떤 데이터에 한 사람의 100가지 속성에 대한 정보가 담겨 있다면 그 데이터는 100개의 열, 1개의 행으로 표현됩니다. 속성이 수만 개라 해도 하나의 행으로 표현됩니다.

하나의 단위가 하나의 행이 된다

행이 반드시 사람이어야 하는 건 아닙니다. 무엇이든 하나의 단위가 하나의 행으로 구성될 수 있습니다. 예를 들어 하나의 도시, 하나의 거래 내역, 하나의 웹 사이트 접속 기록도 하나의 행이 될 수 있습니다. 어떤 데이터가 도시 단위로 되어있고 도시 30개의 정보를 담고 있다면, 이 데이터는 30행으로 구성됩니다.

	도시	인구	면적	인구밀도
1 →	서울	9,983만 명	605㎢	16,402명/㎢
2 →	대구	3,436만 명	770㎢	4,450명/㎢
3 →	부산	2,470만 명	884㎢	2,790명/㎢

(3개의 행 — 1, 2, 3)

데이터가 크다 = 행이 많다 또는 열이 많다

'데이터가 크다'는 말은 행이 많다는 의미일 수도 있고, 열이 많다는 의미일 수도 있습니다. 그렇다면 데이터를 분석할 때 행이 많은 것과 열이 많은 것 중에 어느 쪽이 더 중요할까요? 답부터 말씀드리면 열이 많은 것이 더 중요합니다.

100명의 데이터를 분석하다가 데이터가 늘어나 10만 명의 데이터를 분석하게 됐다면 데이터 분석가는 컴퓨터가 느려지는 문제를 겪게 됩니다. 이 문제를 해결하는 방법은 성능이 좋은 장비를 구축하는 것입니다. 메모리와 CPU를 늘려보고, 그래도 힘들다면 분산 처리 시스템을 구축하거나 클라우드 서비스를 이용하면 됩니다. 행이 늘어나더라도 분석 기술 면에서는 별다른 차이가 생기지 않습니다. 100명의 데이터로 평균을 구하든, 10만 명의 데이터로 평균을 구하든 분석 방법이 같다면 데이터 분석에 들이는 노력은 달라지지 않습니다.

데이터의 행이 늘어난다면?

번호	성별	연령
1	남자	26
2	여자	42
⋮	⋮	⋮
1,000,000	남자	27

데이터의 열이 늘어난다면?

번호	성별	연령	학점	연봉	…	출신지	전공
1	남자	26	3.8	2,700만	…	서울	경영
2	여자	42	4.2	4,000만	…	부산	심리
3	남자	27	2.6	3,200만	…	대전	사회

반면 열이 늘어나면 어떤 문제가 발생할까요? 데이터 분석에서는 '학점과 연봉의 관계'나 '전공에 따른 연봉의 차이' 등 변수 간의 관계를 다룹니다. 그런데 열이 많아지면 변수를 조합할 수 있는 경우의 수가 늘어납니다. 예를 들어 학점과 연봉의 관계는 전공에 따라 다른 양상으로 나타날 수 있습니다. 여기에 출신지, 자격증, 성별, 직업군 등 수십 가지 변수가 추가되면 경우의 수가 기하급수로 늘어납니다. 변수가 늘어나면 단순한 분석 방법으로는 해결하기 힘들므로 여러 변수의 영향을 동시에 고려하는 복잡한 분석 방법을 활용할 필요성이 생깁니다. 최근 머신러닝이 주목받는 이유도 바로 이 때문입니다.

이처럼 변수가 많아지면 적용할 분석 기술이 달라지기 때문에 분석가는 전보다 더 노력을 기울여야 합니다. 따라서 데이터 분석에서는 데이터의 양을 의미하는 행보다 데이터의 다양성을 의미하는 열이 많은 것이 더 중요합니다.

"데이터가 크다"

알아 두면 좋아요! ﹜ 빅데이터보다 다양한 데이터가 더 중요합니다

빅데이터^{bigdata}라는 표현이 남용되는 문제를 생각해 볼 필요가 있습니다. '신용카드 결제 내역 1,000만 건을 분석한 결과, 치킨을 가장 많이 사먹는 것으로 나타났다', '전국 10년치 교통사고 빅데이터를 분석한 결과, 서울에서 교통사고가 가장 자주 발생한 것으로 나타났다' 이런 분석이 과연 의미 있을까요? 다량의 데이터를 단순히 집계하는 식으로 분석하면 너무 당연한 결과를 보여주기 때문에 큰 의미가 없습니다.

데이터 분석의 가치는 어떤 현상이 조건에 따라 달라진다는 사실을 발견할 때 생겨납니다. 예를 들어, '특정 날씨에 어떤 음식이 더 많이 팔린다'는 분석 결과는 식재료가 남거나 모자라지 않도록 주문량을 적절하게 정하는 데 활용할 수 있습니다. '어떤 모양의 도로에서 교통사고가 자주 발생한다'는 분석 결과는 도로 모양을 개선해 교통사고를 줄이는 일을 하는데 도움을 줍니다. 두 예시는 조건과 현상의 관계를 알려주므로 유용하게 활용할 수 있습니다. 이렇게 분석할 수 있으려면 데이터가 다양한 변수로 구성되어야 합니다. 데이터가 아무리 많더라도 다양한 변수가 담겨 있지 않으면 변수 간의 관련성을 분석할 수 없으므로 의미 있는 정보를 찾아낼 수 없습니다. '빅' 데이터보다 '다양한' 데이터가 더 중요합니다.

04-2
데이터 프레임 만들기 - 시험 성적 데이터를 만들어 보자!

데이터 프레임은 데이터를 직접 입력해서 만들 수도 있고, 외부 데이터를 가져와서 만들 수도 있습니다. 먼저 데이터를 입력해 데이터 프레임을 만드는 방법을 알아보겠습니다.

⌨ Do it! 실습 데이터 입력해 데이터 프레임 만들기

학생 4명이 영어 시험과 수학 시험을 봤다고 가정하고 다음과 같은 데이터 프레임을 만들어 보겠습니다.

이름	영어 점수	수학 점수
김지훈	90	50
이유진	80	60
박동현	60	100
김민지	70	20

pandas 패키지 로드하기

먼저 pandas 패키지를 로드합니다. pandas는 데이터를 가공할 때 사용하는 패키지입니다.

```
import pandas as pd
```

데이터 프레임 만들기

데이터 프레임을 만들 때는 pandas의 DataFrame()을 이용합니다. DataFrame()에서 D와 F는 **대문자로 입력해야 하니 주의하세요.** 함수 이름은 소문자로만 되어 있기도 하고 대소문자가 섞여 있기도 합니다.

DataFrame()에 중괄호({})를 입력한 다음 변수명, 콜론(:), 변수에 넣을 값을 차례로 입력합니다. 변수명은 따옴표를 이용해 문자 형태로 입력하고, 변수에 넣을 값은 [ ] 안에 입력합니다.

```
df = pd.DataFrame({'name'    : ['김지훈', '이유진', '박동현', '김민지'],
                   'english' : [90, 80, 60, 70],
                   'math'    : [50, 60, 100, 20]})
df
```

	name	english	math
0	김지훈	90	50
1	이유진	80	60
2	박동현	60	100
3	김민지	70	20

🍵 데이터 프레임의 이름을 정할 때 'Data Frame'의 약자인 df를 이용하면 다른 변수들과 구별하기 쉽습니다.

🍵 코드가 길어지면 쉼표(,) 뒤에서 [Enter]를 눌러 다음 줄로 넘겨 주세요. 이렇게 하면 코드의 전체 구조가 한눈에 들어와서 코드를 이해하기 쉽고 오류를 찾기 편해집니다.

🍵 출력한 데이터 프레임 왼쪽에 표시된 숫자는 각 행이 몇 번째 순서에 위치하는지 나타낸 인덱스(index)입니다. 인덱스 번호는 0부터 시작합니다.

⌨️ Do it! 실습   데이터 프레임으로 분석하기

데이터 프레임을 완성했으니 데이터를 분석해 보겠습니다. sum()을 이용해 전체 학생의 영어 점수와 수학 점수 합계를 구하겠습니다.

특정 변수의 값 추출하기

데이터 프레임에서 특정 변수의 값을 추출하는 방법을 알아보겠습니다. 데이터 프레임 이름 뒤에 [ ]를 입력한 다음 문자 형태로 변수명을 입력하면 됩니다. 다음 코드를 실행하면 df에서 영어 점수만 추출합니다.

```
df['english']
```

```
0  90
1  80
2  60
3  70
Name: english, dtype: int64
```

변수의 값으로 합계 구하기

df에서 영어 점수를 추출하는 코드를 sum()에 입력하면 영어 점수 합계를 출력합니다.

```
sum(df['english'])
```

```
300
```

같은 방식으로 english 대신 math를 입력해 수학 점수 합계를 구하겠습니다.

```
sum(df['math'])
```

```
230
```

변수의 값으로 평균 구하기

이번에는 영어 점수와 수학 점수의 평균을 구해 보겠습니다. 앞에서 구한 합계를 학생 수로 나누면 됩니다.

```
sum(df['english']) / 4    # 영어 점수 평균
```

```
75.0
```

```
sum(df['math']) / 4       # 수학 점수 평균
```

```
57.5
```

앞에서 익힌 기능을 활용해 분석 문제를 해결해 보세요.

Q1 다음 표의 내용을 데이터 프레임으로 만들어 출력해 보세요.

제품	가격	판매량
사과	1800	24
딸기	1500	38
수박	3000	13

Q2 앞에서 만든 데이터 프레임을 이용해 과일의 가격 평균과 판매량 평균을 구해 보세요.

정답: 446쪽

04-3
외부 데이터 이용하기 - 축적된 시험 성적 데이터를 불러오자!

데이터를 분석할 때는 직접 데이터를 입력하기 보다 외부에서 생성된 데이터를 불러와 분석하는 경우가 더 많습니다. 데이터를 관리할 때 가장 많이 사용하는 엑셀 파일과 CSV 파일을 불러와 데이터 프레임을 만드는 방법과 데이터 프레임을 파일로 저장하는 방법을 알아보겠습니다.

🖮 Do it! 실습 엑셀 파일 불러오기

엑셀 파일을 불러와 데이터 프레임을 만드는 방법을 알아보겠습니다.

1. 엑셀 파일 살펴보기
우선 깃허브에서 실습에 사용할 excel_exam. xlsx 파일을 다운로드한 뒤 엑셀에서 열어 보세요.
🐢 깃허브에서 실습 파일을 다운로드하는 방법은 14쪽을 참고하세요.

첫 번째 행을 보면 5개의 변수가 있습니다. 변수는 학생의 id(번호), nclass(반), 그리고 math(수학), english(영어), science(과학) 세 과목의 시험 점수를 담고 있습니다. 행은 21행까지 있습니다. 첫 번째 행에는 변수명이 입력되어 있으니 20명의 정보를 담은 데이터라는 걸 알 수 있습니다. 이제 이엑셀 파일을 파이썬에 불러오겠습니다.

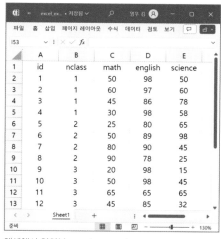

엑셀에서 열어본 excel_exam.xlsx

2. 워킹 디렉터리에 엑셀 파일 삽입하기

가장 먼저 해야 하는 작업은 현재 사용하고 있는 워킹 디렉터리에 불러올 파일을 삽입하는 것입니다. excel_exam.xlsx 파일을 워킹 디렉터리에 넣어두세요.

3. 엑셀 파일 불러오기

pandas의 read_excel()을 이용해 엑셀 파일을 불러옵니다. read_excel()은 엑셀 파일을 데이터 프레임으로 만드는 기능을 합니다. 괄호 안에 불러올 엑셀 파일명을 입력하면 됩니다. 파일명을 입력할 때 확장자(.xlsx)까지 입력해야 하고, 파일명 앞뒤에 따옴표(')를 붙여야 합니다. **파일명을 입력할 때 항상 앞뒤에 따옴표를 넣어야 하니 주의하세요.** 불러들인 데이터를 출력하면 엑셀에서 봤던 것과 같은 내용을 확인할 수 있습니다.

```
df_exam = pd.read_excel('excel_exam.xlsx')    # 엑셀 파일을 불러와 df_exam에 할당
df_exam                                        # 출력
```

	id	nclass	math	english	science
0	1	1	50	98	50
1	2	1	60	97	60
2	3	1	45	86	78
3	4	1	30	98	58
4	5	2	25	80	65

(. . . 생략 . . .)

워킹 디렉터리가 아닌 다른 폴더에 있는 엑셀 파일을 불러올 때는 슬래시(/)를 이용해 파일 경로를 입력하면 됩니다.

```
df_exam = pd.read_excel('c:/easy_python/excel_exam.xlsx')
```

4. 분석하기

데이터를 불러왔으니 이제 분석해 보겠습니다. 영어 점수와 과학 점수의 전체 평균을 구하겠습니다.

```
sum(df_exam['english']) / 20
```

84.90000000000003

```
sum(df_exam['science']) / 20
```

59.45

앞에서 평균을 구할 때 sum()으로 점수 합계를 구한 다음 학생 수를 직접 입력해 나누었습니다. 이때 값의 개수를 구하는 len()을 이용하면 학생 수를 직접 입력하지 않고도 평균을 구할 수 있습니다.

우선 len()이 어떻게 작동하는지 살펴보겠습니다. len()은 값의 개수를 구하는 기능을 합니다. len()에 변수를 입력하면 변수에 들어 있는 값의 개수를 출력하고, 데이터 프레임을 입력하면 행의 개수를 출력합니다.

```
# 변수의 값 개수 구하기
x = [1, 2, 3, 4, 5]
x
```

[1, 2, 3, 4, 5]

```
len(x)
```

5

```
# 데이터 프레임의 행 개수 구하기
df = pd.DataFrame({'a' : [1, 2, 3],
                   'b' : [4, 5, 6]})
```

df

	a	b
0	1	4
1	2	5
2	3	6

len(df)

3

이제 `len()`을 활용해 평균 점수를 구해보겠습니다. 학생 수를 입력하는 대신 `len(df_exam)`을 입력하면 됩니다.

```
len(df_exam)    # df_exam의 행 개수 구하기
```

20

```
sum(df_exam['english']) / len(df_exam)    # english 합계를 행 개수로 나누기
```

84.90000000000003

```
sum(df_exam['science']) / len(df_exam)    # science 합계를 행 개수로 나누기
```

59.45

엑셀 파일의 첫 번째 행이 변수명이 아니라면?

실습에 사용한 엑셀 파일은 첫 번째 행에 변수명이 입력되어 있습니다. `read_excel()`은 엑셀 파일의 첫 번째 행을 변수명으로 인식해 불러옵니다. 만약 엑셀 파일의 첫 번째 행에 변수명이 없고 바로 데이터가 입력되어 있으면, 첫 번째 행의 데이터가 변수명으로 지정되면서 데이터가 유실되는 문제가 발생합니다.

변수명 없이 데이터로만 구성된 엑셀 파일

다음은 첫 번째 행부터 데이터가 시작되는 엑셀 파일을 불러온 경우입니다. 출력 결과를 보면, 엑셀 파일의 첫 번째 행을 변수명으로 인식해 원본과 달리 7행까지만 있는 문제가 있습니다.

```
df_exam_novar = pd.read_excel('excel_exam_novar.xlsx')
df_exam_novar
```

	1	1.1	50	98	50.1
0	2	1	60	97	60
1	3	2	25	80	65
2	4	2	50	89	98
3	5	3	20	98	15
4	6	3	50	98	45
5	7	4	46	98	65
6	8	4	48	87	12

이럴 때 read_excel()에 header = None을 입력하면 첫 번째 행을 변수명이 아닌 데이터로 인식해 불러오고, 변수명은 0부터 시작하는 숫자로 자동 지정됩니다. None의 첫 글자 N은 대문자로 입력해야 하니 유의하세요.

🐢 None은 '값이 없음'을 의미하는 데이터 타입입니다.

```
df_exam_novar = pd.read_excel('excel_exam_novar.xlsx', header = None)
df_exam_novar
```

	0	1	2	3	4
0	1	1	50	98	50
1	2	1	60	97	60
2	3	2	25	80	65
3	4	2	50	89	98
4	5	3	20	98	15
5	6	3	50	98	45
6	7	4	46	98	65
7	8	4	48	87	12

엑셀 파일에 시트가 여러 개 있다면?

엑셀 파일에 시트가 여러 개 있을 때 특정 시트의 데이터만 불러오려면 sheet_name 파라미터에 시트 이름을 입력하거나 몇 번째 시트를 불러올지 숫자를 입력하면 됩니다. 예를 들어 세 번째 시트를 불러오려면 sheet_name = 2를 입력하면 됩니다. **파이썬에서는 숫자를 0부터 센다는 점에 유의하세요.**

```python
# Sheet2 시트의 데이터 불러오기
df_exam = pd.read_excel('excel_exam.xlsx', sheet_name = 'Sheet2')

# 세 번째 시트의 데이터 불러오기
df_exam = pd.read_excel('excel_exam.xlsx', sheet_name = 2)
```

Do it! 실습   CSV 파일 불러오기

CSV 파일은 엑셀뿐 아니라 R, SAS, SPSS 등 데이터를 다루는 대부분의 프로그램에서 읽고 쓸 수 있는 범용 데이터 파일입니다. 확장자명에서도 알 수 있듯이 CSV(comma-separated values) 파일은 값이 쉼표로 구분된 형태입니다. 다양한 프로그램에서 지원하고 엑셀 파일보다 용량이 작아서 데이터를 주고받을 때는 CSV 파일을 자주 이용합니다. CSV 파일을 불러와 데이터 프레임을 만드는 방법을 익혀 보겠습니다.

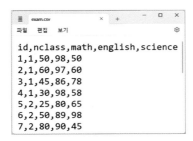

메모장에서 열어본 CSV 파일

1. 워킹 디렉터리에 CSV 파일 삽입하기

깃허브에서 실습에 사용할 exam.csv 파일을 다운로드한 뒤 엑셀 파일을 불러올 때와 마찬가지로 워킹 디렉터리에 삽입합니다.

2. CSV 파일 불러오기

pandas의 `read_csv()`를 이용하면 CSV 파일을 불러올 수 있습니다. 괄호 안에 불러올 파일명을 입력하면 됩니다.

```
df_csv_exam = pd.read_csv('exam.csv')
df_csv_exam
```

	id	nclass	math	english	science
0	1	1	50	98	50
1	2	1	60	97	60
2	3	1	45	86	78
3	4	1	30	98	58
4	5	2	25	80	65

(...생략...)

⌨ Do it! 실습　데이터 프레임을 CSV 파일로 저장하기

데이터 프레임을 CSV 파일로 저장하면 파이썬 외에도 데이터를 다루는 대다수의 프로그램에서 불러올 수 있습니다. 데이터 프레임을 CSV 파일로 저장하는 방법을 알아보겠습니다.

1. 데이터 프레임 만들기

먼저 CSV 파일로 저장할 데이터 프레임을 만듭니다.

```
df_midterm = pd.DataFrame({'english' : [90, 80, 60, 70],
                           'math'    : [50, 60, 100, 20],
                           'nclass'  : [1, 1, 2, 2]})
df_midterm
```

	english	math	nclass
0	90	50	1
1	80	60	1
2	60	100	2
3	70	20	2

2. CSV 파일로 저장하기

데이터 프레임 이름 뒤에 점을 찍고 to_csv()를 입력한 다음 괄호 안에 파일명을 입력합니다. 저장한 파일은 워킹 디렉터리에 만들어집니다.

```
df_midterm.to_csv('output_newdata.csv')
```

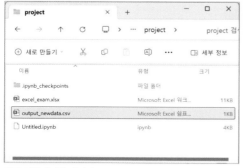
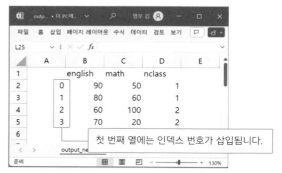

워킹 디렉터리에 생성된 output_newdata.csv   엑셀에서 열어본 output_newdata.csv

output_newdata.csv를 엑셀에서 열어보면 첫 번째 열에 인덱스 번호가 들어 있습니다. 인덱스 번호를 제외하고 저장하려면 to_csv()에 index = False를 입력하면 됩니다.

```
df_midterm.to_csv('output_newdata.csv', index = False)
```

파이썬에는 True와 False로 구성되는 불리언^{boolean}이라는 데이터 타입이 있습니다. 불리언은 어떤 값이 참인지 거짓인지를 나타내는데, 여기서는 index = False의 False가 거짓을 의미합니다. '인덱스 번호를 저장할 것인가?'라는 질문에 '아니다'라는 답을 한 셈입니다. **True와 False의 첫 글자는 반드시 대문자로 입력해야 하니 유의하세요.**

정리하기

```python
# 1. 데이터 프레임 만들기
df = pd.DataFrame({'name'    : ['김지훈', '이유진', '박동현', '김민지'],
                   'english' : [90, 80, 60, 70],
                   'math'    : [50, 60, 100, 20]})

# 2. 외부 데이터 이용하기

# 엑셀 파일 불러오기
df_exam = pd.read_excel('excel_exam.xlsx')

# CSV 파일 불러오기
df_csv_exam = pd.read_csv('exam.csv')

# CSV 파일로 저장하기
df_midterm.to_csv('output_newdata.csv')
```

꿀팁 01 초보자가 자주 하는 실수

코드를 실행했는데 에러가 발생한다면 가장 먼저 아래 절차 중 빠뜨린 게 있는지 확인해 보세요.
① 패키지를 로드했는가?
② 데이터를 불러왔는가?
③ 변수명과 함수명을 정확하게 입력했는가?

확인했는데도 에러가 발생한다면 아래와 같은 실수를 하지 않았는지 점검해 보세요.

✔ 완결되지 않은 코드를 실행한 경우

완결되지 않은 코드를 실행하면 에러 메시지가 출력됩니다. 코드 마지막에 , 나 . 등의 기호
가 입력되어 있거나, 괄호를 닫지 않은 상태로 코드를 실행하지 않았는지 확인해 보세요.

✔ 변수를 만들지 않았는데 변수를 활용하는 코드를 실행한 경우

앞에서 변수를 만든 다음 나중에 활용할 때가 있습니다. 변수를 아직 만들지 않았는데 변수
를 활용하는 코드를 실행한 것은 아닌지 확인해 보세요.

✔ 대소문자 구분

파이썬은 대소문자를 구분합니다. 대문자를 소문자로 입력하거나 소문자를 대문자로 입력
하지 않았는지 확인해 보세요.

✔ 등호 개수

함수에 파라미터를 지정할 때는 등호를 1개(=) 입력해야 합니다. 'a는 1이다'처럼 조건을 지
정할 때는 등호를 2개(==) 입력해야 합니다. 등호 개수를 맞게 입력했는지 확인해 보세요.

✔ 따옴표

여는 따옴표와 닫는 따옴표를 모두 넣었는지, 입력해야 할 곳을 빠트리지 않았는지, 입력하
지 않아야 할 곳에 입력하지 않았는지 확인해 보세요. 큰따옴표로 열면 큰따옴표로 닫아야
하고, 작은따옴표로 열면 작은따옴표로 닫아야 합니다.

✓ 파일 확장자명

데이터를 저장하거나 불러들일 때 확장자명을 정확히 입력했는지 확인해 보세요. 특히 엑셀 파일은 확장자가 .xlsx와 .xls 두 종류가 있으니 잘 확인해야 합니다.

✓ 잘못된 줄 바꾸기

점(.) 기호를 이용해 코드를 이어서 작성할 때 가독성을 높이기 위해 \를 이용해 줄을 바꿀 수 있습니다. 이때 \ 뒤에서 Enter를 눌러 줄을 바꿔야 합니다. \ 앞에서 Enter를 눌러 줄을 바꾸면 에러가 발생합니다.

✓ \ 뒤에 문자 입력

코드의 줄을 바꿀 때 사용하는 \ 뒤에는 어떤 문자도 입력하면 안 됩니다. 특히 \ 뒤에는 띄어쓰기를 입력하거나 #을 이용해 주석을 입력하면 안됩니다.

✓ 비슷하게 생긴 문자들

비슷하게 생긴 문자를 잘못 입력하면 에러가 발생합니다. 의도한 문자를 정확하게 입력했는지 확인해 보세요.

문자	의미	문자	의미
1	숫자 일	0	숫자 영
l	소문자 엘	o	소문자 오
i	소문자 아이	O	대문자 오
I	대문자 아이	ㅇ	한글 이응
|	세로 막대(버티컬 바)		

✓ 패키지 업데이트로 문법이 바뀐 경우

드문 일이지만, 코드에 이상이 없는데도 에러가 발생한다면 패키지가 업데이트되면서 문법이 바뀌었을 수 있습니다. 이 때는 바뀐 문법에 맞게 코드를 수정하거나 구버전의 패키지를 설치해야 합니다. 14쪽에 안내한 패키지 버전을 사용하고 있는지 확인해 보세요. 아나콘다 프롬프트에서 `pip list`를 실행하면 설치된 패키지 버전을 확인할 수 있습니다.

패키지를 설치할 때 버전을 지정하려면 `pip install pandas==1.3.4`와 같이 패키지명 뒤에 `==버전`을 입력하면 됩니다. 패키지가 업데이트되어 코드를 수정해야하면 저자의 깃허브에 수정한 코드를 업로드하고 있으니 참고하세요.

- github.com/youngwoos/Doit_Python

꿀팁 02 에러 메시지 이해하기

출력 결과에 나타난 에러 메시지를 참고하면 문제가 왜 발생했는지 힌트를 얻을 수 있습니다.

✔ 에러 메시지와 워닝 메시지

코드를 실행했을 때 나타나는 메시지에는 Error와 Warning이 있습니다. Error 메시지는
코드에 오류가 있어서 실행되지 않았을 때 나타납니다. 이때는 코드가 정상적으로 실행되지
않은 것이므로 오류를 찾아 수정해야 합니다.

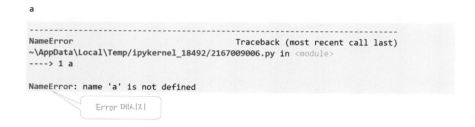

```
a
```
```
---------------------------------------------------------------------------
NameError                                 Traceback (most recent call last)
~\AppData\Local\Temp/ipykernel_18492/2167009006.py in <module>
----> 1 a

NameError: name 'a' is not defined
```
Error 메시지

Warning 메시지는 코드가 정상적으로 실행됐지만 어떤 부분을 조심하라는 경고입니다. 출
력 결과에 이상이 없다면 무시하고 넘어가면 됩니다.

Warning 메시지

```
sns.countplot(x)
```
```
C:\Users\USER\anaconda3\lib\site-packages\seaborn\_decorators.py:36: FutureWarning: Pa
ss the following variable as a keyword arg: x. From version 0.12, the only valid posit
ional argument will be `data`, and passing other arguments without an explicit keyword
will result in an error or misinterpretation.
  warnings.warn(
```

✔ 자주 발생하는 에러 메시지

```
NameError: name 'abc' is not defined
```

명령어를 사용할 수 없을 때 출력되는 에러 메시지입니다. 다음의 경우에 발생합니다.

- 변수명이나 함수명에 오타가 있을 때
- 변수를 만들지 않았는데 변수를 활용했을 때
- 패키지를 로드하지 않은 상태에서 함수를 실행했을 때

```
SyntaxError: unmatched ')'
```

)의 짝이 되는 기호가 없다는 에러 메시지입니다. 필요하지 않은 곳에)를 입력했거나, 닫힌 괄호를 이미 입력했는데 또 입력했거나, 잘못된 기호를 입력했을 때 발생합니다.

```
SyntaxError: unexpected EOF while parsing
```

문법에 맞지 않은 코드를 입력했을 때 발생합니다.

```
SyntaxError: invalid syntax
```

파일을 불러올 수 없을 때 발생하는 에러 메시지입니다. 파일명을 잘못 입력했거나, 워킹 디렉터리에 불러올 파일이 없거나, 파일이 있는 경로를 잘못 입력했을 때 발생합니다.

```
FileNotFoundError: [Errno 2] No such file or directory: 'abc.csv'
```

✔ 에러 메시지로 구글링하기
에러 메시지를 이해할 수 없을 때는 구글에서 검색해 보면 도움이 됩니다. 예를 들어 'NameError: name 'abc' is not defined'라는 에러 메시지가 출력됐다면 구글에 접속한 다음 에러 메시지 앞에 'python'을 붙여서 'python NameError: name 'abc' is not defined'로 검색해 보세요. 비슷한 문제를 해결한 사용자들이 올린 글을 찾을 수 있습니다.

✔ 맥(Mac)에서 오류가 발생한다면
운영체제 환경에 차이가 있어서 같은 코드를 실행하더라도 맥에서만 오류가 나타나거나 반대로 윈도우에서만 오류가 나타날 수 있습니다. 맥에서 나타난 오류를 해결하는 방법을 저자의 깃허브에 정리해 두었으니 참고하세요.

- github.com/youngwoos/Doit_Python

데이터 분석 기초!
– 데이터 파악하기, 다루기 쉽게 수정하기

분석할 데이터를 확보하면 가장 먼저 데이터의 특징을 파악하고 다루기 쉽게 변형하는 작업을 해야 합니다. 이 장에서는 데이터를 다루는 기초적인 방법을 익힙니다.

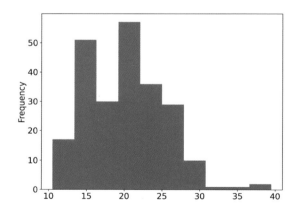

05-1 데이터 파악하기

05-2 변수명 바꾸기

05-3 파생변수 만들기

05-1
데이터 파악하기

데이터가 주어졌을 때 가장 먼저 하는 일은 데이터의 전반적인 구조를 파악하는 것입니다. 어떤 변수들이 있는지, 몇 행으로 구성되는지 구조를 살펴보면서 데이터의 특징이 어떠한지 감을 잡습니다. 이 과정에서 분석 방향의 힌트를 얻게 됩니다.

데이터를 파악할 때 사용하는 명령어

데이터를 파악할 때는 기본적으로 다음 여섯 가지 명령어를 사용합니다.

함수	기능
head()	앞부분 출력
tail()	뒷부분 출력
shape	행, 열 개수 출력
info()	변수 속성 출력
describe()	요약 통계량 출력

4장에서 사용한 exam.csv 파일을 활용해 데이터를 파악하는 방법을 알아보겠습니다. 먼저 exam.csv 파일을 불러와 데이터 프레임을 만들겠습니다.

```python
import pandas as pd
exam = pd.read_csv('exam.csv')
```

head() - 데이터 앞부분 확인하기

head()는 데이터의 앞에서부터 다섯 번째 행까지 출력하는 기능을 합니다. head()를 이용해 데이터의 앞부분 일부를 출력하면 데이터의 형태를 쉽게 확인할 수 있습니다.

head()를 이용하려면 데이터 프레임 이름 뒤에 점을 찍은 다음 head()를 추가하면 됩니다.

🐭 exam.head()처럼 변수 뒤에 점을 찍어 사용하는 함수를 메서드(method)라고 합니다. 메서드는 109쪽에서 자세히 다룹니다.

```
exam.head()  # 앞에서부터 5행까지 출력
```

	id	nclass	math	english	science
0	1	1	50	98	50
1	2	1	60	97	60
2	3	1	45	86	78
3	4	1	30	98	58
4	5	2	25	80	65

괄호에 숫자를 입력하면 입력한 행까지 데이터를 출력합니다.

```
exam.head(10)   # 앞에서부터 10행까지 출력
```

	id	nclass	math	english	science
0	1	1	50	98	50
1	2	1	60	97	60
2	3	1	45	86	78
3	4	1	30	98	58
4	5	2	25	80	65
5	6	2	50	89	98
6	7	2	80	90	45

(. . . 생략 . . .)

tail() - 데이터 뒷부분 확인하기

tail()은 데이터의 뒷부분을 출력하는 기능을 합니다. head()와 반대로 뒤에서부터 다섯 번째 행까지 출력합니다.

```
exam.tail()    # 뒤에서부터 5행까지 출력
```

	id	nclass	math	english	science
15	16	4	58	98	65
16	17	5	65	68	98
17	18	5	80	78	90
18	19	5	89	68	87
19	20	5	78	83	58

head()와 마찬가지로 괄호에 숫자를 입력하면 뒤에서부터 입력한 행까지 출력합니다.

```
exam.tail(10)    # 뒤에서부터 10행까지 출력
```

	id	nclass	math	english	science
10	11	3	65	65	65
11	12	3	45	85	32
12	13	4	46	98	65
13	14	4	48	87	12
14	15	4	75	56	78
15	16	4	58	98	65
16	17	5	65	68	98
17	18	5	80	78	90
18	19	5	89	68	87
19	20	5	78	83	58

shape - 데이터가 몇 행, 몇 열로 구성되는지 알아보기

shape는 데이터 프레임의 크기를 알아볼 때 사용합니다. 데이터 프레임에 점을 찍고 shape를 추가하면 데이터 프레임의 행, 열 개수를 출력합니다. 출력된 숫자 2개 중에서 앞은 '행', 뒤는 '열'의 개수를 나타냅니다. 하나의 행이 한 학생의 시험 성적을 의미하므로, exam 데이터가 학생 20명에 대한 5개 변수로 구성된다는 것을 알 수 있습니다.

```
exam.shape
```

```
(20, 5)
```

shape는 함수가 아니라 데이터 프레임이 가지고 있는 속성인 어트리뷰트^{attribute}입니다. **어트리뷰트를 출력할 때는 명령어 뒤에 괄호를 입력하지 않으니 주의하세요.**

🍵 어트리뷰트는 111쪽에서 자세히 다룹니다.

info() - 변수 속성 파악하기

info()는 데이터에 들어 있는 변수들의 속성을 보여줍니다. 모든 변수의 속성을 한눈에 파악하고 싶을 때 info()를 사용합니다.

```
exam.info()
```

```
❶ <class 'pandas.core.frame.DataFrame'>
❷ RangeIndex: 20 entries, 0 to 19
❸ Data columns (total 5 columns):
   #   Column   Non-Null Count  Dtype
   --- ------   --------------  -----
❹  0   id       20 non-null     int64
   1   nclass   20 non-null     int64
   2   math     20 non-null     int64
   3   english  20 non-null     int64
   4   science  20 non-null     int64
dtypes: int64(5)
memory usage: 928.0 bytes
```

info()의 출력 결과를 보면 다음과 같은 사실을 알 수 있습니다.

❶ 첫 번째 행의 pandas.core.frame.DataFrame을 보면 exam이 pandas로 만든 데이터 프레임이라는 것을 알 수 있습니다.

❷ 두 번째 행의 20 entries, 0 to 19를 보면 exam이 20행으로 되어 있고, 행 번호가 0부터 19까지라는 것을 알 수 있습니다.

❸ 세 번째 행의 total 5 columns를 보면 exam이 변수 5개로 구성된다는 것을 알 수 있습니다.

❹ 여섯 번째 행부터 데이터 프레임에 들어 있는 변수들의 속성이 표시됩니다. 각 행에 변수 순서(#), 이름(Column), 변수에 들어 있는 값의 개수(Non-Null Count), 속성(Dtype)을 보여 줍니다. 예를 들어 0번째 변수 id를 보면 20개의 값이 있고 정수(int64)로 된 변수라는 것을 알 수 있습니다. 변수의 속성은 정수(int64)외에도 실수(float64), 문자(object), 날짜 시간(datetime64) 등이 있습니다.

🐌 변수 속성 뒤에 붙은 64는 변수가 64비트로 되어 있다는 의미입니다. 1비트로 두 개의 값을 표현할 수 있으므로 int64는 2^64개의 정수를 표현할 수 있습니다.

🐌 Non-Null Count는 결측치(누락된 값)를 제외하고 구한 값의 개수를 나타냅니다. 결측치는 7장에서 자세히 다룹니다.

describe() - 요약 통계량 구하기

describe()는 '평균'처럼 변수의 값을 요약한 '요약 통계량'을 구하는 함수입니다. 요약 통계량을 보면 변수의 특징을 파악하는 데 도움이 됩니다.

```
exam.describe()
```

	id	nclass	math	english	science
count	20.00000	20.000000	20.000000	20.000000	20.000000
mean	10.50000	3.000000	57.450000	84.900000	59.450000
std	5.91608	1.450953	20.299015	12.875517	25.292968
min	1.00000	1.000000	20.000000	56.000000	12.000000
25%	5.75000	2.000000	45.750000	78.000000	45.000000
50%	10.50000	3.000000	54.000000	86.500000	62.500000
75%	15.25000	4.000000	75.750000	98.000000	78.000000
max	20.00000	5.000000	90.000000	98.000000	98.000000

🐌 문자로 된 변수의 요약 통계량을 함께 출력하려면 describe()에 include = 'all'을 입력하면 됩니다.

출력 결과를 보면 데이터를 구성하는 변수들의 요약 통계량을 알 수 있습니다. describe() 를 실행해 출력되는 요약 통계량은 다음과 같은 의미를 갖습니다.

출력값	통계량	설명
count	빈도(frequency)	값의 개수
mean	평균(mean)	모든 값을 더해 값의 개수로 나눈 값
std	표준편차(standard deviation)	변수의 값들이 평균에서 떨어진 정도를 나타낸 값
min	최소값(minimum)	가장 작은 값
25%	1사분위수(1st quantile)	하위 25%(4분의 1) 지점에 위치한 값
50%	중앙값(median)	하위 50%(중앙) 지점에 위치한 값
75%	3사분위수(3rd quantile)	하위 75%(4분의 3) 지점에 위치한 값
max	최대값(maximum)	가장 큰 값

출력 결과 중 math를 살펴보겠습니다. math는 학생들의 수학 시험 점수를 나타냅니다. 요약 통계량을 보면 다음과 같은 특징을 파악할 수 있습니다.

- 수학 시험 점수 평균은 57.45점이다(mean).
- 수학 시험 점수가 가장 낮은 학생은 20점(min), 가장 높은 학생은 90점(max)이다.
- 학생들의 수학 점수가 54점(50%)을 중심으로 45.75점에서 75.75점 사이(25%, 75%)에 몰려 있다.

이번에는 실제 데이터를 불러와 데이터의 특징을 파악해 보겠습니다. 먼저 mpg 데이터를 불러오겠습니다. mpg(mile per gallon)는 미국 환경 보호국[US Environmental Protection Agency]에서 공개한 데이터로, 1999~2008년 미국에 출시된 자동차 234종의 정보를 담고 있습니다.

```
# mpg 데이터 불러오기
mpg = pd.read_csv('mpg.csv')
```

🌏 mpg 데이터 출처: bit.ly/easypy_51

🌏 원본 mpg 데이터 class 변수의 이름을 category로 변경하였습니다.

1. head(), tail()을 이용해 데이터에 어떤 값이 담겨 있는지 살펴보겠습니다.

```
mpg.head()    # mpg 앞부분 확인
```

	manufacturer	model	displ	year	cyl	trans	drv	cty	hwy	fl
0	audi	a4	1.8	1999	4	auto(l5)	f	18	29	p
1	audi	a4	1.8	1999	4	manual(m5)	f	21	29	p
2	audi	a4	2.0	2008	4	manual(m6)	f	20	31	p
3	audi	a4	2.0	2008	4	auto(av)	f	21	30	p
4	audi	a4	2.8	1999	6	auto(l5)	f	16	26	p

```
mpg.tail()    # mpg 뒷부분 확인
```

	manufacturer	model	displ	year	cyl	trans	drv	cty	hwy
229	volkswagen	passat	2.0	2008	4	auto(s6)	f	19	28
230	volkswagen	passat	2.0	2008	4	manual(m6)	f	21	29
231	volkswagen	passat	2.8	1999	6	auto(l5)	f	16	26
232	volkswagen	passat	2.8	1999	6	manual(m5)	f	18	26
233	volkswagen	passat	3.6	2008	6	auto(s6)	f	17	26

2. shape를 이용해 데이터가 몇 행, 몇 열로 구성되는지 알아보겠습니다.

```
mpg.shape    # 행, 열 출력
```
```
(234, 11)
```

출력 결과를 보면 mpg는 234행, 11열로 구성되어 있습니다. 하나의 행이 자동차 한 종에 대한 정보를 의미하므로, mpg가 자동차 234종에 대한 11개 변수로 구성된다는 것을 알 수 있습니다.

3. info()를 이용해 변수의 속성을 알아보겠습니다.

```
mpg.info()    # 데이터 속성 확인
```

```
❶<class 'pandas.core.frame.DataFrame'>
 RangeIndex: 234 entries, 0 to 233
 Data columns (total 11 columns):
  #    Column          Non-Null Count   Dtype
 ---   ------          --------------   -----
❷ 0    manufacturer    234 non-null     object
  1    model           234 non-null     object
  2    displ           234 non-null     float64
  3    year            234 non-null     int64
  4    cyl             234 non-null     int64
  5    trans           234 non-null     object
  6    drv             234 non-null     object
  7    cty             234 non-null     int64
  8    hwy             234 non-null     int64
  9    fl              234 non-null     object
  10   category        234 non-null     object
 dtypes: float64(1), int64(4), object(6)
 memory usage: 20.2+ KB
```

❶ 첫 번째~세 번째 행을 보면, mpg가 데이터 프레임이고 234행, 11개 변수로 구성된다는 것을 알 수 있습니다.

❷ Column 아래 manufacturer를 보면, 234개의 값이 있고 문자(object)로 된 변수라는 것을 알 수 있습니다. 그 밑으로도 같은 방식으로 각 변수의 속성을 보여 줍니다. Dtype에서 object는 문자, float64는 소수점이 있는 실수, int64는 소수점이 없는 정수를 의미합니다.

알아 두면 좋아요! } **mpg 데이터 살펴보기**

앞으로 실습하면서 mpg 데이터를 자주 활용합니다. mpg 데이터의 변수들은 다음과 같은 속성을 의미합니다.

변수명	내용	변수명	내용
manufacturer	제조 회사	drv	구동 방식(drive wheel)
model	자동차 모델명	cty	도시 연비(city)
displ	배기량(displacement)	hwy	고속도로 연비(highway)
year	생산연도	fl	연료 종류(fuel)
cyl	실린더 개수(cylinders)	category	자동차 종류
trans	변속기 종류(transmission)		

4. describe()를 이용해 요약 통계량을 살펴보겠습니다.

```
mpg.describe()    # 요약 통계량 출력
```

	displ	year	cyl	cty	hwy
count	234.000000	234.000000	234.000000	234.000000	234.000000
mean	3.471795	2003.500000	5.888889	16.858974	23.440171
std	1.291959	4.509646	1.611534	4.255946	5.954643
min	1.600000	1999.000000	4.000000	9.000000	12.000000
25%	2.400000	1999.000000	4.000000	14.000000	18.000000
50%	3.300000	2003.500000	6.000000	17.000000	24.000000
75%	4.600000	2008.000000	8.000000	19.000000	27.000000
max	7.000000	2008.000000	8.000000	35.000000	44.000000

출력 결과를 보면 mpg를 구성하는 변수 11개 중에서 숫자로 된 변수 5개의 요약 통계량 만 출력되어 있습니다. 문자로 된 변수의 요약 통계량을 함께 출력하려면 describe()에 include = 'all'을 입력하면 됩니다.

```
mpg.describe(include = 'all')    # 문자 변수 요약 통계량 함께 출력
```

	❷ manufacturer		❶ cty	hwy	fl	category
count	234		234.000000	234.000000	234	234
unique	15		NaN	NaN	5	7
top	dodge		NaN	NaN	r	suv
freq	37		NaN	NaN	168	62
mean	NaN		16.858974	23.440171	NaN	NaN
std	NaN	⋯	4.255946	5.954643	NaN	NaN
min	NaN		9.000000	12.000000	NaN	NaN
25%	NaN		14.000000	18.000000	NaN	NaN
50%	NaN		17.000000	24.000000	NaN	NaN
75%	NaN		19.000000	27.000000	NaN	NaN
max	NaN		35.000000	44.000000	NaN	NaN

문자 변수의 요약 통계량은 다음과 같은 의미를 담고 있습니다.

출력값	통계량	설명
count	빈도	값의 개수
unique	고유값 빈도	중복을 제거한 범주의 개수
top	최빈값	개수가 가장 많은 값
freq	최빈값 빈도	개수가 가장 많은 값의 개수

🐢 NaN은 결측치(누락된 값)를 의미합니다. unique, top, freq는 문자 변수로만 계산하므로 숫자 변수에는 NaN이 출력됩니다.
반대로 숫자를 이용해 계산하는 요약 통계량은 숫자 변수에만 출력되고 문자 변수에는 NaN이 출력됩니다.

❶ 숫자로 된 변수 중 도시 연비를 의미하는 cty의 요약 통계량을 살펴보겠습니다. cty는 자동차가 도시에서 연료 1갤런에 몇 마일을 주행하는지 나타냅니다. 요약 통계량을 보면 다음 특징을 파악할 수 있습니다.

- 자동차가 도시에서 갤런당 평균 16.8마일 주행한다(mean).
- 도시 연비가 가장 낮은 모델은 갤런당 9마일(min), 가장 높은 모델은 35마일(max) 주행한다.
- 도시 연비가 갤런당 17마일(50%)을 중심으로 14마일에서 19마일(25%, 75%) 사이에 몰려 있다.

❷ 문자로 된 변수 중 자동차 제조 회사를 의미하는 manufacturer의 요약 통계량을 살펴보면 다음 특징을 파악할 수 있습니다.
- 자동차 제조 회사의 종류는 15개다(unique).
- 가장 많은 자동차 모델을 생산한 제조 회사는 dodge다(top).
- dodge는 37종의 모델을 생산했다(freq).

지금까지 데이터의 특징을 파악하는 함수를 알아봤습니다. 어떤 데이터를 분석하든 앞에서 익힌 함수를 활용해 전반적인 특징을 파악하는 작업을 가장 먼저 해야 합니다.

⌨ Do it! 실습 함수와 메서드 차이 알아보기

함수는 종류에 따라 명령어를 입력하는 방법이 조금씩 다릅니다. 함수를 사용하다 보면 익숙해지므로 따로 외울 필요는 없지만 입력 방법의 차이를 알아 두면 코드를 오류 없이 작성할 수 있습니다.

1. 내장 함수
내장 함수는 가장 기본적인 함수 형태로, 함수 이름과 괄호를 입력하여 사용합니다. 파이썬에 내장되어 있으므로 별도로 패키지를 설치하거나 불러오지 않고 사용합니다.

```
sum(var)
max(var)
```

2. 패키지 함수
패키지 함수는 패키지 이름을 먼저 입력한 다음 점을 찍고 함수 이름과 괄호를 입력하여 사용합니다. 패키지 함수는 패키지를 로드해야 사용할 수 있습니다.

```
import pandas as pd
pd.read_csv('exam.csv')
pd.DataFrame({'x' : [1, 2, 3]})
```

3. 메서드

메서드^{method}는 '변수가 지니고 있는 함수'입니다. 메서드는 변수명을 입력한 다음 점을 찍고 메서드 이름과 괄호를 입력하여 사용합니다.

```
df.head()
df.info()
```

메서드는 모든 변수에 사용할 수 있는 것이 아닙니다. 변수의 자료 구조에 따라 사용할 수 있는 메서드가 다릅니다. 예를 들어 head()는 데이터 프레임에 들어 있는 메서드입니다. 따라서 다음 코드의 출력 결과를 보면 자료 구조가 데이터 프레임인 df에는 사용할 수 있지만, 리스트인 var에는 사용할 수 없습니다.

🐢 리스트는 17장에서 자세히 다룹니다.

```
df = pd.read_csv('exam.csv')
df.head()
```

	id	nclass	math	english	science
0	1	1	50	98	50
1	2	1	60	97	60
2	3	1	45	86	78
3	4	1	30	98	58
4	5	2	25	80	65

```
var = [1, 2, 3]
var.head()
```

```
AttributeError: 'list' object has no attribute 'head'
```

변수의 자료 구조는 type()을 이용하면 알 수 있습니다.

```
type(df)
```
```
pandas.core.frame.DataFrame
```

```
type(var)
```
```
list
```

어트리뷰트^{attribute}는 '변수가 지니고 있는 값'입니다. 어트리뷰트를 출력하려면 변수명 뒤에 점을 찍고 어트리뷰트 이름을 입력하면 됩니다.

어트리뷰트는 메서드와 마찬가지로 변수가 지니고 있으므로 변수명 뒤에 점을 찍고 입력합니다. 반면 메서드와 달리 괄호는 입력하지 않습니다. 괄호가 있으면 메서드, 없으면 어트리뷰트라고 생각하면 됩니다.

```
df.head()    # 메서드

(...생략...)
```

```
df.shape    # 어트리뷰트

(20, 5)
```

변수의 자료 구조에 따라 지니고 있는 어트리뷰트가 다릅니다. 예를 들어 shape는 자료 구조가 데이터 프레임인 변수가 지니고 있는 어트리뷰트입니다. 따라서 다음 코드의 출력 결과를 보면 자료 구조가 데이터 프레임인 df에는 사용할 수 있지만 리스트인 var에는 사용할 수 없습니다.

```
var.shape

AttributeError: 'list' object has no attribute 'shape'
```

메서드와 어트리뷰트의 차이

메서드와 어트리뷰트는 게임 캐릭터가 가지고 있는 기술과 능력치에 비유할 수 있습니다.

- 메서드 = 기술

메서드는 기사의 칼 휘두르기, 마법사의 불 쏘기처럼, 명령하면 실행하는 기술과 비슷합니다. 게임 캐릭터를 이용해 기술을 실행하듯 변수를 이용해 메서드를 실행합니다.

- 어트리뷰트 = 능력치

어트리뷰트는 체력, 공격력처럼 캐릭터의 능력치와 비슷합니다. 게임 캐릭터의 특징을 알고자 할 때 능력치라는 값을 살펴보듯 변수의 특징을 알고자 할 때 어트리뷰트라는 값을 출력하여 살펴봅니다.

05-2
변수명 바꾸기

데이터의 전반적인 특징을 파악하고 나면 본격적으로 분석하기 전에 변수명을 수정하는 작업을 해야 합니다. 변수명을 이해하기 쉬운 단어로 바꾸면 데이터를 수월하게 다룰 수 있습니다. 특히 변수명이 기억하기 어려운 문자로 되어 있으면 쉬운 단어로 바꾸는 게 좋습니다. 예를 들어 9장에서 실습에 사용하는 '한국복지패널 데이터'는 응답자의 성별이 h14_g3, 월급이 p1402_8aq1로 되어 있습니다. 이런 데이터는 변수명을 sex, income처럼 이해하기 쉽게 변경해야 헷갈리지 않고 분석할 수 있습니다.

```
응답자의 성별: h14_g3     → sex
응답자의 소득: p1402_8aq1 → income
```

⌨ Do it! 실습   변수명 바꾸기

pandas의 df.rename()을 이용해 변수명을 바꾸는 방법을 알아보겠습니다.

1. 데이터 프레임 만들기
우선 실습에 활용하기 위해 변수 2개로 구성된 데이터 프레임을 만듭니다.

```
df_raw = pd.DataFrame({'var1' : [1, 2, 1],
                       'var2' : [2, 3, 2]})
df_raw
```

	var1	var2
0	1	2
1	2	3
2	1	2

2. 데이터 프레임 복사본 만들기

변수명을 바꾸기 전에 원본을 보존하기 위해 데이터 프레임 복사본을 만듭니다. 새 변수명 df_new에 df_raw.copy()를 할당하는 형태로 코드를 작성하면 됩니다. df.copy()는 데이터 프레임의 복사본을 만드는 기능을 합니다.

```
df_new = df_raw.copy()    # 복사본 만들기
df_new                    # 출력
```

	var1	var2
0	1	2
1	2	3
2	1	2

데이터를 변형하는 작업을 할 때는 원본을 직접 사용하기보다 복사본을 만들어 사용하는 습관을 들이는 게 좋습니다. 그래야 작업하다가 오류가 발생하더라도 원 상태로 되돌릴 수 있고, 데이터를 비교하면서 변형되는 과정을 검토할 수 있습니다.

3. 변수명 바꾸기

복사본을 만들었으니 df.rename()을 이용해 변수명을 바꾸겠습니다. df_new에 들어 있는 두 변수 var1, var2 중에서 var2를 v2로 바꾸겠습니다. df_new.rename()에 columns 파라미터를 추가한 다음 {'기존 변수명' : '새 변수명'}을 입력하면 됩니다. 출력 결과를 df_new에 할당하면 변수명이 바뀐 상태로 저장됩니다.

```
df_new = df_new.rename(columns = {'var2' : 'v2'})    # var2를 v2로 수정
df_new
```

	var1	v2
0	1	2
1	2	3
2	1	2

🐢 df.rename()은 pandas로 만든 데이터 프레임에 들어 있는 rename() 메서드를 의미합니다. 데이터 프레임의 메서드를 표현할 때 DataFrame.rename()처럼 풀어서 쓰기도 하고, DataFrame을 df로 줄여 df.rename()으로 쓰기도 합니다.

🐢 rename()에 입력한 {'var2' : 'v2'}는 딕셔너리 자료 구조입니다. 딕셔너리는 17-5절에서 자세히 다룹니다.

원본 df_raw와 복사본 df_new를 함께 출력하면 var2가 v2로 수정된 것을 비교해 볼 수 있습니다.

df_raw

	var1	var2
0	1	2
1	2	3
2	1	2

df_new

	var1	v2
0	1	2
1	2	3
2	1	2

 알아 두면 좋아요! } 데이터 프레임을 복사할 때 df.copy()를 사용하는 이유

데이터 프레임을 복사할 때 df_new = df_raw와 같이 코드를 작성할 수도 있습니다. 하지만 이렇게 하면 df_new와 df_raw는 이름만 다를 뿐 한 몸처럼 항상 같은 값을 갖게 되어 어느 한쪽을 수정하면 다른 한쪽도 수정됩니다. 데이터에 문제가 생겼을 때 원래대로 복구하기 위해 복사본을 만드는 것이므로 복사본을 수정해도 원본은 영향받지 않도록 df.copy()를 사용해야 합니다.

 mpg 데이터를 이용해 분석 문제를 해결해 보세요.

mpg 데이터의 변수명은 긴 단어를 짧게 줄인 축약어로 되어 있습니다. cty는 도시 연비, hwy는 고속도로 연비를 의미합니다. 변수명을 이해하기 쉬운 단어로 바꾸려고 합니다.

Q1 mpg 데이터를 불러와 복사본을 만드세요.
Q2 복사본 데이터를 이용해 cty는 city로, hwy는 highway로 수정하세요.
Q3 데이터 일부를 출력해 변수명이 바뀌었는지 확인해 보세요. 다음과 같은 결과물이 출력되어야 합니다.

	manufacturer		drv	city	highway	fl	category
0	audi		f	18	29	p	compact
1	audi		f	21	29	p	compact
2	audi	...	f	20	31	p	compact
3	audi		f	21	30	p	compact
4	audi		f	16	26	p	compact

정답: 446쪽

05-3
파생변수 만들기

데이터에 들어 있는 변수만 이용해 분석할 수도 있지만, 변수를 조합하거나 함수를 이용해 새 변수를 만들어 분석할 수도 있습니다. 예를 들어 여러 과목의 시험 점수를 조합해 전과목 평균 변수를 만들어 분석할 수 있습니다. 이처럼 기존의 변수를 변형해 만든 변수를 **파생변수**derived variable라고 합니다.

파생변수

이름	영어 점수	수학 점수		이름	영어 점수	수학 점수	평균
김지훈	90	50		김지훈	90	50	70
이유진	80	50		이유진	80	50	70
박동현	60	100		박동현	60	100	80
김민지	70	20		김민지	70	20	45

Do it! 실습 ⌨ 변수 조합해 파생변수 만들기

데이터 프레임의 변수를 조합해 파생변수를 만드는 방법을 알아보겠습니다.

1. 실습에 활용하기 위해 변수 2개로 구성된 데이터 프레임을 만듭니다.

```
df = pd.DataFrame({'var1' : [4, 3, 8],
                   'var2' : [2, 6, 1]})
df
```

	var1	var2
0	4	2
1	3	6
2	8	1

2. var1과 var2 변수의 값을 더한 var_sum이라는 파생변수를 만들어 df에 추가해 보겠습니다. 데이터 프레임명에 []를 붙여 새로 만들 변수명을 입력하고 =로 계산 공식을 할당하는 형태로 코드를 작성하면 됩니다. 새로 만든 변수는 데이터 프레임의 오른쪽 끝에 나열됩니다.

```
df['var_sum'] = df['var1'] + df['var2']    # var_sum 파생변수 만들기
df
```

	var1	var2	var_sum
0	4	2	6
1	3	6	9
2	8	1	9

3. 이번에는 var1과 var2를 더한 다음 2로 나눠 var_mean이라는 파생변수를 만들어 보겠습니다.

```
df['var_mean'] = (df['var1'] + df['var2']) / 2    # var_mean 파생변수 만들기
df
```

	var1	var2	var_sum	var_mean
0	4	2	6	3.0
1	3	6	9	4.5
2	8	1	9	4.5

⌨ **Do it! 실습** **mpg 통합 연비 변수 만들기**

이번에는 mpg 데이터를 이용해 파생변수를 만들어 보겠습니다. mpg 데이터에는 도시 연비를 의미하는 cty, 고속도로 연비를 의미하는 hwy, 두 종류의 연비 변수가 있습니다. 이 변수들을 이용하면 도로 유형별로 각각 분석할 수 있지만, 도로 유형을 통틀어 어떤 자동차 모델의 연비가 높은지는 분석할 수 없습니다. 그러므로 종합해서 분석하려면 하나로 통합된 연비 변수가 필요합니다. 앞에서 익힌 방법을 활용해 통합 연비 변수를 추가해 보겠습니다.

1. cty, hwy 두 변수를 더해 2로 나눠 도로 유형을 통합한 연비 변수를 만듭니다. 데이터 일부를 출력하면 변수가 추가된 것을 확인할 수 있습니다.

```
mpg['total'] = (mpg['cty'] + mpg['hwy']) / 2   # 통합 연비 변수 만들기
mpg.head()
```

	manufacturer	model	displ	year		cty	hwy	fl	category	total
0	audi	a4	1.8	1999		18	29	p	compact	23.5
1	audi	a4	1.8	1999		21	29	p	compact	25.0
2	audi	a4	2.0	2008	⋯	20	31	p	compact	25.5
3	audi	a4	2.0	2008		21	30	p	compact	25.5
4	audi	a4	2.8	1999		16	26	p	compact	21.0

2. 변수를 추가하고 나면 분석하는 데 활용할 수 있습니다. 통합 연비 변수의 평균을 구해 보겠습니다.

```
sum(mpg['total']) / len(mpg)   # total 합계를 행 수로 나누기
```

```
20.14957264957265
```

sum()과 len() 대신 df.mean() 메서드를 이용하면 평균을 간단히 구할 수 있습니다.

```
mpg['total'].mean()   # 통합 연비 변수 평균
```

```
20.14957264957265
```

⌨ Do it! 실습   조건문을 활용해 파생변수 만들기

변수를 조합하는 방법 외에도 함수를 이용해서 파생변수를 만들 수 있습니다. 이번에는 조건에 따라 서로 다른 값을 반환하는 '조건문 함수'로 파생변수를 만드는 방법을 알아보겠습니다. 전체 자동차 중에서 연비 기준을 충족해 '고연비 합격 판정'을 받은 자동차가 몇 대나 되는지 알아보는 상황을 가정해 보겠습니다. 연비가 기준값을 넘으면 합격, 넘지 못하면 불합격을 부여하도록 변수를 만들면 문제를 해결할 수 있습니다.

1. 기준값 정하기

먼저 몇을 기준으로 합격 여부를 판단할지 정해야 합니다. 변수의 요약 통계량을 출력하는 describe()를 이용해 앞에서 만든 통합 연비 변수 total의 평균^{mean}과 중앙값$^{50\%}$을 확인합니다.

```
mpg['total'].describe()   # 요약 통계량 출력
```

```
count    234.000000
mean      20.149573
std        5.050290
min       10.500000
25%       15.500000
50%       20.500000
75%       23.500000
max       39.500000
Name: total, dtype: float64
```

🐢 요약 통계량은 103쪽에서 자세히 설명합니다.

이번에는 히스토그램을 만들어 자동차들의 연비 분포를 알아보겠습니다. 히스토그램은 값의 빈도를 막대 길이로 표현한 그래프입니다. 히스토그램을 보면 어떤 값을 지닌 데이터가 많은지 전반적인 분포를 알 수 있습니다. df.plot.hist()를 이용하면 히스토그램을 만들 수 있습니다.

🐢 간단한 그래프는 별도의 그래프 패키지를 사용하지 않고 DataFrame의 plot을 이용해 만들 수 있습니다. 그래프를 만드는 방법은 8장에서 자세히 다룹니다.

```
# 그래프 만들기
mpg['total'].plot.hist()
```

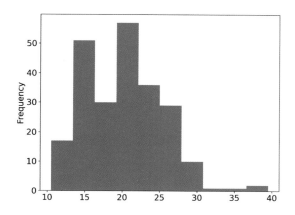

히스토그램을 보면 x축에는 5 간격으로 **total** 변수의 값이 표현되어 있고, y축에는 각 계급 구간의 빈도(Frequency)가 표현되어 있습니다. 요약 통계량과 히스토그램을 보면 다음 사실을 알 수 있습니다.

- **total** 연비의 평균과 중앙값이 약 20이다.
- **total** 연비가 20~22.5 사이인 자동차 모델이 가장 많다.
- **total** 연비는 대부분 25 이하이고, 25를 넘기는 자동차 모델은 많지 않다.

요약 통계량과 히스토그램을 종합하면 연비가 20이 넘는 자동차에 고연비 합격 판정을 내리면 적당할 것으로 판단됩니다. 기준값을 정했으니 **total** 변수가 20을 넘으면 합격, 넘지 못하면 불합격으로 분류한 변수를 만들겠습니다.

2. 합격 판정 변수 만들기

조건에 따라 서로 다른 값을 반환하는 함수를 '조건문^{conditional statements} 함수'라고 합니다. 조건문 함수를 이용하면 특정 조건을 만족했는지 여부에 따라 서로 다른 값을 부여해 변수를 만들 수 있습니다.

NumPy 패키지의 where()를 이용하면 조건에 따라 서로 다른 값을 부여할 수 있습니다. 우선 NumPy를 사용할 수 있도록 로드하겠습니다. NumPy는 배열 연산, 통계치 계산 등 수치 연산을 할 때 자주 사용하는 패키지입니다.

```
import numpy as np
```

np.where()는 지정한 조건에 맞을 때와 맞지 않을 때 서로 다른 값을 반환하는 기능을 합니다. 괄호 안에 ❶ 조건, ❷ 조건에 맞을 때 부여할 값, ❸ 조건에 맞지 않을 때 부여할 값 순서로 코드를 작성합니다.

다음 코드를 실행하면 total이 20 이상이면 'pass'를 부여하고 그렇지 않으면 'fail'을 부여해 test라는 변수를 만듭니다. mpg를 출력하면 total 변수의 오른쪽에 test 변수가 위치하고, 20을 기준으로 'pass' 또는 'fail'이 부여된 것을 확인할 수 있습니다.

```
# 20 이상이면 pass, 그렇지 않으면 fail 부여
mpg['test'] = np.where(mpg['total'] >= 20, 'pass', 'fail')
mpg.head()
```

	manufacturer	model	displ		cty	hwy	fl	category	total	test
0	audi	a4	1.8		18	29	p	compact	23.5	pass
1	audi	a4	1.8		21	29	p	compact	25.0	pass
2	audi	a4	2.0	...	20	31	p	compact	25.5	pass
3	audi	a4	2.0		21	30	p	compact	25.5	pass
4	audi	a4	2.8		16	26	p	compact	21.0	pass

기준값을 넘으면 합격, 넘지 못하면 불합격을 부여한 변수를 만들었으니 이제 합격 판정을 받은 자동차와 불합격 판정을 받은 자동차가 각각 몇 대인지 알아볼 차례입니다.

3. 빈도표로 합격 판정 자동차 수 살펴보기

빈도표^{frequency table}는 변수의 값이 종류별로 몇 개씩 있는지, 값의 개수를 나타낸 표입니다. df.value_counts()를 이용해 빈도표를 만들면 합격한 자동차와 불합격한 자동차가 각각 몇 대인지 알 수 있습니다.

```
mpg['test'].value_counts()    # 연비 합격 빈도표 만들기
```

```
pass    128
fail    106
Name: test, dtype: int64
```

출력 결과를 보면 합격 판정을 받은 자동차는 128대, 불합격 판정을 받은 자동차는 106대라는 것을 알 수 있습니다.

4. 막대 그래프로 빈도 표현하기

막대 그래프를 만들면 변수의 값이 종류별로 얼마나 많은 지 한눈에 파악할 수 있습니다. 빈도표로 변수를 만든 다음 막대 그래프를 만드는데 활용하겠습니다.

```
count_test = mpg['test'].value_counts()   # 연비 합격 빈도표를 변수에 할당
```

df.plot.bar()를 이용하면 값의 개수를 막대의 길이로 표현한 막대 그래프를 만들 수 있습니다. 출력한 그래프를 보면 합격한 자동차와 불합격한 자동차의 빈도 차이가 잘 드러납니다.

```
count_test.plot.bar()   # 연비 합격 빈도 막대 그래프 만들기
```

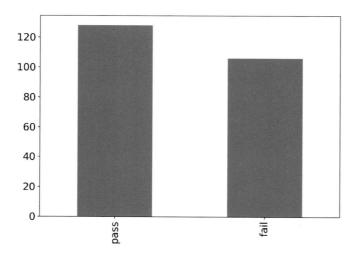

축 이름 회전하기

앞에서 출력한 그래프를 보면 축 이름이 회전되어 있습니다. df.plot.bar()의 기본값이 축 이름을 90도 회전하게 되어있기 때문입니다. rot 파라미터에 숫자를 입력하면 축 이름을 원하는 각도만큼 회전할 수 있습니다. 축 이름을 수평으로 만들려면 rot = 0을 입력하면 됩니다.

```
count_test.plot.bar(rot = 0)    # 축 이름 수평으로 만들기
```

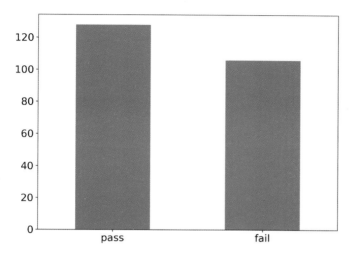

🐢 막대 그래프를 만드는 방법은 08-3절에서 자세히 다룹니다.

Do it! 실습　중첩 조건문 활용하기

앞에서는 자동차 모델을 합격과 불합격 둘 중 하나로 분류한
변수를 만들었습니다. 이번에는 A, B, C 세 종류의 연비 등급
으로 분류한 변수를 만들어 보겠습니다. total이 30 이상이
면 A, 20~29는 B, 20 미만이면 C 등급으로 분류하겠습니다.

등급	기준
A	30 이상
B	20~29
C	20 미만

범주 값을 3가지 이상으로 부여하려면 np.where() 안에 다시 np.where()를 넣는 형식으로 조
건문을 중첩해 작성해야 합니다. 조건문을 여러 개 중첩한 코드를 '중첩 조건문'이라고 합니다.

1. 연비 등급 변수 만들기

다음은 연비에 따라 3가지 등급을 부여해 grade 변수를 만드는 코드입니다. np.where() 안
에 또 다른 np.where()가 들어 있는 형태로 구성되어 있습니다. 출력 결과를 보면 test 변
수 오른쪽에 total 변수의 값을 기준으로 만든 grade 변수를 확인할 수 있습니다.

```
# total 기준으로 A, B, C 등급 부여
mpg['grade'] = np.where(mpg['total'] >= 30, 'A',
                 np.where(mpg['total'] >= 20, 'B', 'C'))

# 데이터 확인
mpg.head()
```

	manufacturer	model		cty	hwy	fl	category	total	test	grade
0	audi	a4		18	29	p	compact	23.5	pass	B
1	audi	a4		21	29	p	compact	25.0	pass	B
2	audi	a4	...	20	31	p	compact	25.5	pass	B
3	audi	a4		21	30	p	compact	25.5	pass	B
4	audi	a4		16	26	p	compact	21.0	pass	B

이 코드는 다음 순서로 진행됩니다.

1. 첫 번째 np.where()의 조건에 따라 total이 30 이상이면 'A'를 부여합니다.

2. 조건에 맞지 않으면 두 번째 np.where()를 실행합니다. 두 번째 조건에 따라 total이 20 이상이면 'B'를 부여합니다.

3. 두 번째 조건도 맞지 않으면 'C'를 부여합니다.

2. 빈도표와 막대 그래프로 연비 등급 살펴보기

연비 등급 변수를 만들었으니 빈도표와 막대 그래프를 만들어 등급별 빈도를 확인하겠습니다.

```
count_grade = mpg['grade'].value_counts()   # 등급 빈도표 만들기
count_grade
```

```
B    118
C    106
A     10
Name: grade, dtype: int64
```

```
count_grade.plot.bar(rot = 0)    # 등급 빈도 막대 그래프 만들기
```

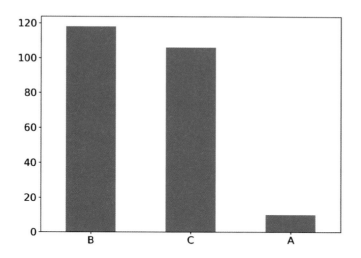

출력된 빈도표와 막대 그래프를 보면 연비 등급이 B, C, A 순으로 많다는 것을 알 수 있습니다.

알파벳순으로 막대 정렬하기

앞에서 출력한 그래프는 막대가 B, C, A 순으로 정렬되어 있습니다. 이는 그래프를 만드는 데 사용한 count_grade가 빈도 기준으로 내림차순 정렬되어 있기 때문입니다. 빈도표를 알파벳순으로 정렬한 다음 그래프를 만들면 막대가 알파벳순으로 정렬됩니다. 빈도표를 알파벳순으로 정렬하려면 df.value_counts()에 sort_index()를 추가하면 됩니다.

```
# 등급 빈도표 알파벳순 정렬
count_grade = mpg['grade'].value_counts().sort_index()
count_grade
```

```
A     10
B    118
C    106
Name: grade, dtype: int64
```

이제 count_grade로 그래프를 만들면 막대가 알파벳순으로 정렬됩니다.

```
# 등급 빈도 막대 그래프 만들기
count_grade.plot.bar(rot = 0)
```

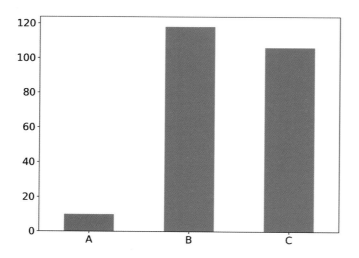

![img_2]알아 두면 좋아요! } 메서드 체이닝

mpg['grade'].value_counts().sort_index()와 같이 점(.)을 이용해 메서드를 계속 이어서 작성하는 방법을 메서드 체이닝(method chaining)이라고 합니다. 메서드 체이닝을 이용하면 변수에 여러 메서드를 순서대로 적용할 수 있으므로 출력 결과를 변수에 할당하고 다시 불러오는 작업을 반복하지 않아도 됩니다. 다음 두 코드는 결과가 같습니다.

```
# 출력 결과를 변수에 할당하는 방법
df = mpg['grade']
df = df.value_counts()
df = df.sort_index()
```

```
# 메서드 체이닝
df = mpg['grade'].value_counts().sort_index()
```

필요한 만큼 범주 만들기

앞에서는 np.where()를 두 번 중첩해 세 범주로 구성된 변수를 만들었습니다. np.where()를 더 중첩하면 원하는 만큼 범주의 수를 늘릴 수 있습니다. '범주의 수 -1' 만큼 np.where()를 충첩하면 됩니다.

다음은 np.where()를 세 번 중첩해 네 범주의 등급 변수를 만드는 코드입니다. np.where()를 3번 반복하므로 여는 괄호와 닫는 괄호가 각각 3개입니다. **코드 마지막에 닫는 괄호를 3개 입력해야 합니다.** 마찬가지로 쉼표도 np.where()마다 2개씩, 총 6개입니다.

```
# A, B, C, D 등급 변수 만들기
mpg['grade2'] = np.where(mpg['total'] >= 30, 'A',
                  np.where(mpg['total'] >= 25, 'B',
                  np.where(mpg['total'] >= 20, 'C', 'D')))
```

🐾 이 코드는 두 번째, 세 번째 np.where()를 [Enter]로 줄을 바꾼 다음 열을 맞추어 작성했습니다. 이렇게 줄을 바꾸면 한 줄로 작성할 때보다 코드의 전체 구조가 눈에 더 잘 들어옵니다. 코드가 길어질 때 줄을 바꾸는 습관을 들이면 코드를 가독성 있게 작성할 수 있습니다.

여러 조건 중 하나에 해당하면 특정 값을 부여해 파생변수를 만들 때가 있습니다. 예를 들어
mpg 데이터의 category가 'compact', 'subcompact', '2seater'면 'small'을 부여하
고 그렇지 않으면 'large'를 부여한 파생변수를 만드는 것입니다. 이럴 때는 '또는(or)'을
의미하는 | 기호를 이용해 여러 조건을 나열하면 됩니다. |는 키보드의 [Backspace] 밑에 있
는 [W]를 [Shift]와 함께 누르면 입력됩니다. **np.where()에 여러 조건을 입력할 때는 각 조건
을 괄호에 입력해야 하니 주의하세요.**

🖐 | 기호는 '버티컬 바(vertical bar)'라고 읽습니다.

🖐 |와 , 뒤에서 [Enter]를 입력해 줄을 바꾸면 코드의 가독성을 높일 수 있습니다.

```
mpg['size'] = np.where((mpg['category'] == 'compact') |
                       (mpg['category'] == 'subcompact') |
                       (mpg['category'] == '2seater'),
                       'small', 'large')

mpg['size'].value_counts()


large    147
small     87
Name: size, dtype: int64
```

앞의 코드는 np.where()에 '또는' 조건이 여러 번 반복됩니다. 이럴 때 df.isin()을 사용
하면 코드를 간편하게 작성할 수 있습니다. df.isin()에 []를 이용해 조건 목록을 입력하
면 됩니다. df.isin()은 변수의 값이 입력한 목록에 해당하는지 확인하는 기능을 합니다.
다음 코드는 앞의 코드와 결과가 같습니다.

```
mpg['size'] = np.where(mpg['category'].isin(['compact', 'subcompact',
'2seater']), 'small', 'large')

mpg['size'].value_counts()
```

정리하기

```python
# 1. 패키지 로드
import pandas as pd
import numpy as np

# 2. 데이터 불러오기
mpg = pd.read_csv('mpg.csv')

# 3. 데이터 파악하기
mpg.head()          # 데이터 앞부분
mpg.tail()          # 데이터 뒷부분
mpg.shape           # 행, 열 수
mpg.info()          # 속성
mpg.describe()      # 요약 통계량

# 4. 변수명 바꾸기
mpg = mpg.rename(columns = {'manufacturer' : 'company'})

# 5. 파생변수 만들기
mpg['total'] = (mpg['cty'] + mpg['hwy'])/2                    # 변수 조합
mpg['test'] = np.where(mpg['total'] >= 20, 'pass', 'fail')   # 조건문 활용

# 6. 빈도 확인하기
count_test = mpg['test'].value_counts()   # 빈도표 만들기
count_test.plot.bar(rot = 0)              # 빈도 막대 그래프 만들기
```

분석 도전

midwest.csv는 미국 동북중부(East North Central States) 437개 지역의 인구 통계 정보를 담고 있습니다. midwest.csv를 이용해 데이터 분석 문제를 해결해 보세요.

🖱 midwest 데이터 출처: bit.ly/easypy_52

문제 1 midwest.csv를 불러와 데이터의 특징을 파악하세요.

문제 2 poptotal(전체 인구) 변수를 total로, popasian(아시아 인구) 변수를 asian으로 수정하세요.

문제 3 total, asian 변수를 이용해 '전체 인구 대비 아시아 인구 백분율' 파생변수를 추가하고, 히스토그램을 만들어 분포를 살펴보세요.

문제 4 아시아 인구 백분율 전체 평균을 구하고, 평균을 초과하면 'large', 그 외에는 'small'을 부여한 파생변수를 만들어 보세요.

문제 5 'large'와 'small'에 해당하는 지역이 얼마나 많은지 빈도표와 빈도 막대 그래프를 만들어 확인해 보세요.

정답: 447쪽

06

자유자재로 데이터 가공하기

데이터 분석을 하려면 데이터를 자유자재로 다룰 수 있어야 합니다. 이 장에서는 데이터를 추출하거나 여러 데이터를 합치는 등 데이터를 가공하는 방법을 익힙니다.

원자료				추출하기		요약하기	
id	nclass	english	science	nclass	english	nclass	mean
1	1	98	50	1	98	1	94.75
2	1	97	60	1	97	2	84.25
3	1	86	78	1	86		
4	1	98	58	1	98		
5	2	80	65	2	80		
6	2	89	98	2	89		
7	2	90	45	2	90		
8	2	78	25	2	78		
9	3	98	15				
10	3	98	45				

06-1 데이터 전처리 - 원하는 형태로 데이터 가공하기

06-2 조건에 맞는 데이터만 추출하기

06-3 필요한 변수만 추출하기

06-4 순서대로 정렬하기

06-5 파생변수 추가하기

06-6 집단별로 요약하기

06-7 데이터 합치기

06-1

데이터 전처리 - 원하는 형태로 데이터 가공하기

주어진 데이터를 그대로 사용하기보다 원하는 형태로 변형해 분석할 때가 많습니다. 분석에 적합하게 데이터를 가공하는 작업을 **데이터 전처리**^{data preprocessing}라고 합니다. 일부를 추출하거나, 종류별로 나누거나, 여러 데이터를 합치는 등 데이터를 자유롭게 가공할 수 있어야 목적에 맞게 분석할 수 있습니다.

🍵 데이터 가공(data manipulation), 데이터 핸들링(data handling), 데이터 랭글링(data wrangling), 데이터 먼징(data munging) 등의 용어도 데이터 전처리와 비슷한 의미로 사용됩니다.

pandas는 데이터 전처리 작업에 가장 많이 사용되는 패키지입니다. pandas를 이용해 데이터를 가공하는 방법을 알아보겠습니다.

함수	기능
query()	행 추출
df[]	열(변수) 추출
sort_values()	정렬
groupby()	집단별로 나누기
assign()	변수 추가
agg()	통계치 구하기
merge()	데이터 합치기(열)
concat()	데이터 합치기(행)

06-2
조건에 맞는 데이터만 추출하기

데이터를 분석할 때 전체 데이터를 사용하기도 하지만 관심 있는 일부를 추출해 분석하기도
합니다. pandas의 df.query()를 이용하면 원하는 데이터를 추출할 수 있습니다.

nclass	english	science
2	98	50
1	97	60
2	86	78
1	98	58
1	80	65
2	89	98

nclass	english	science
1	97	60
1	98	58
1	80	65

Do it! 실습　조건에 맞는 데이터만 추출하기

먼저 pandas를 로드한 다음 실습에 사용할 exam.csv 파일을 불러와 출력합니다.

```
import pandas as pd
exam = pd.read_csv('exam.csv')
exam
```

	id	nclass	math	english	science
0	1	1	50	98	50
1	2	1	60	97	60
2	3	1	45	86	78
3	4	1	30	98	58
4	5	2	25	80	65
(...생략...)					

출력 결과의 nclass 변수 열을 보면 데이터가 5개 반의 학생들로 구성된다는 것을 알 수 있습니다.

💿 exam.csv 파일을 불러올 때 오류가 발생한다면 exam.csv 파일을 워킹 디렉터리에 복사했는지 확인해 보세요.

pandas의 query()를 이용해 1반 학생들의 데이터만 추출하겠습니다. 다음 코드를 실행하면 nclass가 1인 행만 출력됩니다.

```
# exam에서 nclass가 1인 경우만 추출
exam.query('nclass == 1')
```

	id	nclass	math	english	science
0	1	1	50	98	50
1	2	1	60	97	60
2	3	1	45	86	78
3	4	1	30	98	58

이 코드는 exam을 출력하되 nclass가 1인 행만 추출하라는 조건이 지정되어 있습니다. query()에 입력한 'nclass == 1'은 'nclass 변수의 값이 1인 행'을 의미합니다. 이처럼 따옴표 안에 조건을 입력하면 조건에 해당하는 행만 추출합니다.

query()에 '같다'를 의미하는 조건을 입력할 때 **등호(=)를 두 번 반복**해 쓰는 것을 꼭 기억하세요. 함수의 파라미터를 지정할 때는 data = df와 같이 등호를 한 번 쓰고, '같다'를 의미할 때는 nclass == 1와 같이 등호를 두 번 씁니다. 같은 방식으로 2반 학생만 추출해 보겠습니다.

```
# 2반인 경우만 추출
exam.query('nclass == 2')
```

	id	nclass	math	english	science
4	5	2	25	80	65
5	6	2	50	89	98
6	7	2	80	90	45
7	8	2	90	78	25

이번에는 변수가 특정 값이 '아닌 경우'에 해당하는 데이터만 추출해 보겠습니다. 등호 앞에 느낌표를 붙여 !=을 입력하면 '같지 않다'를 의미하는 기호가 됩니다.

```
# 1반이 아닌 경우
exam.query('nclass != 1')
```

	id	nclass	math	english	science
4	5	2	25	80	65
5	6	2	50	89	98
6	7	2	80	90	45
7	8	2	90	78	25
8	9	3	20	98	15

(...생략...)

```
# 3반이 아닌 경우
exam.query('nclass != 3')
```

	id	nclass	math	english	science
0	1	1	50	98	50
1	2	1	60	97	60
2	3	1	45	86	78
3	4	1	30	98	58
4	5	2	25	80	65

(...생략...)

초과, 미만, 이상, 이하 조건 걸기

부등호를 이용하면 특정 값 초과나 미만, 또는 특정 값 이상이나 이하인 데이터만 추출할 수
있습니다.

```
# 수학 점수가 50점을 초과한 경우
exam.query('math > 50')
```

	id	nclass	math	english	science
1	2	1	60	97	60
6	7	2	80	90	45
7	8	2	90	78	25
10	11	3	65	65	65
14	15	4	75	56	78

(...생략...)

```
# 수학 점수가 50점 미만인 경우
exam.query('math < 50')
```

	id	nclass	math	english	science
2	3	1	45	86	78
3	4	1	30	98	58
4	5	2	25	80	65
8	9	3	20	98	15
11	12	3	45	85	32

(...생략...)

```
# 영어 점수가 50점 이상인 경우
exam.query('english >= 50')
```

	id	nclass	math	english	science
0	1	1	50	98	50
1	2	1	60	97	60
2	3	1	45	86	78
3	4	1	30	98	58
4	5	2	25	80	65

(...생략...)

```
# 영어 점수가 80점 이하인 경우
exam.query('english <= 80')
```

	id	nclass	math	english	science
4	5	2	25	80	65
7	8	2	90	78	25
10	11	3	65	65	65
14	15	4	75	56	78
16	17	5	65	68	98

(...생략...)

⌨️ **Do it! 실습**　여러 조건을 충족하는 행 추출하기

'그리고(and)'를 의미하는 & 기호를 사용해 조건을 나열하면 여러 조건을 동시에 충족하는 행을 추출할 수 있습니다.

```
# 1반이면서 수학 점수가 50점 이상인 경우
exam.query('nclass == 1 & math >= 50')
```

	id	nclass	math	english	science
0	1	1	50	98	50
1	2	1	60	97	60

```
# 2반이면서 영어 점수가 80점 이상인 경우
exam.query('nclass == 2 & english >= 80')
```

	id	nclass	math	english	science
4	5	2	25	80	65
5	6	2	50	89	98
6	7	2	80	90	45

⌨️ **Do it! 실습**　여러 조건 중 하나 이상 충족하는 행 추출하기

'또는(or)'을 의미하는 | 기호를 이용하면 여러 조건 중 하나라도 충족하는 데이터를 추출할 수 있습니다.

```
# 수학 점수가 90점 이상이거나 영어 점수가 90점 이상인 경우
exam.query('math >= 90 | english >= 90')
```

	id	nclass	math	english	science
0	1	1	50	98	50
1	2	1	60	97	60
3	4	1	30	98	58

(...생략...)

```
# 영어 점수가 90점 미만이거나 과학 점수가 50점 미만인 경우
exam.query('english < 90 | science < 50')
```

	id	nclass	math	english	science
2	3	1	45	86	78
4	5	2	25	80	65
5	6	2	50	89	98
6	7	2	80	90	45
7	8	2	90	78	25

(...생략...)

⌨ **Do it! 실습** 목록에 해당하는 행 추출하기

변수의 값이 지정한 목록에 해당될 경우만 추출해야 할 때가 있습니다. 예를 들어 1, 3, 5반에 속한 학생의 데이터만 추출하는 상황을 생각할 수 있습니다. 이럴 때는 | 기호를 이용해 여러 조건을 나열하면 됩니다.

```
# 1, 3, 5반에 해당하면 추출
exam.query('nclass == 1 | nclass == 3 | nclass == 5')
```

	id	nclass	math	english	science
0	1	1	50	98	50
1	2	1	60	97	60
2	3	1	45	86	78
3	4	1	30	98	58
8	9	3	20	98	15

(...생략...)

in과 []를 이용해 조건 목록을 입력하면 코드를 좀 더 간결하게 작성할 수 있습니다. in은 변수의 값이 []에 입력한 목록에 해당되는지 확인하는 기능을 합니다.

```python
# 1, 3, 5반에 해당하면 추출
exam.query('nclass in [1, 3, 5]')
```

	id	nclass	math	english	science
0	1	1	50	98	50
1	2	1	60	97	60
2	3	1	45	86	78
3	4	1	30	98	58
8	9	3	20	98	15

(...생략...)

⌨ **Do it! 실습**   추출한 행으로 데이터 만들기

추출한 행으로 새로운 데이터를 만들려면 =를 이용해 추출한 행을 새 변수에 할당하면 됩니다. 데이터를 조건별로 나눠 활용할 때 이런 형태로 코드를 작성합니다. 1반과 2반을 추출해 각각 새 데이터로 만든 다음 두 반의 수학 점수 평균을 구해 보겠습니다.

```python
# nclass가 1인 행 추출해 nclass1에 할당
nclass1 = exam.query('nclass == 1')

# nclass가 2인 행 추출해 nclass2에 할당
nclass2 = exam.query('nclass == 2')
```

```python
nclass1['math'].mean()   # 1반 수학 점수 평균 구하기
```

```
46.25
```

```python
nclass2['math'].mean()   # 2반 수학 점수 평균 구하기
```

```
61.25
```

Do it! 실습　　**문자 변수를 이용해 조건에 맞는 행 추출하기**

문자 변수를 이용해 조건에 맞는 행을 추출할 때는 query()에 **전체 조건을 감싸는 따옴표와 추출할 문자를 감싸는 따옴표를 서로 다른 모양으로 입력**해야 합니다. 전체 조건을 query(' ')처럼 작은따옴표로 감쌌다면, 추출할 문자는 var == " "처럼 큰따옴표로 감싸야 합니다.

```python
df = pd.DataFrame({'sex'     : ['F', 'M', 'F', 'M'],
                   'country' : ['Korea', 'China', 'Japan', 'USA']})
df
```

	sex	country
0	F	Korea
1	M	China
2	F	Japan
3	M	USA

```python
# 전체 조건에 작은따옴표, 추출할 문자에 큰따옴표 사용
df.query('sex == "F" & country == "Korea"')
```

	sex	country
0	F	Korea

반대로 전체 조건을 query(" ")처럼 큰따옴표로 감쌌다면, 추출할 문자는 sex == ' '처럼 작은따옴표로 감싸야 합니다.

```python
# 전체 조건에 큰따옴표, 추출할 문자에 작은따옴표 사용
df.query("sex == 'M' & country == 'China'")
```

	sex	country
1	M	China

전체 조건과 추출할 문자를 입력할 때 같은 모양 따옴표를 사용하면 다음과 같이 에러 메시지가 출력됩니다.

```
# 전체 조건과 추출할 문자에 모두 작은따옴표 사용
df.query('sex == 'F' & country == 'Korea'')
```

```
SyntaxError: invalid syntax
```

 **알아 두면 좋아요!** } **외부 변수를 이용해 추출하기**

데이터 프레임에 들어 있는 변수가 아니라 별도의 변수를 이용해 행을 추출하려면 변수명 앞에 @를 붙여서 조건을 입력하면 됩니다.

```
var = 3
exam.query('nclass == @var')
```

	id	nclass	math	english	science
8	9	3	20	98	15
9	10	3	50	98	45
10	11	3	65	65	65
11	12	3	45	85	32

알아 두면 좋아요! 〉 파이썬에서 사용하는 기호

조건에 맞는 데이터를 추출할 때 여러 가지 기호를 사용했습니다. 조건을 지정할 때 사용하는 기호를 '논리 연산자(logical operators)', 계산할 때 사용하는 기호를 '산술 연산자(arithmetic operators)'라고 합니다. 실습을 하면서 상황에 맞게 활용하다 보면 자연스럽게 여러 기호의 기능을 익히게 됩니다.

논리 연산자	기능	산술 연산자	기능
<	작다	+	더하기
<=	작거나 같다	-	빼기
>	크다	*	곱하기
>=	크거나 같다	**	제곱
==	같다	/	나누기
!=	같지 않다	//	나눗셈의 몫
|	또는	%	나눗셈의 나머지
&	그리고		
in	매칭 확인		

 알아 두면 좋아요! 〉 데이터 프레임 출력 제한 설정하기

노트북은 데이터 프레임이 60행을 넘기면 위아래 5행씩 10행만 출력하고 중간을 생략합니다. 열은 20열을 넘기면 좌우 10열씩 20열만 출력하고 중간을 생략합니다. 다음 코드를 실행하면 제한 없이 행과 열을 모두 출력할 수 있습니다.

```python
pd.set_option('display.max_rows', None)      # 모든 행 출력하도록 설정
pd.set_option('display.max_columns', None)   # 모든 열 출력하도록 설정
```

🌀 너무 큰 데이터 프레임을 출력하면 JupyterLab이 멈출 수 있습니다.

설정한 내용은 JupyterLab을 새로 실행하거나 커널(Kernel)을 새로 실행하면 원래대로 돌아갑니다. JupyterLab이나 커널을 새로 실행하지 않고 설정을 되돌리려면 다음 코드를 실행하면 됩니다.

```python
pd.reset_option('display.max_rows')      # 행 출력 제한 되돌리기
pd.reset_option('display.max_columns')   # 열 출력 제한 되돌리기
pd.reset_option('all')                   # 모든 설정 되돌리기
```

🌀 커널은 JupyterLab에서 파이썬을 사용할 수 있도록 JupyterLab과 파이썬을 연결하는 역할을 합니다. 커널을 새로 실행하면 노트북을 처음 만들었을 때처럼 초기화됩니다. 커널을 새로 실행하려면 JupyterLab 상단 메뉴의 [Kernel → Restart Kernel...]을 클릭하면 됩니다.

mpg 데이터를 이용해 분석 문제를 해결해 보세요.

Q1 자동차 배기량에 따라 고속도로 연비가 다른지 알아보려고 합니다. displ(배기량)이 4 이하인 자동차와 5 이상인 자동차 중 어떤 자동차의 hwy(고속도로 연비) 평균이 더 높은지 알아보세요.

힌트 특정 조건에 해당하는 데이터를 추출해 평균을 구하면 됩니다. query()를 이용해 displ 변수가 특정 값을 지닌 행을 추출해 새로운 변수에 할당한 다음 평균을 구해 보세요.

Q2 자동차 제조 회사에 따라 도시 연비가 어떻게 다른지 알아보려고 합니다. 'audi'와 'toyota' 중 어느 manufacturer(자동차 제조 회사)의 cty(도시 연비) 평균이 더 높은지 알아보세요.

힌트 앞 문제와 동일한 절차로 해결하면 됩니다. 단, 변수의 값이 숫자가 아니라 문자라는 점이 다릅니다.

Q3 'chevrolet', 'ford', 'honda' 자동차의 고속도로 연비 평균을 알아보려고 합니다. 세 회사의 데이터를 추출한 다음 hwy 전체 평균을 구해 보세요.

힌트 '여러 조건 중 하나 이상 충족'하면 추출하도록 query() 함수를 구성해 보세요. 이렇게 추출한 데이터로 평균을 구하면 됩니다. in을 이용하면 코드를 짧게 만들 수 있습니다.

정답: 449쪽

06-3
필요한 변수만 추출하기

데이터를 분석할 때 데이터에 들어 있는 모든 변수를 사용하기보다는 관심 있는 변수만 추출해 활용할 때가 많습니다. [ ] 기호를 이용해 변수를 추출하는 방법을 알아보겠습니다.

id	nclass	english	science
1	1	98	50
2	1	97	60
3	1	86	78
4	1	98	58
5	2	80	65
6	2	89	98

nclass	english
2	98
1	97
2	86
1	98
1	80
2	89

Do it! 실습 변수 추출하기

변수를 추출하려면 데이터 프레임명 뒤에 [ ]를 입력한 다음 추출할 변수명을 따옴표로 감싸서 입력하면 됩니다. 다음 코드는 exam에서 math 변수만 추출하는 기능을 합니다.

```
exam['math']    # math 추출
```

```
0      50
1      60
2      45
3      30
4      25
(...생략...)
```

같은 방식으로 english 변수를 추출해 보겠습니다.

```
exam['english']    # english 추출
```

```
0    98
1    97
2    86
3    98
4    80
(...생략...)
```

여러 변수 추출하기

여러 변수를 함께 추출하려면 [ ] 안에 다시 [ ]를 넣어 변수명을 나열하면 됩니다.

```
exam[['nclass', 'math', 'english']]    # nclass, math, english 추출
```

	nclass	math	english
0	1	50	98
1	1	60	97
2	1	45	86
3	1	30	98
4	2	25	80
(...생략...)			

Do it! 실습 **변수 제거하기**

특정 변수를 추출할 때도 있지만 반대로 특정 변수만 제외하고 나머지 모든 변수를 추출할 때가 있습니다. 이럴 때는 df.drop()을 이용하면 됩니다. 제거할 변수명을 columns에 입력하면 입력한 변수만 제외하고 나머지 모든 변수를 추출합니다.

```
exam.drop(columns = 'math')    # math 제거
```

	id	nclass	english	science
0	1	1	98	50
1	2	1	97	60
2	3	1	86	78
3	4	1	98	58
4	5	2	80	65
(...생략...)				

여러 변수를 제거하려면 []에 제거할 변수명을 나열하면 됩니다.

```
exam.drop(columns = ['math', 'english'])    # math, english 제거
```

	id	nclass	science
0	1	1	50
1	2	1	60
2	3	1	78
3	4	1	58
4	5	2	65

(...생략...)

⌨️ Do it! 실습 pandas 함수 조합하기

pandas의 함수들은 조합하여 함께 사용할 수 있다는 장점이 있습니다. 함수를 조합하면 코드 길이가 줄어들어 이해하기 쉽고, 함수의 출력 결과를 변수에 할당하고 불러오는 작업을 반복하지 않아도 됩니다.

query()와 [] 조합하기

query()와 []를 조합해서 1반 학생의 영어 점수를 추출해 보겠습니다. nclass가 1인 행을 추출하는 query('nclass == 1')에 english 변수를 추출하는 ['english']를 연결하면 됩니다.

```
# nclass가 1인 행만 추출한 다음 english 추출
exam.query('nclass == 1')['english']
```

```
0    98
1    97
2    86
3    98
Name: english, dtype: int64
```

이번에는 수학 점수가 50점 이상인 학생의 id와 math 변수를 추출해 보겠습니다.

```
# math가 50 이상인 행만 추출한 다음 id, math 추출
exam.query('math >= 50')[['id', 'math']]
```

	id	math
0	1	50
1	2	60
5	6	50
6	7	80
7	8	90

(...생략...)

일부만 출력하기

출력 결과 중 일부만 확인하고 싶을 때 head()를 연결해 사용하면 편리합니다. head()만 입력하면 5행까지 출력하고, 괄호 안에 숫자를 입력하면 입력한 숫자만큼 행을 출력합니다.

```
# math가 50 이상인 행만 추출한 다음 id, math 앞부분 5행까지 추출
exam.query('math >= 50')[['id', 'math']].head()
```

	id	math
0	1	50
1	2	60
5	6	50

(...생략...)

```
# math가 50 이상인 행만 추출한 다음 id, math 앞부분 10행까지 추출
exam.query('math >= 50')[['id', 'math']].head(10)
```

	id	math
0	1	50
1	2	60
5	6	50

(...생략...)

코드를 한 줄로 길게 작성하기 보다 여러 줄로 나누어 작성하면 가독성 있는 코드를 만들 수 있습니다. 명령어가 연결되는 부분에서 줄을 바꾸면 한 행이 하나의 명령어로 구성되므로 코드의 의미가 한눈에 파악됩니다. 다음 절차로 코드의 줄을 바꾸면 됩니다.

1. 명령어가 끝난 부분 뒤에 백슬래시(\)를 입력하고 Enter 를 눌러 줄을 바꿉니다.
2. Spacebar 를 이용해 간격을 띄우고 다음 명령어를 입력합니다.

```
exam.query('math >= 50') \      # math가 50 이상인 행만 추출
    [['id', 'math']] \          # id, math 추출
    .head(10)                   # 앞부분 10행 추출
```

> 음영 밖의 주석은 셀에 입력하지 마세요.

\ 뒤에는 아무것도 입력하면 안 됩니다. \ 뒤에 주석이나 띄어쓰기 등 문자를 입력하면 오류가 발생하니 주의하세요.

mpg 데이터를 이용해 분석 문제를 해결해 보세요.

Q1 mpg 데이터는 11개 변수로 구성됩니다. 이 중 일부만 추출해 분석에 활용하려고 합니다. mpg 데이터에서 category(자동차 종류), cty(도시 연비) 변수를 추출해 새로운 데이터를 만드세요. 새로 만든 데이터의 일부를 출력해 두 변수로만 구성되어 있는지 확인하세요.

힌트 []를 이용해 변수를 추출한 다음 새로운 데이터를 만들어 보세요.

Q2 자동차 종류에 따라 도시 연비가 어떻게 다른지 알아보려고 합니다. 앞에서 추출한 데이터를 이용해 category(자동차 종류)가 'suv'인 자동차와 'compact'인 자동차 중 어떤 자동차의 cty(도시 연비) 평균이 더 높은지 알아보세요.

힌트 query()와 []로 조건에 해당하는 데이터를 추출한 다음 평균을 구하면 됩니다.

정답: 450쪽

06-4
순서대로 정렬하기

데이터를 순서대로 정렬하면 값이 매우 크거나 매우 작아서 두드러지는 데이터를 알아낼 수 있습니다. df.sort_values()를 이용해 데이터를 정렬하는 방법을 알아보겠습니다.

id	english	science
1	98	50
2	97	60
3	86	78
4	98	58
5	80	65
6	89	98

id	english	science
6	89	98
3	86	78
5	80	65
2	97	60
4	98	58
1	98	50

Do it! 실습 오름차순으로 정렬하기

데이터를 정렬하려면 df.sort_values()에 정렬 기준으로 삼을 변수를 입력하면 됩니다. exam 데이터는 학생의 번호를 나타내는 id 변수 순으로 정렬되어 있습니다. exam.sort_valueas()에 math를 입력해 수학 점수가 낮은 사람부터 높은 사람 순으로 오름차순 정렬해 출력해 보겠습니다.

```
exam.sort_values('math')   # math 오름차순 정렬
```

	id	nclass	math	english	science
8	9	3	20	98	15
4	5	2	25	80	65
3	4	1	30	98	58
2	3	1	45	86	78
11	12	3	45	85	32

(...생략...)

Do it! 실습   내림차순으로 정렬하기

높은 값부터 낮은 값으로 내림차순 정렬하려면 ascending = False를 입력하면 됩니다. 다음 코드를 실행하면 math가 높은 사람부터 낮은 사람 순으로 내림차순 정렬해 출력됩니다.

```
exam.sort_values('math', ascending = False)    # math 내림차순 정렬
```

	id	nclass	math	english	science
7	8	2	90	78	25
18	19	5	89	68	87
17	18	5	80	78	90
6	7	2	80	90	45
19	20	5	78	83	58

(...생략...)

Do it! 실습   여러 정렬 기준 적용하기

정렬 기준으로 삼을 변수를 여러 개 지정하려면 []를 이용해 변수명을 나열하면 됩니다. 다음 코드를 실행하면 먼저 반을 기준으로 오름차순 정렬한 다음 각 반에서 수학 점수를 기준으로 오름차순 정렬해 출력합니다.

```
# nclass, math 오름차순 정렬
exam.sort_values(['nclass', 'math'])
```

	id	nclass	math	english
3	4	1	30	98
2	3	1	45	86
0	1	1	50	98
1	2	1	60	97
4	5	2	25	80

(...생략...)

변수별로 정렬 순서를 다르게 지정하려면 ascending에 []를 이용해 값을 입력하면 됩니다. True를 입력하면 오름차순, False를 입력하면 내림차순으로 정렬합니다. 다음 코드를 실행하면 먼저 반을 기준으로 오름차순 정렬한 다음, 각 반에서 수학 점수 기준으로 내림차순 정렬해 출력합니다.

```
# nclass 오름차순, math 내림차순 정렬
exam.sort_values(['nclass', 'math'], ascending = [True, False])
```

	id	nclass	math	english	science
1	2	1	60	97	60
0	1	1	50	98	50
2	3	1	45	86	78
3	4	1	30	98	58
7	8	2	90	78	25

(. . . 생략 . . .)

 mpg 데이터를 이용해 분석 문제를 해결해 보세요.

Q1 'audi'에서 생산한 자동차 중에 어떤 자동차 모델의 hwy(고속도로 연비)가 높은지 알아보려고 합니다. 'audi'에서 생산한 자동차 중 hwy가 1~5위에 해당하는 자동차의 데이터를 출력하세요.

힌트 query()를 이용해 'audi'에서 생산한 자동차만 추출하고, sort_values()로 hwy를 내림차순 정렬하면 됩니다. head()를 이용하면 이 중 특정 순위에 해당하는 자동차만 출력할 수 있습니다.

정답: 451쪽

06-5
파생변수 추가하기

데이터에 들어 있는 변수만 이용해 분석할 수도 있지만, 변수를 조합하거나 함수를 이용해 새 변수를 만들어 분석할 수도 있습니다. `df.assign()`을 이용하면 데이터에 파생변수를 만들어 추가할 수 있습니다.

id	english	science
1	98	50
2	97	60
3	86	78
4	98	58
5	80	65
6	89	98

id	english	science	total
1	98	50	148
2	78	60	157
3	65	78	164
4	60	58	156
5	58	65	145
6	50	98	187

Do it! 실습 파생변수 추가하기

exam에 세 과목의 점수를 합한 총점 변수를 추가해 출력해 보겠습니다. exam.assign()에 **새 변수명 = 변수를 만드는 공식**을 입력하면 됩니다. 여기서는 total이라는 변수명을 사용했는데, 변수명은 자유롭게 정하면 됩니다. 새로 만들 변수명에는 **따옴표를 입력하지 않으니 주의하세요.**

```
# total 변수 추가
exam.assign(total = exam['math'] + exam['english'] + exam['science'])
```

	id	nclass	math	english	science	total
0	1	1	50	98	50	198
1	2	1	60	97	60	217
2	3	1	45	86	78	209
3	4	1	30	98	58	186
4	5	2	25	80	65	170

(...생략...)

여러 파생변수 한 번에 추가하기

여러 파생변수를 한 번에 추가하려면 쉼표를 이용해 새 변수명과 변수를 만드는 공식을 나열하면 됩니다.

```
exam.assign(
    total = exam['math'] + exam['english'] + exam['science'],        # total 추가
    mean = (exam['math'] + exam['english'] + exam['science']) / 3)   # mean 추가
```

	id	nclass	math	english	science	total	mean
0	1	1	50	98	50	198	66.000000
1	2	1	60	97	60	217	72.333333
2	3	1	45	86	78	209	69.666667
3	4	1	30	98	58	186	62.000000
4	5	2	25	80	65	170	56.666667

(...생략...)

Do it! 실습   df.assign()에 np.where() 적용하기

df.assign()에 NumPy 패키지의 where()를 적용하면 조건에 따라 다른 값을 부여한 변수를 추가할 수 있습니다.

```
import numpy as np
exam.assign(test = np.where(exam['science'] >= 60, 'pass', 'fall'))
```

	id	nclass	math	english	science	test
0	1	1	50	98	50	fall
1	2	1	60	97	60	pass
2	3	1	45	86	78	pass
3	4	1	30	98	58	fall
4	5	2	25	80	65	pass

(...생략...)

Do it! 실습   추가한 변수를 pandas 함수에 바로 활용하기

변수를 추가하고 나면 이어지는 pandas 함수에 바로 활용할 수 있습니다. 다음 코드를 실행하면 assign()으로 추가한 total을 sort_values()의 기준으로 삼아 정렬합니다.

```
# total 변수 추가, total 기준 정렬
exam.assign(total = exam['math'] + exam['english'] + exam['science']) \
    .sort_values('total')
```

	id	nclass	math	english	science	total
8	9	3	20	98	15	133
13	14	4	48	87	12	147
11	12	3	45	85	32	162
4	5	2	25	80	65	170
3	4	1	30	98	58	186

(...생략...)

lambda 이용해 데이터 프레임명 줄여 쓰기

df.assign()을 사용할 때 변수명 앞에 데이터 프레임명을 반복해서 입력해야 하므로 번거롭습니다. lambda를 이용하면 데이터 프레임명 대신 약어를 입력해 코드를 간결하게 작성할 수 있습니다. 다음 코드에서 lambda x:는 데이터 프레임명 자리에 x를 입력하겠다는 의미입니다. 이렇게 하면 데이터 프레임명 대신 x를 입력하면 되므로 코드가 간결해집니다.

```python
# 긴 데이터 프레임명 지정
long_name = pd.read_csv('exam.csv')

# long_name 직접 입력
long_name.assign(new = long_name['math'] + long_name['english'] +
long_name['science'])

# long_name 대신 x 입력
long_name.assign(new = lambda x: x['math'] + x['english'] + x['science'])
```

앞에서 만든 변수를 활용해 다시 변수 만들기

앞에서 만든 파생 변수를 이용해 다시 파생 변수를 만들 때가 있습니다. 이때는 반드시 lambda를 이용해 데이터 프레임명을 약어로 입력해야 합니다.

```python
exam.assign(total = exam['math'] + exam['english'] + exam['science'],
            mean  = lambda x: x['total'] / 3)
```

앞의 코드는 데이터 프레임명을 서로 다른 문자로 입력하여 읽기 불편합니다. 파생 변수를 만드는 행에 lambda를 각각 입력하면 데이터 프레임명을 통일하여 가독성을 높일 수 있습니다.

```python
exam.assign(total = lambda x: x['math'] + x['english'] + x['science'],
            mean  = lambda x: x['total'] / 3)
```

앞에서 만든 파생 변수를 이용해 다시 파생 변수를 만들 때 `lambda`를 이용하지 않고 데이터 프레임명을 직접 입력하면 에러 메시지가 출력되므로 주의하세요.

```
exam.assign(total = exam['math'] + exam['english'] + exam['science'],
            mean  = exam['total'] / 3)

KeyError: 'total'
```

 mpg 데이터를 이용해 분석 문제를 해결해 보세요.

mpg 데이터는 연비를 나타내는 변수가 hwy(고속도로 연비), cty(도시 연비) 두 종류로 분리되어 있습니다. 두 변수를 각각 활용하는 대신 하나의 합산 연비 변수를 만들어 분석하려고 합니다.

Q1 mpg 데이터 복사본을 만들고, cty와 hwy를 더한 '합산 연비 변수'를 추가하세요.

힌트 df.assign()을 적용한 결과를 =를 이용해 데이터 프레임에 할당하는 형태로 코드를 작성해야 합니다.

Q2 앞에서 만든 '합산 연비 변수'를 2로 나눠 '평균 연비 변수'를 추가하세요.

Q3 '평균 연비 변수'가 가장 높은 자동차 3종의 데이터를 출력하세요.

힌트 sort_values()와 head()를 조합하면 됩니다.

Q4 1~3번 문제를 해결할 수 있는 하나로 연결된 pandas 구문을 만들어 실행해 보세요. 데이터는 복사본 대신 mpg 원본을 이용하세요.

힌트 앞에서 만든 코드들을 연결하면 됩니다. 변수를 추가하는 작업을 하나의 assign()으로 구성하면 코드를 좀 더 간결하게 만들 수 있습니다.

정답: 451쪽

집단별로 요약하기

'집단별 평균'이나 '집단별 빈도'처럼 각 집단을 요약한 값을 구할 때는 df.groupby()와 df.agg()를 사용합니다. 이 함수들을 이용해 요약표를 만들면 집단 간에 어떤 차이가 있는지 쉽게 파악할 수 있습니다.

nclass	english	science
1	97	60
1	98	58
1	80	65

nclass	mean
1	61.0

nclass	english	science
2	98	50
1	97	60
2	86	78
1	98	58
1	80	65
2	89	98

nclass	english	science
2	98	50
2	86	78
2	89	98

nclass	mean
2	75.3

nclass	mean
1	61.0
2	75.3

⌨️ **Do it! 실습** 집단별로 요약하기

전체 요약 통계량 구하기

먼저 요약 통계량을 구하는 df.agg()를 사용해 보겠습니다. df.agg()에 mean_math = ('math', 'mean')처럼 요약값을 할당할 변수명과 =를 입력한 다음, 값을 요약하는데 사용할 변수와 함수를 괄호 안에 나열하면 됩니다. 다음 코드는 수학 점수 평균을 구해 mean_math에 할당하는 기능을 합니다.

```
# math 평균 구하기
exam.agg(mean_math = ('math', 'mean'))
```

	math
mean_math	57.45

- 요약값을 할당할 변수명은 assign()을 사용할 때와 마찬가지로 자유롭게 정하면 되고, 따옴표는 입력하지 않습니다.
- 요약하는데 사용할 변수명과 함수명은 따옴표로 감싸 문자 형태로 입력하고, **함수명 뒤에 ()를 넣지 않으니 주의하세요.**

만약 전체 평균을 구한다면 exam['math'].mean()처럼 간단히 mean()을 이용하면 됩니다. agg()는 전체를 요약한 값을 구하기보다는 groupby()에 적용해 집단별 요약값을 구할 때 사용합니다.

집단별 요약 통계량 구하기

df.groupby()에 변수를 지정하면 변수의 범주별로 데이터를 분리합니다. 여기에 agg()를 적용하면 집단별 요약 통계량을 구합니다. 다음 코드를 실행하면 반별 수학 점수 평균을 구합니다.

```
exam.groupby('nclass') \           # nclass별로 분리하기
    .agg(mean_math = ('math', 'mean'))   # math 평균 구하기
```

> 음영 밖의 주석은 셀에 입력하지 마세요.

	mean_math
nclass	
1	46.25
2	61.25
3	45.00
4	56.75
5	78.00

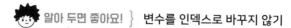

앞 코드의 출력 결과를 보면 집단을 나타낸 변수명 nclass가 인덱스(index)로 바뀌어 mean_math보다 밑에 표시되어 있습니다. 이는 groupby()의 기본값이 변수를 인덱스로 바꾸도록 설정되어 있기 때문입니다. df.groupby()에 as_index = False를 입력하면 변수를 인덱스로 바꾸지 않고 원래대로 유지합니다.

🖐 인덱스(index)란 값이 데이터 프레임의 어디에 있는지 '값의 위치를 나타낸 값'입니다. 인덱스는 16-2절에서 자세히 다룹니다.

```
exam.groupby('nclass', as_index = False) \
    .agg(mean_math = ('math', 'mean'))
```

	nclass	mean_math
0	1	46.25
1	2	61.25
2	3	45.00
3	4	56.75
4	5	78.00

여러 요약 통계량 한 번에 구하기

df.assign()으로 여러 변수를 한 번에 추가하는 것과 마찬가지로 df.agg()로도 여러 요약 통계량을 한 번에 구할 수 있습니다.

```
exam.groupby('nclass') \                       # nclass별로 분리
    .agg(mean_math   = ('math', 'mean'),       # 수학 점수 평균
         sum_math    = ('math', 'sum'),        # 수학 점수 합계
         median_math = ('math', 'median'),     # 수학 점수 중앙값
         n           = ('nclass', 'count'))    # 빈도(학생 수)
```

nclass	mean_math	sum_math	median_math	n
1	46.25	185	47.5	4
2	61.25	245	65.0	4
3	45.00	180	47.5	4
4	56.75	227	53.0	4
5	78.00	312	79.0	4

다음은 agg()에 자주 사용하는 요약 통계량 함수입니다.

함수	통계량
mean()	평균
std()	표준편차
sum()	합계
median()	중앙값
min()	최소값
max()	최대값
count()	빈도(개수)

 알아 두면 좋아요! } **모든 변수의 요약 통계량 한 번에 구하기**

df.groupby()에 agg() 대신 mean()이나 sum()과 같은 요약 통계량 함수를 적용하면 데이터 프레임에 들어 있는 모든 변수의 요약 통계량을 한 번에 구할 수 있습니다.

```
exam.groupby('nclass').mean()
```

nclass	id	math	english	science
1	2.5	46.25	94.75	61.50
2	6.5	61.25	84.25	58.25
3	10.5	45.00	86.50	39.25
4	14.5	56.75	84.75	55.00
5	18.5	78.00	74.25	83.25

df.agg()로 평균, 합계 등 여러 종류의 요약 통계량을 구하는 것과 달리 이 방법으로는 한 가지 요약 통계량만 구할 수 있습니다.

Do it! 실습   집단별로 다시 집단 나누기

groupby()에 여러 변수를 지정하면 집단을 나눈 다음 다시 하위 집단으로 나눌 수 있습니다. 예를 들어 성적 데이터를 반별로 나눈 다음 다시 성별로 나눠 각 반의 성별 평균 점수를 구할 수 있습니다.

mpg 데이터를 이용해 하위 집단별 평균을 구해 보겠습니다. 다음 코드는 제조 회사별로 집단을 나눈 다음 다시 구동 방식별로 나눠 도시 연비 평균을 구합니다. 출력 결과를 보면 제조 회사별로 구동 방식에 따라 평균 연비가 어떻게 다른지 알 수 있습니다.

🐢 drv의 4는 사륜구동, f는 전륜구동, r은 후륜구동을 의미합니다.

```
mpg.groupby(['manufacturer', 'drv']) \        # 제조 회사 및 구동 방식별 분리
    .agg(mean_cty = ('cty', 'mean'))           # cty 평균 구하기
```

	mean_cty

manufacturer	drv	
audi	4	16.818182
	f	18.857143
chevrolet	4	12.500000
	f	18.800000

(...생략...)

출력 결과에서 drv 행의 개수가 제조 회사별로 다른 이유는 회사마다 생산한 drv 종류가 다르기 때문입니다. 다음 코드의 출력 결과를 보면 'audi'는 drv를 2종 생산한 반면 'chevrolet'는 3종 생산했습니다.

```
# audi의 drv별 빈도
mpg.query('manufacturer == "audi"') \          # audi 추출
    .groupby(['drv']) \                        # drv별 분리
    .agg(n = ('drv', 'count'))                 # 빈도 구하기
```

	n

drv	
4	11
f	7

```
# chevrolet의 drv별 빈도
mpg.query('manufacturer == "chevrolet"') \    # chevrolet 추출
   .groupby(['drv']) \                          # drv별 분리
   .agg(n = ('drv', 'count'))                    # 빈도 구하기
```

```
        n
drv
  4     4
  f     5
  r    10
```

 알아 두면 좋아요! } value_counts()로 집단별 빈도 간단하게 구하기

앞에서는 집단별 빈도를 구할 때 groupby()로 데이터를 분리한 다음 agg()에 count() 함수를 입력하는 방법을 사용했습니다.

```
mpg.groupby('drv') \
   .agg(n = ('drv', 'count'))
```

```
        n
drv
  4    103
  f    106
  r     25
```

df.value_counts()를 이용하면 집단별 빈도를 더 간단히 구할 수 있습니다. 데이터 프레임에서 빈도를 구할 변수를 추출한 다음 value_counts()를 적용하면 됩니다.

```
mpg['drv'].value_counts()
```

```
f    106
4    103
r     25
Name: drv, dtype: int64
```

df.value_counts()는 짧은 코드로 빈도를 구할 수 있고 자동으로 빈도 기준으로 내림차순 정렬한다는 장점이 있습니다. 하지만 출력 결과가 데이터 프레임이 아닌 시리즈(series) 자료 구조이므로 query()를 적용할 수 없습니다.

```
mpg['drv'].value_counts().query('n > 100')

AttributeError: 'Series' object has no attribute 'query'
```

df.value_counts()의 출력 결과에 query()를 적용하려면 먼저 데이터 프레임으로 변환해야 합니다.

🐢 시리즈 자료 구조는 17-6절에서 자세히 다룹니다.

```
mpg['drv'].value_counts() \       # drv 빈도 구하기
        .to_frame('n') \          # 데이터 프레임으로 바꾸기, 변수명 n으로 바꾸기
        .query('n > 100')         # n이 100을 초과한 경우 추출
```

⌨️ Do it! 실습 pandas 함수 조합하기

pandas 패키지는 함수를 조합할 때 진가를 발휘합니다. 절차가 복잡해 보이는 분석도 pandas 함수를 조합하면 코드 몇 줄로 간단히 해결할 수 있습니다. 지금까지 다룬 pandas 함수들을 하나의 구문으로 조합해 다음 분석 문제를 해결해 보겠습니다.

> Q. 제조 회사별로 'suv' 자동차의 도시 및 고속도로 합산 연비 평균을 구해 내림차순으로 정렬하고,
>   1~5위까지 출력하기

코드를 작성하기 전에 어떤 절차로 어떤 함수를 사용할지 생각하면서 정리합니다.

절차	기능	pandas 함수
1	suv 추출	query()
2	합산 연비 변수 만들기	assign()
3	회사별로 분리	groupby()
4	합산 연비 평균 구하기	agg()
5	내림차순 정렬	sort_values()
6	1~5위까지 출력	head()

앞의 절차에 따라 함수들을 연결해 하나의 pandas 구문으로 만듭니다.

```python
mpg.query('category == "suv"') \              # suv 추출
    .assign(total = (mpg['hwy'] + mpg['cty']) / 2) \   # 합산 연비 변수 만들기
    .groupby('manufacturer') \                # 제조 회사별로 분리
    .agg(mean_tot = ('total', 'mean')) \      # 합산 연비 평균 구하기
    .sort_values('mean_tot', ascending = False) \   # 내림차순 정렬
    .head()                                   # 1~5위까지 출력
```

	mean_tot
manufacturer	
subaru	21.916667
toyota	16.312500
nissan	15.875000
mercury	15.625000
jeep	15.562500

 혼자서 해보기 mpg 데이터를 이용해 분석 문제를 해결해 보세요.

Q1 mpg 데이터의 category는 자동차를 특징에 따라 'suv', 'compact' 등 일곱 종류로 분류한 변수입니다. 어떤 차종의 도시 연비가 높은지 비교해 보려고 합니다. category별 cty 평균을 구해 보세요.

힌트 groupby()를 이용해 category별로 나눈 다음 agg()를 이용해 cty 평균을 구하면 됩니다.

Q2 앞 문제의 출력 결과는 category 값 알파벳순으로 정렬되어 있습니다. 어떤 차종의 도시 연비가 높은지 쉽게 알아볼 수 있도록 cty 평균이 높은 순으로 정렬해 출력하세요.

힌트 앞에서 만든 코드에 cty 평균 기준으로 내림차순으로 정렬하는 코드를 추가하면 됩니다.

Q3 어떤 회사 자동차의 hwy(고속도로 연비)가 가장 높은지 알아보려고 합니다. hwy 평균이 가장 높은 회사 세 곳을 출력하세요.

힌트 2번 문제와 같은 절차로 코드를 구성하고, 일부만 출력하도록 head()를 추가하면 됩니다.

Q4 어떤 회사에서 'compact' 차종을 가장 많이 생산하는지 알아보려고 합니다. 회사별 'compact' 차종 수를 내림차순으로 정렬해 출력하세요.

힌트 query()를 이용해 'compact' 차종만 남긴 다음 회사별 자동차 수를 구하면 됩니다. 자동차 수는 데이터가 몇 행으로 구성되는지 빈도를 구하면 알 수 있습니다.

정답: 452쪽

06-7
데이터 합치기

하나의 데이터만 가지고 분석하기도 하지만 여러 데이터를 합쳐 하나로 만든 다음 분석하기도 합니다. 예를 들어, 중간고사 데이터와 기말고사 데이터를 합쳐 하나로 만들면 기말고사 점수가 중간고사 점수보다 올랐는지 혹은 떨어졌는지 알 수 있습니다.

가로로 합치기

데이터를 합치는 방법은 크게 2가지가 있습니다. 첫 번째는 데이터를 가로로 합치는 방법입니다. 기존 데이터에 변수(열)를 추가한다고 볼 수 있습니다. 앞에서 든 예처럼 중간고사 데이터에 기말고사 데이터를 합친다면 가로로 합치는 방법을 사용해야 합니다.

id	midterm
1	60
2	80
3	70

+

id	final
1	70
2	83
3	65

=

id	midterm	final
1	60	70
2	80	83
3	70	65

세로로 합치기

두 번째는 데이터를 세로로 합치는 방법입니다. 기존 데이터에 행을 추가한다고 볼 수 있습니다. 예를 들어 학생 3명이 먼저 시험을 보고, 나중에 다른 학생 3명이 따로 시험을 봤을 때, 두 시험 데이터를 합친다면 세로로 합치는 방법을 사용해야 합니다.

id	test
1	60
2	80
3	70

+

id	test
4	70
5	83
6	65

=

id	test
1	60
2	80
3	70
4	70
5	83
6	65

데이터를 가로로 합치는 방법을 알아보겠습니다. 우선 학생 5명이 중간고사와 기말고사를
봤다고 가정하고 데이터 프레임을 2개 만들겠습니다.

```
# 중간고사 데이터 만들기
test1 = pd.DataFrame({'id'      : [1, 2, 3, 4, 5],
                      'midterm' : [60, 80, 70, 90, 85]})

# 기말고사 데이터 만들기
test2 = pd.DataFrame({'id'    : [1, 2, 3, 4, 5],
                      'final' : [70, 83, 65, 95, 80]})
```

test1 *# test1 출력*

	id	midterm
0	1	60
1	2	80
2	3	70
3	4	90
4	5	85

test2 *# test2 출력*

	id	final
0	1	70
1	2	83
2	3	65
3	4	95
4	5	80

데이터를 가로로 합칠 때는 pd.merge()를 이용합니다.

1. pd.merge()에 결합할 데이터 프레임명을 나열합니다.
2. 오른쪽에 입력한 데이터 프레임을 왼쪽 데이터 프레임에 결합하도록 how = 'left'를
   입력합니다.
3. 데이터를 합칠 때 기준으로 삼을 변수명을 on에 입력합니다.

다음 코드를 실행하면 학생의 번호를 나타낸 id를 기준으로 두 시험 데이터를 합쳐 하나의
데이터 프레임을 만듭니다.

```
# id 기준으로 합쳐서 total에 할당
total = pd.merge(test1, test2, how = 'left', on = 'id')
total
```

	id	midterm	final
0	1	60	70
1	2	80	83
2	3	70	65
3	4	90	95
4	5	85	80

다른 데이터를 활용해 변수 추가하기

pd.merge()를 응용하면 특정 변수의 값을 기준으로 다른 데이터의 값을 추가할 수 있습니다. 예를 들어 지역 코드가 들어 있는 데이터를 분석할 경우, 어떤 지역인지 알 수 있도록 지역 이름을 추가해야 합니다. 이럴 때 지역 코드와 지역 이름을 담은 데이터가 있다면 지역 코드 기준으로 결합해 지역 이름을 추가할 수 있습니다.

각 반 학생들의 시험 점수를 담은 exam 데이터를 분석하는데, 반별 담임교사 명단을 추가로 얻었다고 가정해 보겠습니다. 먼저 반별 담임교사 명단 데이터를 만들겠습니다.

```
name = pd.DataFrame({'nclass'  : [1, 2, 3, 4, 5],
                     'teacher' : ['kim', 'lee', 'park', 'choi', 'jung']})
name
```

	nclass	teacher
0	1	kim
1	2	lee
2	3	park
3	4	choi
4	5	jung

name은 nclass와 teacher 두 변수로 구성되어 있습니다. nclass 변수를 기준으로 삼아 name의 teacher 변수를 exam에 추가하겠습니다. 다음 코드를 실행하면 exam에 teacher 변수가 추가됩니다.

```
# nclass 기준으로 합쳐서 exam_new에 할당
exam_new = pd.merge(exam, name, how = 'left', on = 'nclass')
exam_new
```

	id	nclass	math	english	science	teacher
0	1	1	50	98	50	kim
1	2	1	60	97	60	kim
2	3	1	45	86	78	kim
3	4	1	30	98	58	kim
4	5	2	25	80	65	lee

(...생략...)

⌨️ Do it! 실습   세로로 합치기

이번에는 데이터를 세로로 합치는 방법을 알아보겠습니다. 학생 5명이 먼저 시험을 보고 나중에 5명이 따로 시험을 봤다고 가정하고, 데이터 프레임을 2개 만들겠습니다.

```
# 학생 1~5번 시험 데이터 만들기
group_a = pd.DataFrame({'id'   : [1, 2, 3, 4, 5],
                        'test' : [60, 80, 70, 90, 85]})

# 학생 6~10번 시험 데이터 만들기
group_b = pd.DataFrame({'id'   : [6, 7, 8, 9, 10],
                        'test' : [70, 83, 65, 95, 80]})
```

group_a   # group_a 출력

	id	test
0	1	60
1	2	80
2	3	70
3	4	90
4	5	85

group_b   # group_b 출력

	id	test
0	6	70
1	7	83
2	8	65
3	9	95
4	10	80

데이터를 세로로 합칠 때는 pd.concat()를 이용합니다. pd.concat()에 결합할 데이터 프레임명을 []를 이용해 나열하면 됩니다. 다음 코드를 실행하면 두 시험 데이터를 합쳐 하나로 만듭니다.

```
# 데이터 합쳐서 group_all에 할당
group_all = pd.concat([group_a, group_b])
group_all
```

	id	test
0	1	60
1	2	80
2	3	70
3	4	90
4	5	85
0	6	70
1	7	83
2	8	65
3	9	95
4	10	80

🐢 앞 코드의 출력 결과는 인덱스 0~4가 중복됩니다. 인덱스를 새로 부여하려면 pd.concat()에 ignore_index = True를 입력하면 됩니다.

데이터를 세로로 합칠 때는 두 데이터의 변수명이 같아야 합니다. 앞에서 사용한 group_a와 group_b는 변수명이 id와 test로 같기 때문에 세로로 합칠 수 있었습니다. 만약 변수명이 다르면 pd.rename()을 이용해 똑같이 맞춘 다음 합치면 됩니다.

 알아 두면 좋아요! } **pandas 더 알아보기**

치트 시트
pandas에는 앞에서 다룬 함수 외에도 데이터를 가공할 때 사용하는 다양한 함수가 있습니다. 패키지 사용법을 요약한 매뉴얼인 치트 시트(cheat sheet)를 참고하세요. 자주 사용하는 함수들을 한눈에 볼 수 있습니다.

• Pandas Cheat Sheet: bit.ly/easypy_pandas

pandas 공식 문서 검색하기
pandas 사용 방법을 자세히 알고 싶다면 pandas 공식 문서의 검색창에 함수명을 입력해보세요.

• pandas documentation: pandas.pydata.org/docs

mpg 데이터를 이용해 분석 문제를 해결해 보세요.

mpg 데이터의 fl 변수는 자동차에 사용하는 연료(fuel)를 의미합니다. 다음은 자동차 연료별 가격을 나타낸 표입니다.

fl	연료 종류	가격(갤런당 USD)
c	CNG	2.35
d	diesel	2.38
e	ethanol E85	2.11
p	premium	2.76
r	regular	2.22

우선 이 정보를 이용해 연료와 가격으로 구성된 데이터 프레임을 만들어 보세요.

```
fuel = pd.DataFrame({'fl'      : ['c', 'd', 'e', 'p', 'r'],
                     'price_fl' : [2.35, 2.38, 2.11, 2.76, 2.22]})
fuel
```

	fl	price_fl
0	c	2.35
1	d	2.38
2	e	2.11
3	p	2.76
4	r	2.22

Q1 mpg 데이터에는 연료 종류를 나타낸 fl 변수는 있지만 연료 가격을 나타낸 변수는 없습니다. 앞에서 만든 fuel 데이터를 이용해 mpg 데이터에 price_fl(연료 가격) 변수를 추가하세요.

힌트 pd.merge()를 이용해 mpg 데이터에 fuel 데이터를 결합하면 됩니다. 두 데이터에 공통으로 들어 있는 변수를 기준으로 삼아야 합니다.

Q2 연료 가격 변수가 잘 추가됐는지 확인하기 위해 model, fl, price_fl 변수를 추출해 앞부분 5행을 출력해 보세요.

힌트 []와 head()를 조합하면 됩니다.

정답: 455쪽

정리하기

```
## 1. 조건에 맞는 데이터만 추출하기
exam.query('english <= 80')

# 여러 조건 동시 충족
exam.query('nclass == 1 & math >= 50')

# 여러 조건 중 하나 이상 충족
exam.query('math >= 90 | english >= 90')
exam.query('nclass in [1, 3, 5]')

## 2. 필요한 변수만 추출하기
exam['math']                                # 한 변수 추출
exam[['nclass', 'math', 'english']]         # 여러 변수 추출
exam.drop(columns = 'math')                 # 변수 제거
exam.drop(columns = ['math', 'english'])    # 여러 변수 제거

## 3. pandas 명령어 조합하기
exam.query('math >= 50')[['id', 'math']].head()

## 4. 순서대로 정렬하기
exam.sort_values('math')                    # 오름차순 정렬
exam.sort_values('math', ascending = False) # 내림차순 정렬

# 여러 변수 기준 정렬
exam.sort_values(['nclass', 'math'], ascending = [True, False])

## 5. 파생변수 추가하기
exam.assign(total = exam['math'] + exam['english'] + exam['science'])

# 여러 파생변수 한 번에 추가하기
exam.assign(total = exam['math'] + exam['english'] + exam['science'],
            mean = (exam['math'] + exam['english'] + exam['science']) / 3)

# assign()에 np.where() 적용하기
exam.assign(test = np.where(exam['science'] >= 60, 'pass', 'fall'))
```

```python
# 추가한 변수를 pandas 코드에 바로 활용하기
exam.assign(total = exam['math'] + exam['english'] + exam['science']) \
    .sort_values('total') \
    .head()

## 6. 집단별로 요약하기
exam.groupby('nclass') \
    .agg(mean_math = ('math', 'mean'))

# 각 집단별로 다시 집단 나누기
mpg.groupby(['manufacturer', 'drv']) \
    .agg(mean_cty = ('cty', 'mean'))

## 7. 데이터 합치기
pd.merge(test1, test2, how = 'left', on = 'id')    # 가로로 합치기
pd.concat([group_a, group_b])                      # 세로로 합치기
```

미국 동북중부 437개 지역의 인구 통계 정보를 담고 있는 midwest.csv를 사용해 데이터 분석 문제를 해결해 보세요.

문제 1 popadults는 해당 지역의 성인 인구, poptotal은 전체 인구를 나타냅니다. midwest 데이터에 '전체 인구 대비 미성년 인구 백분율' 변수를 추가하세요.

문제 2 미성년 인구 백분율이 가장 높은 상위 5개 county(지역)의 미성년 인구 백분율을 출력하세요.

문제 3 분류표의 기준에 따라 미성년 비율 등급 변수를 추가하고, 각 등급에 몇 개의 지역이 있는지 알아보세요.

분류	기준
large	40% 이상
middle	30~40% 이상
small	30% 미만

문제 4 popasian은 해당 지역의 아시아인 인구를 나타냅니다. '전체 인구 대비 아시아인 인구 백분율' 변수를 추가하고 하위 10개 지역의 state(주), county(지역), 아시아인 인구 백분율을 출력하세요.

정답: 455쪽

데이터 정제
- 빠진 데이터, 이상한 데이터 제거하기

현장에서 만들어진 실제 데이터는 오류를 포함하고 있기 때문에 분석하기 전에 수정부터 해야 합니다. 이 장에서는 데이터의 오류를 찾아 정제하는 방법을 익힙니다.

원자료

id	nclass	english	science
1	1	98	50
2	1	97	60
3	1	86	78
4	1	98	58
5		80	65
6	2	89	
7	2	90	45
8	2		99999
9	3	98	15
10	3	98	45
11	3	99999	65
12	3	85	32

정제하기

id	nclass	english	science
1	1	98	50
2	1	97	60
3	1	86	78
4	1	98	58
7	2	90	45
9	3	98	15
10	3	98	45
12	3	85	32

07-1 빠진 데이터를 찾아라! - 결측치 정제하기

07-2 이상한 데이터를 찾아라! - 이상치 정제하기

07-1
빠진 데이터를 찾아라! - 결측치 정제하기

결측치$^{missing\ value}$는 누락된 값, 비어 있는 값을 의미합니다. 현장에서 만들어진 실제 데이터는 수집 과정에서 발생한 오류 때문에 결측치가 포함되어 있을 때가 많습니다. 결측치가 있으면 함수가 적용되지 않거나 분석 결과가 왜곡되는 문제가 발생합니다. 앞에서 사용한 예제 데이터들은 결측치가 없기 때문에 바로 분석했지만, 실제 데이터를 분석할 때는 결측치가 있는지 확인해 제거하는 정제 과정을 거친 다음에 분석해야 합니다.

⌨️ Do it! 실습   결측치 찾기

결측치를 제거하는 방법을 알아보겠습니다. 먼저 결측치가 포함된 데이터 프레임을 만들어 출력하겠습니다.

결측치 만들기

결측치를 만들려면 NumPy 패키지의 np.nan을 입력하면 됩니다. 파이썬에서는 결측치를 NaN으로 표시합니다. 다음 코드의 출력 결과에서 sex의 세 번째 행과 score의 다섯 번째 행에 NaN으로 표시된 값이 결측치를 의미합니다.

🍚 불러온 데이터 파일에 결측치가 있으면 자동으로 NaN이 됩니다.

```
import pandas as pd
import numpy as np

df = pd.DataFrame({'sex'   : ['M', 'F', np.nan, 'M', 'F'],
                   'score' : [5, 4, 3, 4, np.nan]})
df
```

```
   sex  score
0    M    5.0
1    F    4.0
2  NaN    3.0
3    M    4.0
4    F   NaN
```

NaN이 있는 상태로 연산하면 출력 결과도 NaN이 됩니다.

```
df['score'] + 1
```

```
0    6.0
1    5.0
2    4.0
3    5.0
4    NaN
Name: score, dtype: float64
```

결측치 확인하기

pd.isna()를 이용하면 데이터에 결측치가 들어 있는지 알 수 있습니다. pd.isna()에 df를 입력하면 결측치는 True, 결측치가 아닌 값은 False로 표시해 데이터를 출력합니다. 출력 결과를 보면 sex의 3행과 score의 5행이 결측치라는 것을 알 수 있습니다.

```
pd.isna(df)   # 결측치 확인
```

	sex	score
0	False	False
1	False	False
2	True	False
3	False	False
4	False	True

pd.isna()에 sum()을 적용하면 데이터에 결측치가 총 몇 개 있는지 출력합니다. 출력 결과를 보면 sex와 score에 결측치가 각각 1개씩 있다는 것을 알 수 있습니다.

```
pd.isna(df).sum()    # 결측치 빈도 확인
```

```
sex      1
score    1
dtype: int64
```

⌨️ Do it! 실습   결측치 제거하기

결측치 있는 행 제거하기

df.dropna()를 이용하면 결측치가 있는 행을 제거할 수 있습니다. subset에 []를 이용해 변수명을 입력하면 됩니다. 다음 코드를 실행하면 score가 결측치가 아닌 행만 출력됩니다.

```
df.dropna(subset = 'score')    # score 결측치 제거
```

	sex	score
0	M	5.0
1	F	4.0
2	NaN	3.0
3	M	4.0

이렇게 추출한 데이터를 변수에 할당하면 결측치가 없는 데이터가 됩니다. 결측치가 제거됐으니 연산하면 NaN없이 결과가 출력됩니다.

```
df_nomiss = df.dropna(subset = 'score')    # score 결측치 제거된 데이터 만들기
df_nomiss['score'] + 1                      # score로 연산
```

```
0    6.0
1    5.0
2    4.0
3    5.0
Name: score, dtype: float64
```

여러 변수에 결측치 없는 데이터 추출하기

앞에서는 score만 결측치가 없는 행을 추출했기 때문에 sex는 여전히 결측치를 포함하고 있습니다. df.dropna()의 subset에 변수를 나열하면 여러 변수에 결측치가 없는 행을 추출할 수 있습니다. 다음 코드의 출력 결과를 보면 score와 sex 모두 결측치가 없습니다.

```
df_nomiss = df.dropna(subset = ['score', 'sex'])   # score, sex 결측치 제거
df_nomiss
```

	sex	score
0	M	5.0
1	F	4.0
3	M	4.0

결측치가 하나라도 있으면 제거하기

앞에서는 df.dropna()에 변수를 일일이 지정해 결측치가 있는 행을 제거하도록 코드를 구성했습니다. df.dropna()에 아무 변수도 지정하지 않으면 모든 변수에 결측치가 없는 행만 남깁니다.

```
df_nomiss2 = df.dropna()   # 모든 변수에 결측치 없는 데이터 추출
df_nomiss2
```

	sex	score
0	M	5.0
1	F	4.0
3	M	4.0

이 방법은 결측치가 하나라도 있으면 모두 제거하므로 간편하지만, 분석에 필요한 행까지 손실된다는 단점이 있습니다. 예를 들어 성별, 소득, 지역 3가지 변수로 구성된 데이터로 분석하는 상황을 가정해 보겠습니다. 분석 목적이 성별에 따른 소득 차이를 알아보는 것이라면 성별, 소득의 두 변수에서만 결측치가 있는 행을 제거하면 됩니다. 지역은 결측치더라도 분석하는 데 문제가 없습니다. 그런데 이 방법을 사용하면 성별, 소득이 결측치가 아니어도 지역이 결측치인 행이 제거됩니다. 의도하지 않게 분석에 사용할 수 있는 데이터까지 제거되는 것입니다. 따라서 분석에 사용할 변수를 직접 지정해 결측치를 제거하는 방법을 권합니다.

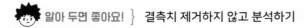 **알아 두면 좋아요!** } **결측치 제거하지 않고 분석하기**

pd.mean(), pd.sum()과 같은 수치 연산 함수는 결측치가 있으면 자동으로 제거하고 연산하는 기능이 있습니다. groupby()와 agg()를 이용해 집단별 요약 통계량을 구할 때도 결측치를 제거하고 연산합니다.

```
df['score'].mean()                     df['score'].sum()

4.0                                    16.0


df.groupby('sex').agg(mean_score = ('score', 'mean'),
                      sum_score  = ('score', 'sum'))


         mean_score    sum_score
sex

    F          4.0          4.0

    M          4.5          9.0
```

자동으로 결측치를 제거하는 기능은 편리한 측면이 있지만, 결측치가 있는지 모른 채로 데이터를 다루게 된다는 위험이 있습니다. 데이터의 특징을 잘 이해하고 분석하기 위해 결측치가 있는지 직접 확인하고 df.dropna()를 이용해 명시적으로 제거하는 방법을 권합니다.

⌨️ **Do it! 실습** **결측치 대체하기**

데이터가 크고 결측치가 얼마 없을 때는 결측치를 제거하고 분석하더라도 무리가 없습니다. 하지만 데이터가 작고 결측치가 많을 때는 결측치를 제거하면 너무 많은 데이터가 손실되어 분석 결과가 왜곡되는 문제가 생깁니다.

결측치를 제거하는 대신 다른 값을 채워 넣는 방법도 있는데, 이를 결측치 대체법[imputation]이라고 합니다. 결측치를 다른 값으로 대체하면 데이터가 손실되어 분석 결과가 왜곡되는 문제를 보완할 수 있습니다.

결측치를 대체하는 방법에는 평균값이나 최빈값 같은 대표값을 구해 모든 결측치를 하나의 값으로 일괄 대체하는 방법과 통계 분석 기법으로 결측치의 예측값을 추정해 대체하는 방법이 있습니다. 여기서는 평균값을 구해 일괄 대체하는 방법을 알아보겠습니다.

평균값으로 결측치 대체하기

먼저 exam.csv 파일을 불러와 일부 값을 결측치로 바꾸겠습니다. 다음 코드는 2, 7, 14행의 math를 NaN으로 바꾸는 기능을 합니다. 출력 결과를 보면 2, 7, 14행의 math가 NaN으로 바뀐 것을 확인할 수 있습니다.

```
exam = pd.read_csv('exam.csv')              # 데이터 불러오기
exam.loc[[2, 7, 14], ['math']] = np.nan     # 2, 7, 14행의 math에 NaN 할당
exam
```

	id	nclass	math	english	science
0	1	1	50.0	98	50
1	2	1	60.0	97	60
2	3	1	NaN	86	78
3	4	1	30.0	98	58
4	5	2	25.0	80	65
5	6	2	50.0	89	98
6	7	2	80.0	90	45
7	8	2	NaN	78	25
8	9	3	20.0	98	15
9	10	3	50.0	98	45

(. . .생략. . .)

🐢 df.loc[]는 데이터의 위치를 지칭하는 역할을 합니다. [,]에서 쉼표 왼쪽은 행 위치, 쉼표 오른쪽은 열 위치를 의미합니다. 앞의 코드는 이 위치에 np.nan을 할당합니다. df.loc[]는 16-2절에서 자세히 다룹니다.

앞에서 만든 exam 데이터에서 2, 7, 14행의 math는 결측치입니다. 이 값들을 평균값으로 대체하겠습니다. 먼저 math의 평균값을 구하겠습니다.

```
exam['math'].mean()
```

```
55.23529411764706
```

평균값 55를 구했으니 math의 NaN을 55로 대체하겠습니다. `df.fillna()`를 이용하면 결측치를 다른 값으로 대체할 수 있습니다. 괄호 안에 결측치를 대체할 값을 입력하면 됩니다. 다음 코드를 실행하면 math의 결측치가 55로 바뀝니다. 출력 결과를 보면 2, 7, 14행의 math가 55로 수정된 것을 확인할 수 있습니다. 결측치 빈도를 확인하면 0이 출력됩니다.

```
exam['math'] = exam['math'].fillna(55)   # math가 NaN이면 55로 대체
exam                                      # 출력
```

	id	nclass	math	english	science
0	1	1	50.0	98	50
1	2	1	60.0	97	60
2	3	1	55.0	86	78
3	4	1	30.0	98	58
4	5	2	25.0	80	65
5	6	2	50.0	89	98
6	7	2	80.0	90	45
7	8	2	55.0	78	25
8	9	3	20.0	98	15
9	10	3	50.0	98	45

(...생략...)

```
exam['math'].isna().sum()   # 결측치 빈도 확인
```

```
0
```

혼자서 해보기 결측치가 들어 있는 mpg 데이터를 이용해 분석 문제를 해결해 보세요.

mpg 데이터 원본에는 결측치가 없습니다. 우선 mpg 데이터를 불러와 일부러 몇 개의 값을 결측치로 만들겠습니다. 다음 코드를 실행하면 다섯 행의 hwy 변수에 NaN을 할당합니다.

```python
# mpg 데이터 불러오기
mpg = pd.read_csv('mpg.csv')

# NaN 할당하기
mpg.loc[[64, 123, 130, 152, 211], 'hwy'] = np.nan
```

Q1 drv(구동 방식)별로 hwy(고속도로 연비) 평균이 어떻게 다른지 알아보려고 합니다. 분석을 하기 전에 우선 두 변수에 결측치가 있는지 확인해야 합니다. drv 변수와 hwy 변수에 결측치가 몇 개 있는 지 알아보세요.

힌트 결측치를 확인하는 df.isna()와 합계를 구하는 sum()을 조합해 보세요.

Q2 df.dropna()를 이용해 hwy 변수의 결측치를 제거하고, 어떤 구동 방식의 hwy 평균이 높은지 알아보세요. 하나의 pandas 구문으로 만들어야 합니다.

정답: 457쪽

07-2
이상한 데이터를 찾아라! - 이상치 정제하기

정상 범위에서 크게 벗어난 값을 **이상치**[anomaly]라고 합니다. 데이터 수집 과정에서 오류가 발생할 수 있기 때문에 현장에서 만들어진 실제 데이터에는 대부분 이상치가 들어 있습니다. 오류는 아니지만 매우 드물게 발생하는 극단적인 값이 데이터에 들어 있기도 합니다. 이상치가 들어 있으면 분석 결과가 왜곡되므로 분석에 앞서 이상치를 제거하는 작업을 해야 합니다.

🖮 Do it! 실습 이상치 제거하기 - 존재할 수 없는 값

논리적으로 존재할 수 없는 값이 데이터에 들어 있을 때가 있습니다. 예를 들어, 남자는 1, 여자는 2로 되어 있는 성별 변수에 3이라는 값이 들어 있는 경우입니다. 이는 분명한 오류이므로 결측치로 변환한 다음 제거하고 분석하면 됩니다.

이상치를 제거하는 방법을 알아보겠습니다. 먼저 이상치가 들어 있는 데이터를 만들겠습니다. 다음 코드로 만든 데이터는 1과 2 둘 중 하나로 분류되는 sex 변수와 1~5점으로 된 score 변수로 구성됩니다. 3행의 sex 변수에 이상치 3이 들어 있고, 5행의 score 변수에 이상치 6이 들어 있습니다.

```
df = pd.DataFrame({'sex'   : [1, 2, 1, 3, 2, 1],
                   'score' : [5, 4, 3, 4, 2, 6]})
df
```

	sex	score
0	1	5
1	2	4
2	1	3
3	3	4
4	2	2
5	1	6

이상치 확인하기

데이터에 이상치가 들어 있는지 확인하려면 df.value_counts()를 이용해 빈도표를 만들면 됩니다. 다음 코드를 실행하면 sex에 존재할 수 없는 값 3이 하나 있고, score에 존재할수 없는 값 6이 하나 있다는 것을 알 수 있습니다.

```
df['sex'].value_counts().sort_index()
```

```
1    3
2    2
3    1
Name: sex, dtype: int64
```

```
df['score'].value_counts().sort_index()
```

```
2    1
3    1
4    2
5    1
6    1
Name: score, dtype: int64
```

💿 df.value_counts()에 sort_index()를 적용하면 빈도 기준으로 내림차순 정렬하지 않고 변수의 값 순서로 정렬합니다.

결측 처리하기

변수에 이상치가 들어 있다는 것을 확인했으니 이상치를 결측치로 바꾸겠습니다. np.where()를 이용해 이상치일 경우 NaN을 부여하면 됩니다. sex가 3이면 NaN을 부여하고, 3이 아니면 원래 가지고 있던 값을 부여하겠습니다. 출력 결과를 보면 3행의 sex 값이 NaN으로 바뀌었습니다.

```
# sex가 3이면 NaN 부여
df['sex'] = np.where(df['sex'] == 3, np.nan, df['sex'])
df
```

	sex	score
0	1.0	5
1	2.0	4
2	1.0	3
3	NaN	4

(...생략...)

score 변수의 이상치도 결측치로 바꾸겠습니다. score는 1~5점을 지닐 수 있는 값이므로 5
보다 크면 NaN을 부여하면 됩니다. 출력 결과를 보면 5행의 score 값이 NaN으로 바뀌었습니다.

```python
# score가 5보다 크면 NaN 부여
df['score'] = np.where(df['score'] > 5, np.nan, df['score'])
df
```

	sex	score
0	1.0	5.0
1	2.0	4.0
2	1.0	3.0
3	NaN	4.0
4	2.0	2.0
5	1.0	NaN

sex, score 변수 모두 이상치를 결측치로 변환했으니 결측치를 제거하고 분석하면 됩니다.
df.dropna()를 이용해 결측치를 제거한 다음 성별에 따른 score 평균을 구하겠습니다.

```python
df.dropna(subset = ['sex', 'score']) \    # sex, score 결측치 제거
   .groupby('sex') \                       # sex별 분리
   .agg(mean_score = ('score', 'mean'))    # score 평균 구하기
```

	mean_score
sex	
1.0	4.0
2.0	3.0

알아 두면 좋아요! } **np.where()는 문자와 NaN을 함께 반환할 수 없습니다.**

np.where()는 반환하는 값 중에 문자가 있으면 np.nan을 지정하더라도 결측치 NaN이 아니라 문자 'nan'을 반환하므로 주의해야 합니다. 다음 코드의 출력 결과를 보면 조건에 맞지 않을 때 np.nan을 부여했는데도 출력값은 문자 'nan'입니다. df.isna()로 결측치가 있는지 확인해보면 모든 값이 False입니다.

```
df = pd.DataFrame({'x1' : [1, 1, 2, 2]})
df['x2'] = np.where(df['x1'] == 1, 'a', np.nan) # 조건에 맞으면 문자 부여
```

df

	x1	x2
0	1	a
1	1	a
2	2	nan
3	2	nan

df.isna()

	x1	x2
0	False	False
1	False	False
2	False	False
3	False	False

다음 절차를 따르면 변수를 문자와 NaN으로 함께 구성할 수 있습니다.

1. np.where()를 이용해 결측치로 만들 값에 문자를 부여합니다.

```
# 결측치로 만들 값에 문자 부여
df['x2'] = np.where(df['x1'] == 1, 'a', 'etc')
```

2. df.replace()를 이용해 결측치로 만들 문자를 np.nan으로 바꿉니다. df.replace()는 입력한 값을 다른 값으로 바꾸는 기능을 합니다.

```
# 'etc'를 NaN으로 바꾸기
df['x2'] = df['x2'].replace('etc', np.nan)
df
```

	x1	x2
0	1	a
1	1	a
2	2	NaN
3	2	NaN

df.isna()

	x1	x2
0	False	False
1	False	False
2	False	True
3	False	True

논리적으로 존재할 수 있지만 극단적으로 크거나 작은 값을 **극단치**^{outlier}라고 합니다. 예를 들어 몸무게 변수에 200kg 이상의 값이 있다면, 존재할 가능성은 있지만 매우 드문 경우이므로 극단치라고 볼 수 있습니다. 데이터에 극단치가 있으면 분석 결과가 왜곡될 수 있으므로 분석하기 전에 제거해야 합니다.

극단치를 제거하려면 먼저 어디까지를 정상 범위로 볼 것인지 정해야 합니다. 가장 쉬운 방법은 논리적으로 판단해 정하는 것입니다. 예를 들어 성인의 몸무게가 40~150kg을 벗어나는 경우는 매우 드물다고 판단하고, 이 범위를 벗어나면 극단치로 간주하는 것입니다.

두 번째 방법은 통계적인 기준을 이용하는 것입니다. 예를 들어 상하위 0.3% 또는 ±3 표준편차에 해당할 만큼 극단적으로 크거나 작으면 극단치로 간주하는 것입니다.

상자 그림으로 극단치 기준 정하기

상자 그림^{box plot}을 이용해 중심에서 크게 벗어난 값을 극단치로 간주하는 방법도 있습니다. 상자 그림은 데이터의 분포를 직사각형의 상자 모양으로 표현한 그래프입니다. 상자 그림을 보면 데이터의 분포를 한눈에 알 수 있습니다.

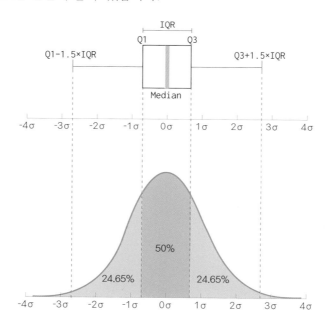

상자 그림은 중심에서 멀리 떨어진 값을 점으로 표현하는데, 이를 이용해 극단치의 기준을 정할 수 있습니다. 상자 그림을 이용해 극단치 기준을 구하는 방법을 알아보겠습니다.

1. 상자 그림 살펴보기

mpg 데이터의 hwy 변수로 상자 그림을 만들어 보겠습니다. seaborn 패키지의 boxplot()을 이용하면 됩니다.

🍃 seaborn 패키지를 이용해 그래프를 만드는 방법은 8장에서 자세히 다룹니다.

```
mpg = pd.read_csv('mpg.csv')

import seaborn as sns
sns.boxplot(data = mpg, y = 'hwy')
```

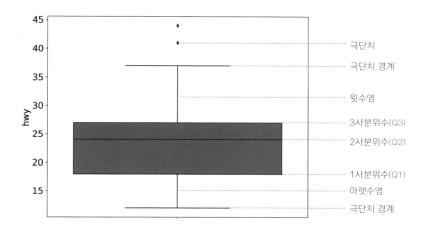

상자 그림은 값을 크기순으로 나열해 4등분 했을 때 위치하는 값인 '사분위수'를 이용해 만듭니다. 다음은 상자 그림의 요소가 나타내는 값입니다.

상자 그림	값	설명
상자 아래 세로선	아랫수염	하위 0~25% 내에 해당하는 값
상자 밑면	1사분위수(Q1)	하위 25% 위치 값
상자 내 굵은 선	2사분위수(Q2)	하위 50% 위치 값(중앙값)
상자 윗면	3사분위수(Q3)	하위 75% 위치 값
상자 위 세로선	윗수염	하위 75~100% 내에 해당하는 값
상자 밖 가로선	극단치 경계	Q1, Q3 밖 1.5 IQR 내 최대값
상자 밖 점 표식	극단치	Q1, Q3 밖 1.5 IQR을 벗어난 값

🍃 'IQR(사분위 범위)'은 1사분위수와 3사분위수의 거리를 뜻하고, '1.5 IQR'은 IQR의 1.5배를 뜻합니다.

앞에서 출력한 상자 그림을 보면 hwy 값을 크기순으로 나열했을 때 하위 25% 지점에 18, 중앙에 24, 75% 지점에 27이 위치한다는 것을 알 수 있습니다. 직사각형 밖에 있는 아래, 위 가로선을 보면 12~37을 벗어난 값이 극단치로 분류된다는 것을 알 수 있습니다. 가로선 밖에 표현된 점 표식은 극단치를 의미합니다.

2. 극단치 기준값 구하기

(1) 1사분위수, 3사분위수 구하기

df.quantile()을 이용하면 분위수^{quantile}를 구할 수 있습니다. 하위 25%에 해당하는 1사분위수와 75%에 해당하는 3사분위수를 구하겠습니다.

```
pct25 = mpg['hwy'].quantile(.25)
pct25

18.0
```

```
pct75 = mpg['hwy'].quantile(.75)
pct75

27.0
```

(2) IQR 구하기

앞에서 구한 pct25와 pct75를 이용해 1사분위수와 3사분위수의 거리를 나타낸 IQR(inter quartile range, 사분위 범위)을 구합니다.

```
iqr = pct75 - pct25
iqr

9.0
```

(3) 하한, 상한 구하기

극단치의 경계가 되는 하한과 상한을 구합니다.
- 하한: 1사분위수보다 'IQR의 1.5배'만큼 더 작은 값
- 상한: 3사분위수보다 'IQR의 1.5배'만큼 더 큰 값

다음 코드의 출력 결과를 보면 hwy가 4.5보다 작거나 40.5보다 크면 상자 그림 기준으로 극단치라는 것을 알 수 있습니다.

```
pct25 - 1.5 * iqr   # 하한

4.5
```

```
pct75 + 1.5 * iqr   # 상한

40.5
```

3. 극단치를 결측 처리하기

상자 그림의 극단치 기준값을 구했으니 np.where()를 이용해 기준값을 벗어나면 결측 처리하겠습니다. np.where()에 여러 조건을 입력할 때는 각 조건을 괄호로 감싸야 하니 주의하세요.

```
# 4.5 ~ 40.5 벗어나면 NaN 부여
mpg['hwy'] = np.where((mpg['hwy'] < 4.5) | (mpg['hwy'] > 40.5),
                      np.nan, mpg['hwy'])

# 결측치 빈도 확인
mpg['hwy'].isna().sum()

3
```

4. 결측치 제거하고 분석하기

극단치를 결측 처리했으니 분석하기 전에 결측치를 제거하면 됩니다. drv(구동 방식)에 따라 hwy(고속도로 연비) 평균이 어떻게 다른지 알아보겠습니다.

```
mpg.dropna(subset = 'hwy') \       # hwy 결측치 제거
   .groupby('drv') \               # drv별 분리
   .agg(mean_hwy = ('hwy', 'mean'))  # hwy 평균 구하기
```

	mean_hwy
drv	
4	19.174757
f	27.728155
r	21.000000

이상치가 들어 있는 mpg 데이터를 활용해 분석 문제를 해결해 보세요.

우선 mpg 데이터를 불러와 일부러 이상치를 만들겠습니다. drv(구동 방식) 변수의 값은 4(사륜구동), f(전륜구동), r(후륜구동) 세 종류입니다. 몇 개의 행에 존재할 수 없는 값 k를 할당하겠습니다. cty(도시 연비) 변수도 몇 개의 행에 극단적으로 크거나 작은 값을 할당하겠습니다.

```
# mpg 데이터 불러오기
mpg = pd.read_csv('mpg.csv')

# drv 이상치 할당
mpg.loc[[9, 13, 57, 92], 'drv'] = 'k'

# cty 이상치 할당
mpg.loc[[28, 42, 128, 202], 'cty'] = [3, 4, 39, 42]
```

구동 방식별로 도시 연비가 어떻게 다른지 알아보려고 합니다. 분석을 하기 전에 우선 두 변수에 이상치가 있는지 확인하려고 합니다.

Q1 drv에 이상치가 있는지 확인하세요. 이상치를 결측 처리한 다음 이상치가 사라졌는지 확인하세요. 결측 처리를 할 때는 df.isin()을 활용하세요.

힌트 'drv가 정상적인 값이면 원래 값을 유지하고 그렇지 않으면 NaN을 부여하는 코드를 작성하면 됩니다. 정상적인 값이 여러 개 있으니 df.isin()을 이용해 코드를 간결하게 만들어 보세요. df.isin() 사용법은 128쪽을 참고하세요.

Q2 상자 그림을 이용해 cty에 이상치가 있는지 확인하세요. 상자 그림 기준으로 정상 범위를 벗어난 값을 결측 처리한 다음 다시 상자 그림을 만들어 이상치가 사라졌는지 확인하세요

힌트 df.quantile()을 이용해 상자 그림의 정상 범위 기준을 구하세요. 그런 다음 np.where()를 이용해 cty가 이 범위를 벗어날 경우 NaN을 부여하면 이상치가 결측 처리됩니다.

Q3 두 변수의 이상치를 결측 처리했으니 이제 분석할 차례입니다. 이상치를 제거한 다음 drv별로 cty 평균이 어떻게 다른지 알아보세요. 하나의 pandas 구문으로 만들어야 합니다.

힌트 df.dropna()를 이용해 drv와 cty가 모두 결측치가 아닌 데이터를 추출한 다음 집단별 평균을 구하면 됩니다.

정답: 458쪽

☕ 정리하기

```
## 1. 결측치 정제하기
pd.isna(df).sum()                                        # 결측치 확인
df_nomiss = df.dropna(subset = 'score')                  # 결측치 제거
df_nomiss = df.dropna(subset = ['score', 'sex'])  # 여러 변수 동시에 결측치 제거


## 2. 이상치 정제하기

# 이상치 확인
df['sex'].value_counts().sort_index()

# 이상치 결측 처리
df['sex'] = np.where(df['sex'] == 3, np.nan, df['sex'])

# 상자 그림으로 극단치 기준 찾기
pct25 = mpg['hwy'].quantile(.25)    # 1사분위수
pct75 = mpg['hwy'].quantile(.75)    # 3사분위수
iqr = pct75 - pct25                 # IQR
pct25 - 1.5 * iqr                   # 하한
pct75 + 1.5 * iqr                   # 상한

# 극단치 결측 처리
mpg['hwy'] = np.where((mpg['hwy'] < 4.5) | (mpg['hwy'] > 40.5),
                      np.nan, mpg['hwy'])
```

그래프 만들기

데이터를 그래프로 표현하면 특징을 쉽게 이해할 수 있습니다. 이 장에서는 그래프를 만드는 방법을 익힙니다.

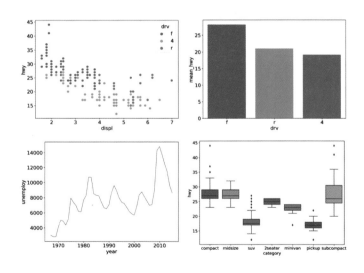

08-1 파이썬으로 만들 수 있는 그래프 살펴보기

08-2 산점도 - 변수 간 관계 표현하기

08-3 막대 그래프 - 집단 간 차이 표현하기

08-4 선 그래프 - 시간에 따라 달라지는 데이터 표현하기

08-5 상자 그림 - 집단 간 분포 차이 표현하기

08-1
파이썬으로 만들 수 있는 그래프 살펴보기

데이터를 보기 쉽게 그림으로 표현한 것을 그래프^{graph}라고 합니다. 데이터 원자료나 통계표는 수많은 숫자와 문자로 구성되어 있어서 내용을 파악하기 어렵습니다. 데이터를 그래프로 표현하면 추세와 경향성이 드러나기 때문에 특징을 쉽게 이해할 수 있고, 그래프를 만드는 과정에서 새로운 패턴을 발견하기도 합니다. 특히 분석 결과를 발표할 때 그래프를 활용하면 데이터의 특징을 잘 전달할 수 있습니다.

파이썬으로 어떤 그래프를 만들 수 있을까?

파이썬을 이용하면 다양한 그래프를 만들 수 있습니다. 파이썬에는 2차원 그래프뿐만 아니라 3차원 그래프, 지도 그래프, 네트워크 그래프, 시간에 따라 움직이는 모션 차트, 마우스 조작에 반응하는 인터랙티브 그래프 등 그래프를 만들 수 있는 다양한 패키지가 있습니다.

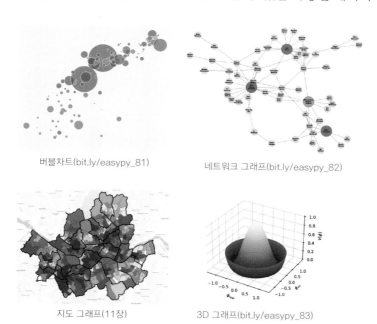

버블차트(bit.ly/easypy_81)

네트워크 그래프(bit.ly/easypy_82)

지도 그래프(11장)

3D 그래프(bit.ly/easypy_83)

그래프를 쉽게 만들 수 있는 seaborn 패키지

seaborn은 그래프를 만들 때 많이 사용하는 패키지입니다. seaborn을 이용하면 쉽고 간결한 코드로 아름다운 그래프를 만들 수 있습니다. 이 장에서는 데이터를 분석할 때 가장 많이 사용하는 산점도, 막대 그래프, 선 그래프, 상자 그림을 만드는 방법을 알아보겠습니다.

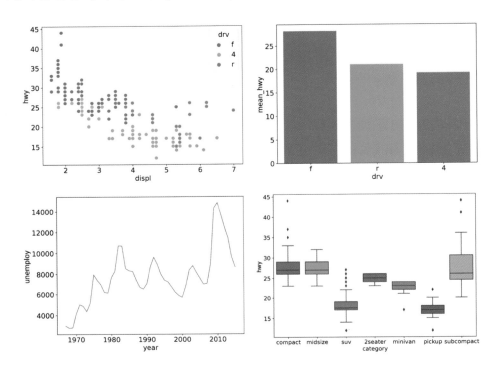

08-2

산점도 - 변수 간 관계 표현하기

데이터를 x축과 y축에 점으로 표현한 그래프를 **산점도**$^{scatter\ plot}$라고 합니다. 산점도는 나이와 소득처럼 연속값으로 된 두 변수의 관계를 표현할 때 사용합니다.

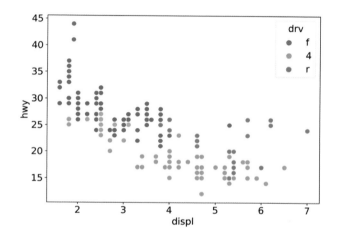

Do it! 실습   산점도 만들기

산점도를 만들어 보겠습니다. 먼저 그래프를 만들 때 사용할 mpg 데이터를 불러옵니다.

```
import pandas as pd
mpg = pd.read_csv('mpg.csv')
```

sns.scatterplot()을 이용하면 산점도를 만들 수 있습니다. data에 그래프를 그리는 데 사용할 데이터 프레임을 입력하고, x축과 y축에 사용할 변수를 ''를 이용해 문자 형태로 입력하면 됩니다. 다음 코드를 실행하면 mpg 데이터의 displ(배기량) 변수를 x축에, hwy(고속도로 연비) 변수를 y축에 놓고 산점도를 만듭니다.

```
# x축은 displ, y축은 hwy를 나타낸 산점도 만들기
import seaborn as sns
sns.scatterplot(data = mpg, x = 'displ', y = 'hwy')
```

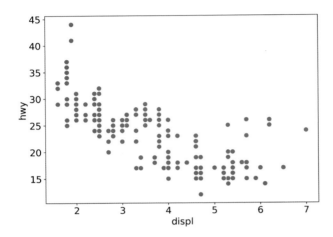

축 범위 설정하기

축은 기본적으로 최소값에서 최대값까지 모든 범위의 데이터를 표현하도록 설정되어 있습니다. 데이터 전체가 아니라 일부만 표현하고 싶을 때 축 범위를 설정하면 됩니다.

축 범위는 `sns.set()`의 `xlim`과 `ylim`을 이용해 설정할 수 있습니다. 먼저 `xlim`을 이용해 x축 범위를 3~6으로 제한하겠습니다. `xlim = [3, 6]`처럼 축이 시작되는 값과 끝나는 값을 괄호 안에 쉼표로 나열하면 됩니다. 다음 코드를 실행하면 x축을 3~6으로 제한해 그래프를 출력합니다.

```
# x축 범위 3~6으로 제한
sns.scatterplot(data = mpg, x = 'displ', y = 'hwy') \
    .set(xlim = [3, 6])
```

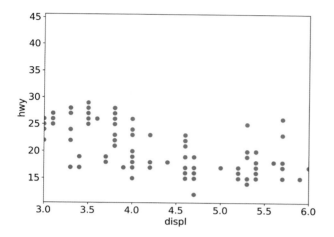

같은 방식으로 ylim을 이용하면 y축 범위를 제한할 수 있습니다. 다음 코드를 실행하면 y축을 10~30으로 제한해 그래프를 출력합니다.

```
# x축 범위 3~6, y축 범위 10~30으로 제한
sns.scatterplot(data = mpg, x = 'displ', y = 'hwy') \
    .set(xlim = [3, 6], ylim = [10, 30])
```

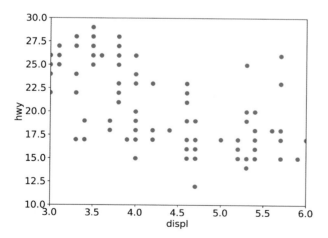

종류별로 표식 색깔 바꾸기

hue를 이용하면 표식^{marker}의 색깔을 종류별로 다르게 표현할 수 있습니다. 다음 코드를 실행하면 drv(구동 방식)에 따라 표식의 색깔을 다르게 표현한 산점도를 출력합니다.

```
# drv별로 표식 색깔 다르게 표현
sns.scatterplot(data = mpg, x = 'displ', y = 'hwy', hue = 'drv')
```

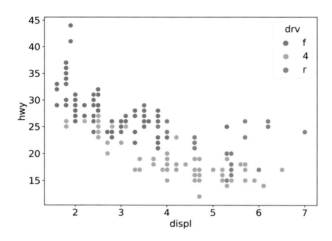

알아 두면 좋아요! 〉 그래프 활용하기

그래프를 이미지 파일로 저장하기

그래프에 마우스 커서를 올리고 ⌗Shift⌗ + 마우스 오른쪽 클릭한 다음 〈이미지를 다른 이름으로 저장〉을 클릭하면 그래프를 이미지 파일로 저장합니다. 〈이미지 복사〉는 그래프를 메모리에 저장하는 기능입니다. 이 버튼을 클릭한 다음 엑셀, 파워포인트 등 다른 프로그램에서 붙여넣기를 하면 그래프가 삽입됩니다.

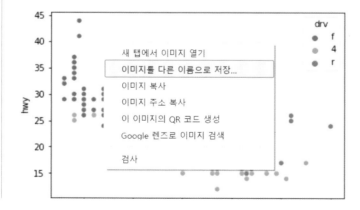

그래프 설정 바꾸기

다음 코드를 실행하면 그래프 설정을 바꿀 수 있습니다.

```python
import matplotlib.pyplot as plt
plt.rcParams.update({'figure.dpi' : '150'})            # 해상도, 기본값 72
plt.rcParams.update({'figure.figsize' : [8, 6]})       # 가로, 세로 크기, 기본값 [6, 4]
plt.rcParams.update({'font.size' : '15'})              # 글자 크기, 기본값 10
plt.rcParams.update({'font.family' : 'Malgun Gothic'}) # 폰트, 기본값 sans-serif
```

여러 요소를 한 번에 설정하려면 {}에 설정값을 나열하면 됩니다.

```python
plt.rcParams.update({'figure.dpi'     : '150',
                     'figure.figsize' : [8, 6],
                     'font.size'      : '15',
                     'font.family'    : 'Malgun Gothic'})
```

그래프에 한글 표현하기

한글이 들어 있는 변수로 그래프를 만들면 글자가 깨져서 알아볼 수 없습니다. 맑은 고딕(Malgun Gothic)과 같은 한글 폰트로 설정을 바꾼 다음 그래프를 출력하면 한글이 잘 표현됩니다.

🍎 맥 사용자는 'Malgun Gothic' 대신 'AppleGothic'을 입력하세요.

설정 되돌리기

설정한 내용은 JupyterLab을 새로 실행하거나 커널을 새로 실행하면 원래대로 돌아갑니다. JupyterLab이나 커널을 새로 실행하지 않고 설정을 되돌리려면 다음 코드를 실행하면 됩니다.

```python
# 모든 설정 되돌리기
plt.rcdefaults()
```

설명 메시지 숨기기

그래프 출력 코드 뒤에 ;을 입력하면 <AxesSubplot...으로 시작하는 설명 메시지가 출력되지 않습니다.

```python
sns.scatterplot(data = mpg, x = 'displ', y = 'hwy');
```

혼자서 해보기 mpg 데이터와 midwest 데이터를 이용해 분석 문제를 해결해 보세요.

Q1 mpg 데이터의 cty(도시 연비)와 hwy(고속도로 연비) 간에 어떤 관계가 있는지 알아보려고 합니다. x축은 cty, y축은 hwy로 된 산점도를 만들어 보세요.

힌트 sns.scatterplot()을 이용해 산점도를 만들어 보세요.

Q2 미국의 지역별 인구통계 정보를 담은 midwest.csv를 이용해 전체 인구와 아시아인 인구 간에 어떤 관계가 있는지 알아보려고 합니다. x축은 poptotal(전체 인구), y축은 popasian(아시아인 인구)으로 된 산점도를 만들어 보세요. 전체 인구는 50만 명 이하, 아시아인 인구는 1만 명 이하인 지역만 산점도에 표시되게 설정하세요.

힌트 sns.set()을 이용해 조건에 맞게 축을 설정하면 됩니다.

정답: 460쪽

막대 그래프 - 집단 간 차이 표현하기

막대 그래프^{bar chart}는 데이터의 크기를 막대의 길이로 표현한 그래프입니다. 성별 소득 차이처럼 집단 간 차이를 표현할 때 막대 그래프를 자주 사용합니다.

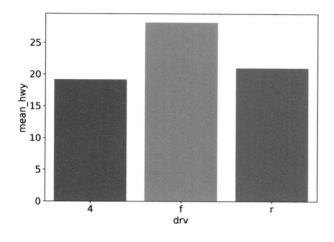

⌨ **Do it! 실습** 평균 막대 그래프 만들기

평균 막대 그래프는 평균값의 크기를 막대 길이로 표현한 그래프입니다. 여러 집단의 평균값을 비교할 때 평균 막대 그래프를 자주 사용합니다. mpg 데이터를 이용해 drv(구동 방식)별 hwy(고속도로 연비) 평균을 나타낸 막대 그래프를 만들어 보겠습니다.

1. 집단별 평균표 만들기

평균 막대 그래프를 만들려면 집단별 평균값을 담은 데이터 프레임이 필요합니다. pandas를 이용해 '구동 방식별 고속도로 연비 평균'을 담은 데이터 프레임을 만들겠습니다.

```
df_mpg = mpg.groupby('drv') \          # drv별 분리
           .agg(mean_hwy = ('hwy', 'mean'))   # hwy 평균 구하기
```

	mean_hwy
drv	
4	19.174757
f	28.160377
r	21.000000

앞 코드의 출력 결과를 보면 집단을 나타낸 변수 drv가 인덱스로 바뀌어 mean_hwy보다 아래에 표시되어 있습니다. seaborn으로 그래프를 만들려면 값이 변수에 담겨 있어야 합니다. 변수를 인덱스로 바꾸지 않고 원래대로 유지하려면 df.groupby()에 as_index = False를 입력하면 됩니다.

```
df_mpg = mpg.groupby('drv', as_index = False) \   # drv별 분리
           .agg(mean_hwy = ('hwy', 'mean'))        # hwy 평균 구하기
df_mpg
```

	drv	mean_hwy
0	4	19.174757
1	f	28.160377
2	r	21.000000

2. 그래프 만들기

앞에서 만든 데이터 프레임을 이용해 막대 그래프를 만들겠습니다. sns.barplot()을 이용하면 막대 그래프를 만들 수 있습니다. data에 데이터 프레임을 지정한 다음 x축에 범주를 나타낸 변수, y축에 평균값을 나타낸 변수를 지정하면 됩니다. 다음 코드를 실행하면 drv별 hwy 평균을 나타낸 막대 그래프를 출력합니다.

```
sns.barplot(data = df_mpg, x = 'drv', y = 'mean_hwy')
```

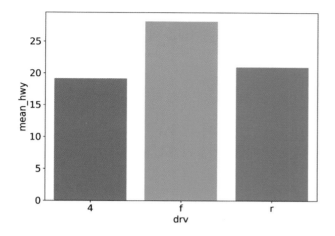

3. 크기순으로 정렬하기

막대 정렬 순서는 그래프를 만드는데 사용한 데이터 프레임의 행 순서에 따라 정해집니다.
앞에서 출력한 그래프를 보면 drv 막대가 df_mpg와 마찬가지로 4, f, r 순으로 정렬되어 있
습니다. 그래프를 만들기 전에 df.sort_values()를 이용해 데이터 프레임을 내림차순으로
정렬해 놓으면 막대를 크기순으로 정렬할 수 있습니다.

```
# 데이터 프레임 정렬하기
df_mpg = df_mpg.sort_values('mean_hwy', ascending = False)
```

```
# 막대 그래프 만들기
sns.barplot(data = df_mpg, x = 'drv', y = 'mean_hwy')
```

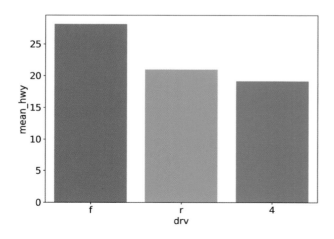

빈도 막대 그래프는 값의 빈도(개수)를 막대 길이로 표현한 그래프입니다. 여러 집단의 빈도를 비교할 때 빈도 막대 그래프를 자주 사용합니다. mpg 데이터를 이용해 drv별 빈도를 나타낸 막대 그래프를 만들어 보겠습니다.

1. 집단별 빈도표 만들기

빈도 막대 그래프를 만들려면 집단별 빈도를 담은 데이터 프레임이 필요합니다. df.agg()에 빈도를 구하는 함수 count()를 적용해 '구동 방식 별 빈도'를 담은 데이터 프레임을 만들겠습니다.

```
# 집단별 빈도표 만들기
df_mpg = mpg.groupby('drv', as_index = False) \
            .agg(n = ('drv', 'count'))
df_mpg
```

	drv	n
0	4	103
1	f	106
2	r	25

2. 그래프 만들기

앞에서 만든 데이터 프레임을 sns.barplot()에 적용해 막대 그래프를 만들겠습니다. 다음 코드를 실행하면 drv별 빈도를 나타낸 막대 그래프를 출력합니다.

```
# 막대 그래프 만들기
sns.barplot(data = df_mpg, x = 'drv', y = 'n')
```

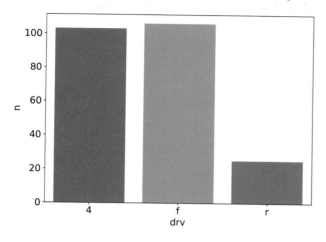

sns.countplot()으로 빈도 막대 그래프 만들기

sns.barplot() 대신 sns.countplot()을 이용하면 df.groupby()와 df.agg()를 이용해 집단별 빈도표를 만드는 작업을 생략하고 원자료를 이용해 곧바로 빈도 막대 그래프를 만들 수 있습니다. 다음 코드를 실행하면 mpg 원자료로 drv별 빈도를 구해 막대 그래프를 만

```
# 빈도 막대 그래프 만들기
sns.countplot(data = mpg, x = 'drv')
```

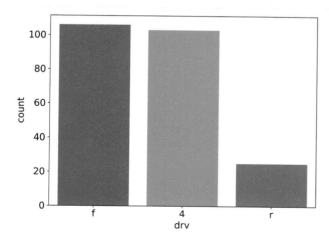

앞에서 만든 두 그래프는 x축 순서가 다릅니다. sns.barplot()로 만든 그래프는 x축 순서가 4, f, r인 반면 sns.countplot()로 만든 그래프는 f, 4, r입니다. 이는 sns.barplot()에 사용한 df_mpg와 sns.countplot()에 사용한 df의 drv 값 순서가 다르기 때문입니다.

데이터 프레임에서 변수의 값 순서는 데이터 프레임에 입력된 행 순서를 따릅니다. mpg의 drv는 0~6행이 f, 7~17행이 4, 18~27이 r로 되어 있으므로 값의 순서는 f, 4, r입니다. 변수의 고유값을 출력하는 unique()를 이용하면 값의 순서를 알 수 있습니다.

```
mpg['drv'].unique()
```

```
array(['f', '4', 'r'], dtype=object)
```

반면 df_mpg의 drv는 값의 순서가 알파벳순으로 되어 있습니다. groupby()를 이용해 데이터 프레임을 요약하면 값의 순서가 알파벳순으로 바뀌기 때문입니다.

```
df_mpg['drv'].unique()
```

```
array(['4', 'f', 'r'], dtype=object)
```

막대 정렬하기

sns.countplot()으로 만든 그래프의 막대를 정렬하려면 order에 원하는 순서로 값을 입력하면 됩니다.

```
# 4, f, r 순으로 막대 정렬
sns.countplot(data = mpg, x = 'drv', order = ['4', 'f', 'r'])
```

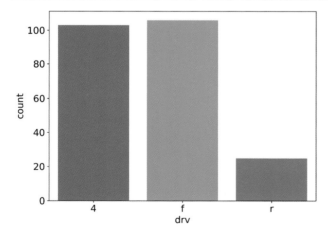

sns.countplot()의 order에 mpg['drv'].value_counts().index를 입력하면 drv의 빈도가 높은 순으로 막대를 정렬합니다. df.value_counts().index는 빈도가 높은 순으로 변수의 값을 출력하는 기능을 합니다.

```
# drv의 값을 빈도가 높은 순으로 출력
mpg['drv'].value_counts().index

Index(['f', '4', 'r'], dtype='object')
```

```
# drv 빈도 높은 순으로 막대 정렬
sns.countplot(data = mpg, x = 'drv',
              order = mpg['drv'].value_counts().index)
```

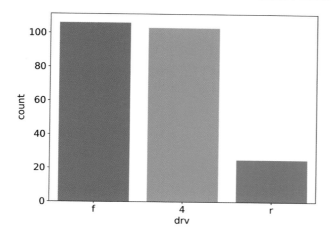

 mpg 데이터를 이용해 분석 문제를 해결해 보세요.

Q1 어떤 회사에서 생산한 'suv' 차종의 도시 연비가 높은지 알아보려고 합니다. 'suv' 차종을 대상으로 cty(도시 연비) 평균이 가장 높은 회사 다섯 곳을 막대 그래프로 표현해 보세요. 막대는 연비가 높은 순으로 정렬하세요.

힌트 우선 그래프로 나타낼 집단별 평균표를 만들어야 합니다. df.query()로 'suv' 차종만 추출한 다음 groupby()와 agg()로 회사별 cty 평균을 구하고 sort_values()와 head()로 상위 5행을 추출하세요. 이렇게 만든 표를 sns.barplot()을 이용해 막대 그래프로 만들면 됩니다.

Q2 자동차 중에 어떤 category(자동차 종류)가 많은지 알아보려고 합니다. sns.barplot()을 이용해 자동차 종류별 빈도를 표현한 막대 그래프를 만들어 보세요. 막대는 빈도가 높은 순으로 정렬하세요.

힌트 빈도가 높은 순으로 정렬해 빈도표를 만든 다음 sns.barplot()을 이용해 막대 그래프를 만들어 보세요.

정답: 462쪽

08-4
선 그래프 - 시간에 따라 달라지는 데이터 표현하기

데이터를 선으로 표현한 그래프를 **선 그래프**^{line chart}라고 합니다. 시간에 따라 달라지는 데이터를 표현할 때 선 그래프를 자주 사용합니다. 예를 들어 환율, 주가지수 등 경제지표가 시간에 따라 변하는 양상을 선 그래프로 표현할 수 있습니다.

일별 환율처럼, 일정 시간 간격을 두고 나열된 데이터를 시계열 데이터^{time series data}라 하고, 시계열 데이터를 선으로 표현한 그래프를 시계열 그래프^{time series chart}라고 합니다.

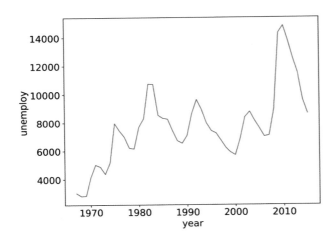

⌨ Do it! 실습   시계열 그래프 만들기

economics 데이터를 이용해 시계열 그래프를 만들어 보겠습니다. economics는 미국의 여러 가지 경제 지표를 월별로 나타낸 데이터입니다. economics를 이용해 시간에 따라 실업자 수가 어떻게 변하는지 나타낸 시계열 그래프를 만들겠습니다.

```
# economics 데이터 불러오기
economics = pd.read_csv('economics.csv')
economics.head()
```

	date	pce	pop	psavert	uempmed	unemploy
0	1967-07-01	506.7	198712.0	12.6	4.5	2944
1	1967-08-01	509.8	198911.0	12.6	4.7	2945
2	1967-09-01	515.6	199113.0	11.9	4.6	2958
3	1967-10-01	512.2	199311.0	12.9	4.9	3143
4	1967-11-01	517.4	199498.0	12.8	4.7	3066

economics 데이터 출처: bit.ly/easypy_85

sns.lineplot()을 이용하면 선 그래프를 만들 수 있습니다. x축에는 시간을 나타낸 date,
y축에는 실업자 수를 나타낸 unemploy를 지정해 선 그래프를 만들겠습니다.

```
sns.lineplot(data = economics, x = 'date', y = 'unemploy')
```

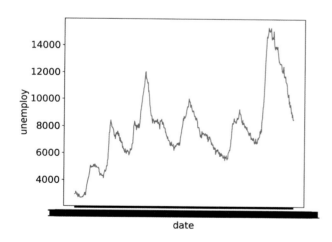

출력된 그래프를 보면 x축에 굵은 선이 표시되어 있습니다. date 변수에는 '1967-07-01'
처럼 '연월일'을 나타낸 문자가 담겨 있는데, 이 값이 x축에 가로로 여러 번 겹쳐 표시되어서
굵은 선으로 보이는 것입니다.

x축에 연도 표시하기

x축에 연도가 표시되도록 설정하겠습니다. x축에 연도를 표시하려면 먼저 변수 타입을 날짜 시간 타입(datetime64)으로 바꿔야 합니다. 지금은 economics 데이터의 date가 문자 (object) 타입으로 되어 있습니다.

(1) 날짜 시간 타입 변수 만들기

pd.to_datetime()을 이용하면 변수의 타입을 날짜 시간 타입으로 바꿀 수 있습니다. 다음 코드를 실행하면 economics에 날짜 시간 타입으로 된 변수 date2를 추가합니다.

```python
# 날짜 시간 타입 변수 만들기
economics['date2'] = pd.to_datetime(economics['date'])

# 변수 타입 확인
economics.info()
```

```
<class 'pandas.core.frame.DataFrame'>
RangeIndex: 574 entries, 0 to 573
Data columns (total 7 columns):
 #   Column    Non-Null Count   Dtype
---  ------    --------------   -----
 0   date      574 non-null     object
 1   pce       574 non-null     float64
 2   pop       574 non-null     float64
 3   psavert   574 non-null     float64
 4   uempmed   574 non-null     float64
 5   unemploy  574 non-null     int64
 6   date2     574 non-null     datetime64[ns]
dtypes: datetime64[ns](1), float64(4), int64(1), object(1)
memory usage: 31.5+ KB
```

변수의 타입을 날짜 시간 타입으로 바꾸더라도 값이 달라지지는 않습니다. 다음 코드의 출력 결과를 보면 두 변수의 값이 같습니다.

```
economics[['date', 'date2']]
```

	date	date2
0	1967-07-01	1967-07-01
1	1967-08-01	1967-08-01
2	1967-09-01	1967-09-01
3	1967-10-01	1967-10-01
4	1967-11-01	1967-11-01

(...생략...)

변수가 날짜 시간 타입으로 되어 있으면 **df.dt**를 이용해 연, 월, 일을 추출할 수 있습니다.

```
# 연 추출
economics['date2'].dt.year
```

```
0    1967
1    1967
2    1967
3    1967
4    1967
(...생략...)
```

```
# 월 추출
economics['date2'].dt.month
```

```
0     7
1     8
2     9
3    10
4    11
(...생략...)
```

```
# 일 추출
economics['date2'].dt.day
```

```
0    1
1    1
2    1
3    1
4    1
(...생략...)
```

(2) 연도 변수 만들기

economics에 연도를 나타낸 변수 year를 추가하겠습니다.

```
# 연도 변수 추가
economics['year'] = economics['date2'].dt.year
economics.head()
```

	date	pce	pop		unemploy	date2	year
0	1967-07-01	506.7	198712.0		2944	1967-07-01	1967
1	1967-08-01	509.8	198911.0		2945	1967-08-01	1967
2	1967-09-01	515.6	199113.0	...	2958	1967-09-01	1967
3	1967-10-01	512.2	199311.0		3143	1967-10-01	1967
4	1967-11-01	517.4	199498.0		3066	1967-11-01	1967

(3) x축에 연도 표시하기

연도를 나타낸 변수를 sns.lineplot()의 x에 입력하면 x축에 연도가 표시됩니다.

```
# x축에 연도 표시
sns.lineplot(data = economics, x = 'year', y = 'unemploy')
```

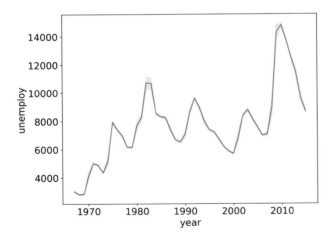

선의 위아래에 표시된 면적은 신뢰구간^{confidence interval}입니다. 신뢰구간을 표시하지 않으려면
errorbar = None을 입력하면 됩니다.

```
# 신뢰구간 제거
sns.lineplot(data = economics, x = 'year', y = 'unemploy', errorbar = None)
```

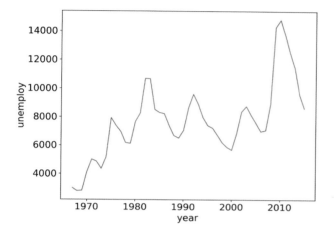

출력된 그래프를 보면 실업자 수가 약 5년 주기로 등락을 반복하고, 2005년부터 급격하게
증가했다가 2010년부터 다시 감소하는 추세라는 것을 알 수 있습니다.

 economics 데이터를 이용해 분석 문제를 해결해 보세요.

Q1 psavert(개인 저축률)가 시간에 따라 어떻게 변해 왔는지 알아보려고 합니다. 연도별 개인 저
축률의 변화를 나타낸 시계열 그래프를 만들어 보세요.

Q2 2014년 월별 psavert의 변화를 나타낸 시계열 그래프를 만들어 보세요.

힌트 df.dt.month를 이용해 '월'을 나타낸 변수를 만든 다음 df.query()로 2014년 데이터를 추출해 선 그래
프를 만들면 됩니다.

정답: 464쪽

08-5
상자 그림 - 집단 간 분포 차이 표현하기

상자 그림^{box plot}은 데이터의 분포 또는 퍼져 있는 형태를 직사각형 상자 모양으로 표현한 그래프입니다. 상자 그림을 보면 데이터가 어떻게 분포하고 있는지 알 수 있기 때문에 평균값만 볼 때보다 데이터의 특징을 더 자세히 이해할 수 있습니다.

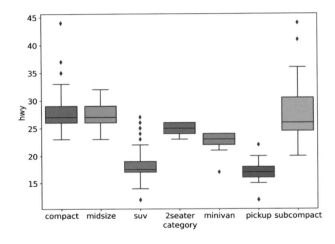

Do it! 실습 상자 그림 만들기

`sns.boxplot()`을 이용하면 상자 그림을 만들 수 있습니다. mpg 데이터를 이용해 x축을 drv, y축을 hwy로 지정하고 '구동 방식별 고속도로 연비'를 상자 그림으로 표현하겠습니다.

```
sns.boxplot(data = mpg, x = 'drv', y = 'hwy')
```

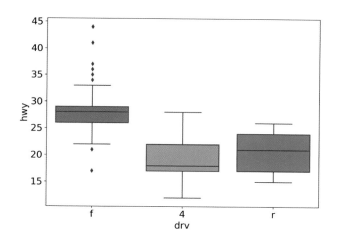

상자 그림은 값을 크기순으로 나열해 4등분했을 때 위치하는 값인 '사분위수'를 이용해 만듭니다. 다음은 상자 그림의 요소가 나타내는 값입니다.

상자 그림	값	설명
상자 아래 세로선	아랫수염	하위 0~25% 내에 해당하는 값
상자 밑면	1사분위수(Q1)	하위 25% 위치 값
상자 내 굵은 선	2사분위수(Q2)	하위 50% 위치 값(중앙값)
상자 윗면	3사분위수(Q3)	하위 75% 위치 값
상자 위 세로선	윗수염	하위 75~100% 내에 해당하는 값
상자 밖 가로선	극단치 경계	Q1, Q3 밖 1.5 IQR 내 최대값
상자 밖 점 표식	극단치	Q1, Q3 밖 1.5 IQR을 벗어난 값

🐢 'IQR(사분위 범위)'은 1사분위수와 3사분위수의 거리를 뜻하고, '1.5 IQR'은 IQR의 1.5배를 뜻합니다.

출력된 그래프를 보면 각 구동 방식의 고속도로 연비 분포를 알 수 있습니다.

- 전륜구동(f)은 26~29 사이의 좁은 범위에 자동차가 모여 있는 뾰족한 형태의 분포입니다. 수염의 위아래에 점 표식이 있는 것을 보면 연비가 극단적으로 높거나 낮은 자동차들이 있습니다.
- 4륜구동(4)은 17~22 사이에 자동차 대부분이 모여 있습니다. 중앙값이 상자 밑면에 가까운 것을 보면 낮은 값 쪽으로 치우친 형태의 분포라는 것을 알 수 있습니다.
- 후륜구동(r)은 17~24 사이의 넓은 범위에 자동차가 분포하고 있습니다. 수염이 짧고 극단치가 없는 것을 보면 자동차 대부분이 사분위 범위에 해당한다는 것을 알 수 있습니다.

🐢 상자 그림에 대한 자세한 설명은 191쪽을 참고하세요.

mpg 데이터를 이용해 분석 문제를 해결해 보세요.

Q1 category(자동차 종류)가 'compact', 'subcompact', 'suv'인 자동차의 cty(도시 연비)가 어떻게 다른지 비교해 보려고 합니다. 세 차종의 cty를 나타낸 상자 그림을 만들어 보세요.

힌트 우선 df.query()를 이용해 비교할 세 차종을 추출해야 합니다. 추출한 데이터를 이용해 sns.boxplot() 으로 상자 그림을 만들면 됩니다.

정답: 465쪽

 알아 두면 좋아요! } seaborn 더 알아보기

seaborn 치트 시트
seaborn에는 앞에서 다룬 기능 외에도 색, 크기, 폰트 등 그래프의 세부 요소를 설정하는 다양한 기능이 있습니다. seaborn 치트 시트를 참고하세요.

• DataCamp seaborn cheat sheet: bit.ly/easypy_86

seaborn으로 만든 다양한 그래프와 코드들
seaborn을 이용하면 다양한 종류의 그래프를 만들 수 있습니다. seaborn으로 만든 그래프와 코드를 모아둔 갤러리를 살펴보세요.

• seaborn Example gallery: bit.ly/easypy_87
• The Python Graph Gallery - Seaborn: bit.ly/easypy_seaborn

matplotlib 패키지 함께 사용하기
seaborn은 파이썬의 대표적인 시각화 패키지인 matplotlib에 기반을 두고 만들어졌습니다. seaborn 으로 그래프를 만들 때 matplotlib의 명령어를 함께 사용하면 그래프의 세부 요소를 설정할 수 있습니다.

• matplotlib 공식 문서: matplotlib.org

정리하기

seaborn 함수	그래프
sns.scatterplot()	산점도
sns.barplot()	막대 그래프 - 요약표 활용
sns.countplot()	빈도 막대 그래프 - 원자료 활용
sns.lineplot()	선 그래프
sns.boxplot()	상자 그림

```python
### 1. 산점도
sns.scatterplot(data = mpg, x = 'displ', y = 'hwy')

# 축 제한
sns.scatterplot(data = mpg, x = 'displ', y = 'hwy') \
    .set(xlim = [3, 6], ylim = [10, 30])

# 종류별로 표식 색깔 바꾸기
sns.scatterplot(data = mpg, x = 'displ', y = 'hwy', hue = 'drv')

### 2. 막대 그래프

## 평균 막대 그래프

# 1단계. 평균표 만들기
df_mpg = mpg.groupby('drv', as_index = False) \
            .agg(mean_hwy = ('hwy', 'mean'))

# 2단계. 그래프 만들기
sns.barplot(data = df_mpg, x = 'drv', y = 'mean_hwy')

## 빈도 막대 그래프
sns.countplot(data = mpg, x = 'drv')

### 3. 선 그래프
sns.lineplot(data = economics, x = 'date', y = 'unemploy')

### 4. 상자 그림
sns.boxplot(data = mpg, x = 'drv', y = 'hwy')
```

셋째마당

실전! 데이터 분석
프로젝트

이제 데이터 분석 프로젝트를 시작할 준비를 모두 마쳤습니다. 셋째마당에서는 지금까지 익힌 기능을 활용해 실제 데이터를 분석합니다.

09 데이터 분석 프로젝트 - 한국인의 삶을 파악하라!

데이터 분석 프로젝트
– 한국인의 삶을 파악하라!

대한민국 사람들은 어떻게 살아가고 있을까요? 데이터를 분석해 낱낱이 파헤쳐 봅시다.

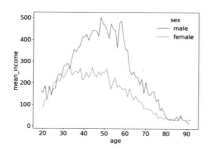

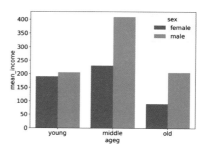

09-1 '한국복지패널 데이터' 분석 준비하기

09-2 성별에 따른 월급 차이 - 성별에 따라 월급이 다를까?

09-3 나이와 월급의 관계 - 몇 살 때 월급을 가장 많이 받을까?

09-4 연령대에 따른 월급 차이 - 어떤 연령대의 월급이 가장 많을까?

09-5 연령대 및 성별 월급 차이 - 성별 월급 차이는 연령대별로 다를까?

09-6 직업별 월급 차이 - 어떤 직업이 월급을 가장 많이 받을까?

09-7 성별 직업 빈도 - 성별에 따라 어떤 직업이 가장 많을까?

09-8 종교 유무에 따른 이혼율 - 종교가 있으면 이혼을 덜 할까?

09-9 지역별 연령대 비율 - 어느 지역에 노년층이 많을까?

09-1

'한국복지패널 데이터' 분석 준비하기

분석 기술을 익혔으니 실제 데이터 분석해 보겠습니다. 실습에는 '한국복지패널 데이터'를 이용하겠습니다.

한국복지패널 데이터는 한국보건사회연구원에서 우리나라 가구의 경제활동을 연구해 복지 정책에 반영할 목적으로 발간하는 조사 자료입니다. 전국에서 7,000여 가구를 선정해 2006년부터 매년 추적 조사한 자료로, 경제활동, 생활실태, 복지욕구 등 천여 개 변수로 구성되어 있습니다. 다양한 분야의 연구자와 정책전문가들이 복지패널 데이터를 활용해 논문과 연구보고서를 발표하고 있습니다.

복지패널 데이터는 엄밀한 절차에 따라 수집되었고 다양한 변수를 담고 있으므로 데이터 분석 기술을 연습하는 데 훌륭한 재료입니다. 데이터에는 다양한 삶의 모습이 담겨 있습니다. 한국복지패널 데이터를 분석해 대한민국 사람들이 어떻게 살아가고 있는지 알아보겠습니다.

⌨️ Do it! 실습   데이터 분석 준비하기

데이터를 분석하기 위해 준비 작업을 하겠습니다.

1. 데이터 준비하기

깃허브에서 Koweps_hpwc14_2019_beta2.sav 파일을 다운로드해 워킹 디렉터리에 삽입합니다. 이 파일은 2020년에 발간된 복지패널 데이터로, 6,331가구, 14,418명의 정보를 담고 있습니다.

🌐 한국복지패널 데이터 출처: bit.ly/easypy_91

2. 패키지 설치 및 로드하기

실습에 사용할 데이터 파일은 통계 분석 소프트웨어인 SPSS 전용 파일입니다. pyreadstat 패키지를 설치하면 pandas 패키지의 함수를 이용해 SPSS, SAS, STATA 등 다양한 통계 분

석 소프트웨어의 데이터 파일을 불러올 수 있습니다. 아나콘다 프롬프트에서 다음 코드를
실행해 pyreadstat 패키지를 설치합니다.

```
pip install pyreadstat
```

노트북을 열고 데이터를 분석하는 데 필요한 패키지를 로드합니다.

```
import pandas as pd
import numpy as np
import seaborn as sns
```

3. 데이터 불러오기

pd.read_spss()를 이용해 복지패널 데이터를 불러옵니다. 데이터 원본은 복구할 상황을
대비해 그대로 두고 복사본을 만들어 분석에 활용하겠습니다.

```
# 데이터 불러오기
raw_welfare = pd.read_spss('Koweps_hpwc14_2019_beta2.sav')

# 복사본 만들기
welfare = raw_welfare.copy()
```

4. 데이터 검토하기

데이터의 구조와 특징을 파악해 보겠습니다.

```
welfare              # 앞부분, 뒷부분 출력
welfare.shape        # 행, 열 개수 출력
welfare.info()       # 변수 속성 출력
welfare.describe()   # 요약 통계량
```

(...생략...)

앞 장에서 예제로 사용한 데이터들은 변수의 수가 적고 변수명도 이해할 수 있는 단어로 되
어 있어서 데이터 구조를 쉽게 파악할 수 있었습니다. 반면 복지패널 데이터와 같은 대규모
데이터는 변수의 수가 많고 변수명이 코드로 되어 있어 전체 구조를 한눈에 파악하기 어렵

습니다. 규모가 큰 데이터는 데이터 전체를 한 번에 파악하기보다 변수명을 쉬운 단어로 바꾼 다음 분석에 사용할 변수를 하나씩 살펴봐야 합니다. 변수를 파악하는 작업은 데이터를 본격적으로 분석하는 과정에서 진행하겠습니다.

5. 변수명 바꾸기

분석에 사용할 변수 몇 개를 이해하기 쉬운 변수명으로 바꾸겠습니다. 규모가 큰 조사 자료는 데이터의 특징을 설명해 놓은 코드북codebook을 함께 제공합니다. 코드북에는 코드로 된 변수명과 값의 의미가 설명되어 있습니다. 코드북을 보면 데이터의 특징이 어떠한지 감을 잡을 수 있고, 분석에 어떤 변수를 활용할지, 분석 방향의 아이디어를 얻을 수 있습니다.

한국복지패널 데이터 조사설계서(코드북)

한국복지패널 사이트에서 제공하는 코드북에서 실습에 사용할 변수를 선정해 Koweps_Codebook_2019.xlsx 파일에 정리해 두었습니다. 파일을 열어 변수의 특징을 미리 파악하세요.

🌐 코드북은 한국복지패널 사이트 또는 저자의 깃허브에서 다운로드할 수 있습니다.

코드북을 참고해 분석에 사용할 변수 7개의 이름을 알아보기 쉬운 단어로 바꾸겠습니다.

```
welfare = welfare.rename(
    columns = {'h14_g3'    : 'sex',            # 성별
               'h14_g4'    : 'birth',          # 태어난 연도
               'h14_g10'   : 'marriage_type',  # 혼인 상태
               'h14_g11'   : 'religion',       # 종교
               'p1402_8aq1' : 'income',        # 월급
               'h14_eco9'  : 'code_job',       # 직업 코드
               'h14_reg7'  : 'code_region'})   # 지역 코드
```

데이터 분석 절차 살펴보기

데이터를 분석하는데 필요한 준비를 마쳤습니다. 이제 앞에서 선정한 변수 7개를 이용해 분석하겠습니다. 9장은 다양한 분석 주제를 다루는데, 분석마다 두 단계로 진행합니다.

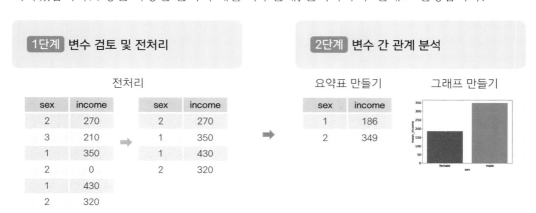

1단계 - 변수 검토 및 전처리

분석에 활용할 변수를 전처리합니다. 변수의 특징을 파악하고 이상치와 결측치를 정제한 다음 변수의 값을 다루기 편하게 바꿉니다. 전처리는 분석에 활용할 변수 각각 진행합니다. 예를 들어 '성별에 따른 월급 차이'를 분석한다면 성별, 월급 두 변수를 각각 전처리합니다.

2단계 - 변수 간 관계 분석

전처리를 완료하면 본격적으로 변수 간 관계를 파악하는 분석을 합니다. 데이터를 요약한 표와 데이터의 특징을 쉽게 이해할 수 있는 그래프를 만든 다음 분석 결과를 해석합니다.

09-2

성별에 따른 월급 차이 - 성별에 따라 월급이 다를까?

여성들이 예전에 비해 활발하게 사회 진출을 하고 있지만 직장에서 받는 대우에는 여전히 차별이 있습니다. 데이터를 분석해 성별에 따라 월급 차이가 있는지 알아보겠습니다. 먼저 성별과 월급 두 변수를 검토하고 전처리한 다음 변수 간의 관계를 분석하겠습니다. 분석 절차를 요약하면 다음과 같습니다.

분석 절차

1단계 변수 검토 및 전처리	2단계 변수 간 관계 분석
• 성별 • 월급	• 성별 월급 평균표 만들기 • 그래프 만들기

⌨ **Do it! 실습**　**성별 변수 검토 및 전처리하기**

1. 변수 검토하기

df.dtypes로 sex(성별) 변수의 타입을 파악하고, df.value_counts()로 범주마다 몇 명이 있는지 알아보겠습니다. 출력 결과를 보면 sex는 float64(실수) 타입이고 1과 2로 구성됩니다. 1은 6,505명, 2는 7,913명이 있습니다.

```
welfare['sex'].dtypes    # 변수 타입 출력

dtype('float64')
```

```
welfare['sex'].value_counts()    # 빈도 구하기

2.0    7913
1.0    6505
Name: sex, dtype: int64
```

🍲 df.dtypes는 데이터 프레임의 변수 타입을 담은 어트리뷰트입니다.

2. 전처리하기

코드북을 보면 성별 변수의 값이 1이면 남자, 2면 여자를 의미합니다. 모른다고 답하거나 응답하지 않으면 9로 입력되어 있습니다. 이 정보를 바탕으로 데이터에 이상치가 있는지 검토하고, 분석할 때 제거하기 편하도록 NaN을 부여해 결측 처리하겠습니다. 값이 9인 경우도 성별을 알 수 없어 분석에서 제외해야 하므로 결측 처리합니다.

값	내용
1	남
2	여
9	모름/무응답

```
# 이상치 확인
welfare['sex'].value_counts()
```

```
2.0    7913
1.0    6505
Name: sex, dtype: int64
```

sex에 1과 2만 있고 9나 다른 값은 없습니다. 이상치가 없으므로 이상치를 결측 처리하는 절차를 건너뛰어도 됩니다. 만약 이상치가 있다면 다음과 같이 이상치를 결측 처리하는 작업을 먼저 한 다음 결측치를 확인해야 합니다.

```
# 이상치 결측 처리
welfare['sex'] = np.where(welfare['sex'] == 9, np.nan, welfare['sex'])
```

```
# 결측치 확인
welfare['sex'].isna().sum()
```

sex 변수의 값은 숫자 1과 2로 되어 있습니다. 값의 의미를 이해하기 쉽도록 문자 'male'과 'female'로 바꾼 다음 df.value_counts()와 sns.countplot()을 이용해 바꾼 값이 잘 반영됐는지 출력 결과를 확인합니다.

```
# 성별 항목 이름 부여
welfare['sex'] = np.where(welfare['sex'] == 1, 'male', 'female')
```

```
# 빈도 구하기
welfare['sex'].value_counts()
```

```
female    7913
male      6505
Name: sex, dtype: int64
```

```
# 빈도 막대 그래프 만들기
sns.countplot(data = welfare, x = 'sex')
```

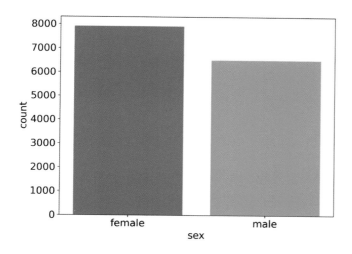

성별 변수의 전처리 작업을 완료했습니다. 이제 같은 절차로 월급 변수를 전처리하겠습니다.

⌨ Do it! 실습 월급 변수 검토 및 전처리하기

1. 변수 검토하기

코드북을 보면 월급은 '일한 달의 월 평균 임금'을 의미하며 1만 원 단위로 기록되어 있습니다. income(월급) 변수를 검토하겠습니다.

성별은 범주 변수이므로 df.value_counts()를 이용해 범주별 빈도를 확인하면 특징을 파악할 수 있습니다. 하지만 월급은 연속 변수이므로 df.value_counts()를 이용하면 너무 많은 항목이 출력되어 알아보기 어렵습니다. 연속 변수는 df.describe()로 요약 통계량을 확인해야 특징을 파악할 수 있습니다.

```
welfare['income'].dtypes   # 변수 타입 출력
```

```
dtype('float64')
```

```
welfare['income'].describe()   # 요약 통계량 구하기

count    4534.000000
mean      268.455007
std       198.021206
min         0.000000
25%       150.000000
50%       220.000000
75%       345.750000
max      1892.000000
Name: income, dtype: float64
```

출력 결과를 보면 income은 `float64` 타입이고, 0~1,892만 원의 값을 지닙니다. 150~345만 원에 가장 많이 분포하고 평균은 268만 원, 중앙값은 평균보다 작은 220만 원으로 전반적으로 낮은 값 쪽으로 치우쳐 있습니다.

이번에는 `sns.histplot()`으로 히스토그램을 만들어 분포를 확인하겠습니다.

```
sns.histplot(data = welfare, x = 'income')   # 히스토그램 만들기
```

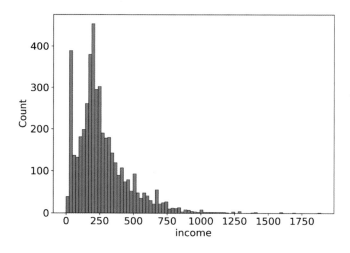

출력된 그래프를 보면 0~250만 원에 가장 많은 사람이 분포하고, 그 뒤로는 점차 빈도가 감소합니다.

2. 전처리하기

코드북을 보면 월급은 만 원 단위로 되어 있고, '모름/무응답'은 9999로 코딩되어 있습니다. 이 정보를 바탕으로 변수를 전처리하겠습니다.

문항 내용	모름/무응답
만원	9999

```
welfare['income'].describe()   # 이상치 확인

count    4534.000000
mean      268.455007
std       198.021206
min         0.000000
25%       150.000000
50%       220.000000
75%       345.750000
max      1892.000000
Name: income, dtype: float64


welfare['income'].isna().sum()   # 결측치 확인

9884
```

출력 결과를 보면 최소값이 0, 최대값이 1,892이고, 결측치가 9,884개 있습니다. 직업이 없어서 월급을 받지 않는 응답자가 있으므로 데이터에 결측치가 있는 것입니다. 따라서 월급 변수를 이용해 분석할 때는 먼저 결측치를 제거해야 합니다.

코드북에는 '모름/무응답'이면 9999로 코딩했다고 되어있습니다. income의 최대값이 1,892이므로 income이 9999인 행은 없습니다. 이상치가 없으므로 이상치를 결측 처리하는 절차를 건너뛰어도 됩니다. 만약 최대값이 9999로 나타나 이상치가 있다면 다음과 같이 이상치를 결측 처리한 다음 결측치가 제대로 만들어졌는지 확인하는 절차를 거쳐야 합니다.

```
# 이상치 결측 처리
welfare['income'] = np.where(welfare['income'] == 9999, np.nan,
                             welfare['income'])

# 결측치 확인
welfare['income'].isna().sum()
```

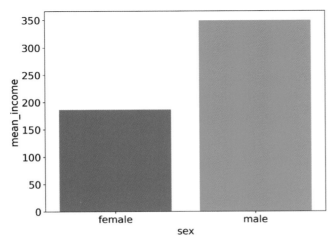

Do it! 실습　성별에 따른 월급 차이 분석하기

1. 성별 월급 평균표 만들기

두 변수의 전처리 작업을 완료했으니 변수 간 관계를 분석할 차례입니다. 성별 월급 평균표를 만들어 월급 평균이 성별에 따라 차이가 있는지 비교해 보겠습니다.

```
# 성별 월급 평균표 만들기
sex_income = welfare.dropna(subset = 'income') \        # income 결측치 제거
                    .groupby('sex', as_index = False) \  # sex별 분리
                    .agg(mean_income = ('income', 'mean'))  # income 평균 구하기
sex_income
```

	sex	mean_income
0	female	186.293096
1	male	349.037571

출력 결과를 보면 월급 평균이 남자는 349만 원, 여자는 186만 원으로, 남성이 여성보다 약 163만 원 더 많습니다.

2. 그래프 만들기

분석 결과를 쉽게 이해할 수 있도록 앞에서 만든 성별 월급 평균표를 이용해 막대 그래프를 만들겠습니다. 출력된 그래프를 보면 남성의 월급이 여성의 두 배 가까울 정도로 많습니다.

```
# 막대 그래프 만들기
sns.barplot(data = sex_income, x = 'sex', y = 'mean_income')
```

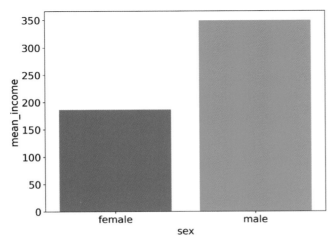

09-3
나이와 월급의 관계 - 몇 살 때 월급을 가장 많이 받을까?

비정규직이 많아지면서 안정된 직장에 취업하는 것도 어려워졌지만, 젊은 세대를 더욱 힘들게 하는 것은 세대 간 소득 격차가 심해서 사회가 불평등하게 느껴진다는 점입니다. 데이터를 분석해서 나이에 따라 월급이 얼마나 다른지 알아보겠습니다.

나이 변수를 검토하고 전처리한 다음 나이와 월급의 관계를 분석하겠습니다. 월급 변수 전처리는 앞에서 완료했으니 생략하겠습니다.

분석 절차

1단계 변수 검토 및 전처리		2단계 변수 간 관계 분석
• 나이 • 월급	➡	• 나이에 따른 월급 평균표 만들기 • 그래프 만들기

 **Do it! 실습**　　**나이 변수 검토 및 전처리하기**

1. 변수 검토하기

나이와 월급의 관계를 분석하려면 나이를 나타낸 변수가 있어야 합니다. 그런데 한국복지패널 데이터에는 나이 변수는 없고 태어난 연도 변수만 있습니다. 따라서 태어난 연도 변수를 이용해 나이 변수를 만들어야 합니다. 먼저 태어난 연도 변수를 검토한 다음 나이 변수를 만들겠습니다.

```
welfare['birth'].dtypes  # 변수 타입 출력

dtype('float64')
```

```
welfare['birth'].describe()    # 요약 통계량 구하기
```

```
count   14418.000000
mean     1969.280205
std        24.402250
min      1907.000000
25%      1948.000000
50%      1968.000000
75%      1990.000000
max      2018.000000
Name: birth, dtype: float64
```

```
sns.histplot(data = welfare, x = 'birth')    # 히스토그램 만들기
```

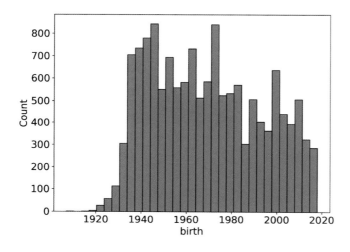

2. 전처리하기

코드북을 보면 태어난 연도는 '모름/무응답'일 경우 9999로
코딩되어 있습니다. 이 정보를 바탕으로 전처리 작업을 하겠
습니다.

문항 내용	모름/무응답
년	9999

```
welfare['birth'].describe()    # 이상치 확인

count    14418.000000
mean      1969.280205
std         24.402250
min       1907.000000
25%       1948.000000
50%       1968.000000
75%       1990.000000
max       2018.000000
Name: birth, dtype: float64
```

```
welfare['birth'].isna().sum()    # 결측치 확인

0
```

출력 결과를 보면 이상치와 결측치가 없으므로 파생변수를 만드는 단계로 넘어가겠습니다. 만약 이상치가 발견되면 다음과 같이 전처리한 다음 분석을 진행해야 합니다.

```
# 이상치 결측 처리
welfare['birth'] = np.where(welfare['birth'] == 9999, np.nan,
                            welfare['birth'])

# 결측치 확인
welfare['birth'].isna().sum()
```

3. 파생변수 만들기 - 나이

태어난 연도 변수를 이용해 나이 변수를 만들겠습니다. 2019년에 조사가 진행됐으니 2019에서 태어난 연도를 뺀 다음 1을 더해 나이를 구하면 됩니다. 변수를 만들고 df.describe(), sns.histplot()을 이용해 특징을 살펴보겠습니다.

```
welfare = welfare.assign(age = 2019 - welfare['birth'] + 1 )  # 나이 변수 만들기
welfare['age'].describe()                                     # 요약 통계량 구하기
```

```
count    14418.000000
mean        50.719795
std         24.402250
min          2.000000
25%         30.000000
50%         52.000000
75%         72.000000
max        113.000000
Name: age, dtype: float64
```

```
sns.histplot(data = welfare, x = 'age')    # 히스토그램 만들기
```

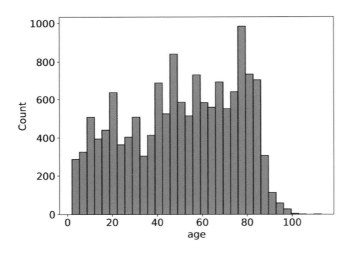

⌨ **Do it! 실습**   **나이와 월급의 관계 분석하기**

월급 변수 전처리는 09-2절에서 완료했습니다. 나이 변수와 월급 변수의 전처리 작업을 마쳤으니 이제 나이에 따른 월급을 분석할 차례입니다.

1. 나이에 따른 월급 평균표 만들기

나이별 월급 평균표를 만들겠습니다.

```
# 나이별 월급 평균표 만들기
age_income = welfare.dropna(subset = 'income') \          # income 결측치 제거
                    .groupby('age') \                      # age별 분리
                    .agg(mean_income = ('income', 'mean')) # income 평균 구하기
age_income.head()
```

age	mean_income
19.0	162.000000
20.0	121.333333
21.0	136.400000
22.0	123.666667
23.0	179.676471

2. 그래프 만들기

앞에서 만든 요약표를 이용해 그래프를 만들겠습니다. x축을 나이, y축을 월급으로 지정하고 나이에 따른 월급의 변화를 나타낸 선 그래프를 만들겠습니다.

```
# 선 그래프 만들기
sns.lineplot(data = age_income, x = 'age', y = 'mean_income')
```

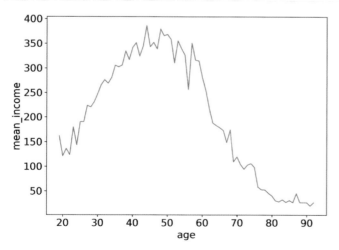

출력된 그래프를 보면 20대 초반에 월급을 150만 원가량 받고 이후 지속해서 증가하는 추세를 보입니다. 40대에 350만 원가량으로 가장 많이 받고 지속해서 감소하다가 60대 후반부터는 20대보다 낮은 월급을 받습니다.

09-4
연령대에 따른 월급 차이 - 어떤 연령대의 월급이 가장 많을까?

앞에서는 나이별 월급 평균을 분석했습니다. 이번에는 나이를 연령대별로 분류한 다음 월급을 비교해 보겠습니다.

분석 절차

1단계 변수 검토 및 전처리
- 연령대
- 월급

➡

2단계 변수 간 관계 분석
- 연령대별 월급 평균표 만들기
- 그래프 만들기

⌨ Do it! 실습 연령대 변수 검토 및 전처리하기

파생변수 만들기 - 연령대

앞에서 만든 나이 변수를 이용해 연령대 변수를 만들겠습니다. 표의 기준에 따라 연령대 변수를 만든 다음 각 범주에 몇 명이 있는지 살펴보겠습니다.

범주	기준
초년층	30세 미만
중년층	30~59세
노년층	60세 이상

```
# 나이 변수 살펴보기
welfare['age'].head()

0    75.0
1    72.0
2    78.0
3    58.0
4    57.0
Name: age, dtype: float64
```

```
# 연령대 변수 만들기
welfare = welfare.assign(ageg = np.where(welfare['age'] <  30, 'young',
                                np.where(welfare['age'] <= 59, 'middle',
                                                               'old')))
```

```
# 빈도 구하기
welfare['ageg'].value_counts()
```

```
old       5955
middle    4963
young     3500
Name: ageg, dtype: int64
```

```
# 빈도 막대 그래프 만들기
sns.countplot(data = welfare, x = 'ageg')
```

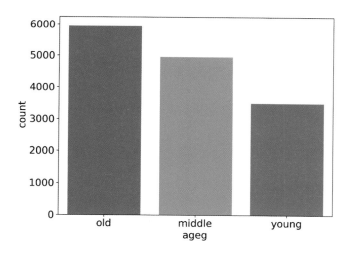

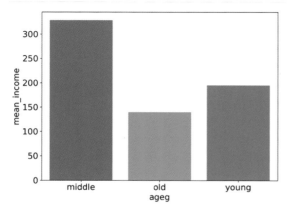 **Do it! 실습** 연령대에 따른 월급 차이 분석하기

월급 변수 전처리는 09-2절에서 완료했으니 생략하고 연령대에 따른 월급 차이를 분석하겠습니다.

1. 연령대별 월급 평균표 만들기

연령대별로 월급 평균이 다른지 알아보기 위해 연령대별 월급 평균표를 만들겠습니다. 출력 결과를 보면 월급 평균이 초년층 195만 원, 중년층 329만 원, 노년층 140만 원으로 연령대별로 차이가 있습니다.

```
# 연령대별 월급 평균표 만들기
ageg_income = welfare.dropna(subset = 'income') \        # income 결측치 제거
                     .groupby('ageg', as_index = False) \ # ageg별 분리
                     .agg(mean_income = ('income', 'mean'))  # income 평균 구하기
```

	ageg	mean_income
0	middle	329.157157
1	old	140.129003
2	young	195.663424

2. 그래프 만들기

앞에서 만든 요약표를 이용해 그래프를 만들겠습니다.

```
# 막대 그래프 만들기
sns.barplot(data = ageg_income, x = 'ageg', y = 'mean_income')
```

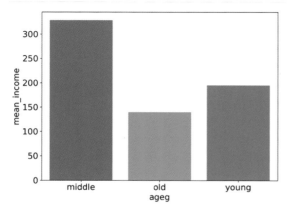

막대 정렬 순서는 그래프를 만드는데 사용한 데이터 프레임의 행 순서에 따라 정해집니다. 초년, 중년, 노년층 순으로 막대를 정렬하도록 order에 범주 순서를 지정하겠습니다.

```python
# 막대 정렬하기
sns.barplot(data = ageg_income, x = 'ageg', y = 'mean_income',
            order = ['young', 'middle', 'old'])
```

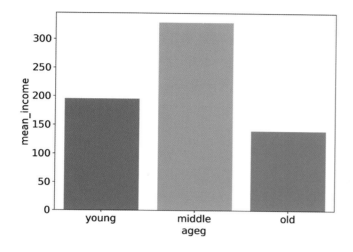

출력된 표와 그래프를 보면 중년층이 330만 원 정도로 가장 많은 월급을 받습니다. 노년층의 월급은 140만 원으로, 초년층이 받는 195만 원보다 적습니다.

09-5
연령대 및 성별 월급 차이 - 성별 월급 차이는 연령대별로 다를까?

09-2절에서는 성별에 따라 월급 차이가 있는지 분석했습니다. 그런데 성별 월급 차이는 연령대에 따라 다른 양상을 보일 수 있습니다. 이번에는 성별 월급 차이가 연령대에 따라 어떻게 다른지 분석해 보겠습니다. 연령대, 성별, 월급 변수 모두 앞에서 전처리 작업을 완료했으므로 전처리 작업은 생략하고 연령대에 따른 성별 월급 차이를 분석하겠습니다.

분석 절차

> **1단계** 변수 검토 및 전처리
> - 연령대
> - 성별
> - 월급

> **2단계** 변수 간 관계 분석
> - 연령대 및 성별 월급 평균표 만들기
> - 그래프 만들기

⌨ Do it! 실습　연령대 및 성별 월급 차이 분석하기

1. 연령대 및 성별 월급 평균표 만들기

성별 월급 차이가 연령대별로 다른지 알아보기 위해 '연령대 및 성별에 따른 월급 평균표'를 만들겠습니다.

```
# 연령대 및 성별 평균표 만들기
sex_income = \
    welfare.dropna(subset = 'income') \          # income 결측치 제거
        .groupby(['ageg', 'sex'], as_index = False) \   # ageg 및 sex별 분리
        .agg(mean_income = ('income', 'mean'))          # income 평균 구하기
```

```
sex_income
```

	ageg	sex	mean_income
0	middle	female	230.481735
1	middle	male	409.541228
2	old	female	90.228896
3	old	male	204.570231
4	young	female	189.822222
5	young	male	204.909548

2. 그래프 만들기

앞에서 만든 요약표를 이용해 그래프를 만들겠습니다. 막대가 연령대별로 나열되도록 x축에 ageg를 지정하고, 막대 색깔이 성별에 따라 다르도록 hue에 sex를 지정합니다. 축 순서는 order를 이용해 연령대 순으로 설정합니다.

```
# 막대 그래프 만들기
sns.barplot(data = sex_income, x = 'ageg', y = 'mean_income', hue = 'sex',
            order = ['young', 'middle', 'old'])
```

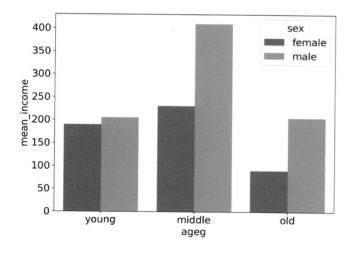

출력된 표와 그래프를 보면 성별 월급 차이의 양상이 연령대별로 다릅니다. 초년에는 월급 차이가 크지 않다가 중년에 크게 벌어져 남성이 179만 원가량 더 많습니다. 노년에는 차이가 줄어들지만 여전히 남성이 114만 원가량 더 많습니다.

앞 절에서 연령대별 월급을 분석할 때 노년층이 초년층보다 월급을 적게 받는 것으로 나타났습니다. 그런데 연령대와 성별로 나눈 이번 분석 결과를 보면 노년층이 초년층보다 월급을 적게 받는 현상은 여성에서만 나타납니다. 남성은 노년층과 초년층의 월급이 비슷합니다. 또한 중년층이 초년층보다 월급을 더 많이 받는 현상도 주로 남성에서 나타나고, 여성은 차이가 크지 않습니다.

⌨️ Do it! 실습   나이 및 성별 월급 차이 분석하기

이번에는 연령대별로 구분하지 않고 '나이 및 성별 월급 평균표'를 만들어 선 그래프로 표현하겠습니다. 그래프에서 성별에 따라 선 색깔이 다르도록 hue에 sex를 입력하겠습니다.

```python
# 나이 및 성별 월급 평균표 만들기
sex_age = welfare.dropna(subset = 'income') \          # income 결측치 제거
                .groupby(['age', 'sex'], as_index = False) \   # age 및 sex별 분리
                .agg(mean_income = ('income', 'mean'))    # income 평균 구하기

sex_age.head()
```

	age	sex	mean_income
0	19.0	male	162.000000
1	20.0	female	87.666667
2	20.0	male	155.000000
3	21.0	female	124.000000
4	21.0	male	186.000000

```
# 선 그래프 만들기
sns.lineplot(data = sex_age, x = 'age', y = 'mean_income', hue = 'sex')
```

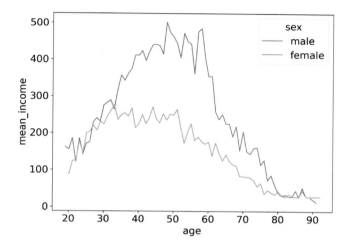

출력된 그래프를 보면 남성의 월급은 50세 전후까지 증가하다가 급격하게 감소하는 반면, 여성은 30세 초반까지 약간 증가하다가 이후로는 완만하게 감소합니다. 성별 월급 격차는 30대 중반부터 벌어지다가 50대에 가장 크게 벌어지고, 이후로 점점 줄어들어 80대가 되면 비슷한 수준이 됩니다.

09-6
직업별 월급 차이 - 어떤 직업이 월급을 가장 많이 받을까?

어떤 직업이 월급을 가장 많이 받을까요? 직업별 월급을 분석해 보겠습니다. 먼저 직업 변수를 검토하고 전처리하겠습니다. 월급 변수 전처리 작업은 앞에서 완료했으니 생략하고 직업별 월급 차이를 분석하겠습니다.

분석 절차

```
1단계 변수 검토 및 전처리          2단계 변수 간 관계 분석
 • 직업                    ➡      • 직업별 월급 평균표 만들기
 • 월급                          • 그래프 만들기
```

⌨ Do it! 실습   직업 변수 검토 및 전처리하기

1. 변수 검토하기

먼저 직업을 나타낸 code_job 변수를 살펴보겠습니다.

```
welfare['code_job'].dtypes   # 변수 타입 출력

dtype('float64')
```

```
welfare['code_job'].value_counts()   # 빈도 구하기

611.0    962
941.0    391
521.0    354
312.0    275
873.0    236
(...생략...)
```

code_job 변수의 값은 직업 코드를 의미합니다. 복지패널 데이터에서 직업은 이름이 아니라 직업분류코드로 입력되어 있습니다. 지금 상태로는 코드가 어떤 직업을 의미하는지 알 수 없으므로 직업 이름을 나타낸 변수를 만들어야 합니다. 한국복지패널 사이트에서 제공하는 코드북의 직업분류코드 목록(한국표준직업분류 제7차 개정)을 보면 코드가 어떤 직업을 의미하는지 알 수 있습니다.

2. 전처리하기

코드북의 직업분류코드 목록을 이용해 직업 이름을 나타낸 변수를 만들겠습니다. 먼저 Koweps_Codebook_2019.xlsx 파일의 '직종코드' 시트에 있는 직업분류코드 목록을 불러온 다음 살펴보겠습니다. 출력 결과를 보면 직업분류코드 목록은 코드와 직업명 두 변수로 구성되고, 직업이 156개로 분류되어 있습니다.

```python
list_job = pd.read_excel('Koweps_Codebook_2019.xlsx', sheet_name = '직종코드')
list_job.head()
```

	code_job	job
0	111	의회 의원·고위 공무원 및 공공단체 임원
1	112	기업 고위 임원
2	121	행정 및 경영 지원 관리자
3	122	마케팅 및 광고·홍보 관리자
4	131	연구·교육 및 법률 관련 관리자

```python
list_job.shape     # 행, 열 개수 출력
```

```
(156, 2)
```

df.merge()를 이용해 list_job을 welfare에 결합하겠습니다. welfare와 list_job에 공통으로 들어 있는 code_job 변수를 기준으로 결합하면 됩니다.

```python
# welfare에 list_job 결합하기
welfare = welfare.merge(list_job, how = 'left', on = 'code_job')
```

wefare의 code_job, job 변수 일부를 출력해 잘 결합됐는지 확인하겠습니다. 출력할 때 직업이 결측치인 행은 제외하겠습니다.

```
# code_job 결측치 제거하고 code_job, job 출력
welfare.dropna(subset = 'code_job')[['code_job', 'job']].head()
```

	code_job	job
2	762.0	전기공
3	855.0	금속기계 부품 조립원
7	941.0	청소원 및 환경미화원
8	999.0	기타 서비스 관련 단순 종사자
14	312.0	경영 관련 사무원

출력 결과를 보면 welfare에 직업 이름으로 된 job 변수가 결합된 것을 확인할 수 있습니다. 이제 이 변수를 이용해 직업별 월급 차이를 분석하겠습니다.

⌨ Do it! 실습   직업별 월급 차이 분석하기

월급 변수 전처리는 09-2절에서 완료했으니 생략하고 직업별 월급 차이를 분석하겠습니다.

1. 직업별 월급 평균표 만들기

직업별 월급 평균표를 만들겠습니다. 직업이 없거나 월급을 받지 않는 사람은 분석 대상이 아니므로 제외합니다.

```
# 직업별 월급 평균표 만들기
job_income = welfare.dropna(subset = ['job', 'income']) \      # job, income 결측치 제거
                    .groupby('job', as_index = False) \         # job별 분리
                    .agg(mean_income = ('income', 'mean'))       # income 평균 구하기
job_income.head()
```

	job	mean_income
0	가사 및 육아 도우미	92.455882
1	간호사	265.219178
2	감정·기술영업및중개관련종사자	391.000000
3	건물 관리원 및 검표원	168.375000
4	건설 및 광업 단순 종사자	261.975000

3. 그래프 만들기

(1) 월급이 많은 직업

어떤 직업이 월급을 많이 받는지 알아보겠습니다. 앞에서 만든 요약표를 월급 기준으로 내림차순 정렬하고 상위 10개를 추출합니다.

```
# 상위 10위 추출
top10 = job_income.sort_values('mean_income', ascending = False).head(10)
top10
```

	job	mean_income
98	의료 진료 전문가	781.000000
60	법률 전문가	776.333333
140	행정 및 경영 지원 관리자	771.833333
63	보험 및 금융 관리자	734.750000
110	재활용 처리 및 소각로 조작원	688.000000

(...생략...)

앞에서 만든 요약표를 이용해 그래프를 만들겠습니다. 우선 한글로 된 직업 이름이 그래프에 잘 출력되도록 폰트를 설정하겠습니다.

```
# 맑은 고딕 폰트 설정
import matplotlib.pyplot as plt
plt.rcParams.update({'font.family' : 'Malgun Gothic'})
```

🐢 macOS 사용자는 'Malgun Gothic' 대신 'AppleGothic'을 입력하세요.

직업 이름이 길기 때문에 x축에 직업 이름을 지정하면 서로 겹쳐 알아볼 수 없습니다. 직업 이름을 y축, 월급 평균을 x축에 지정해 그래프를 만들겠습니다.

```
# 막대 그래프 만들기
sns.barplot(data = top10, y = 'job', x = 'mean_income')
```

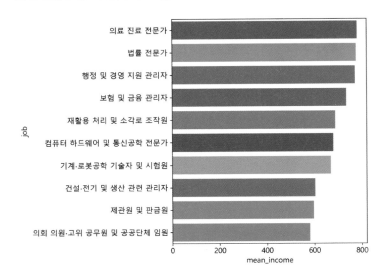

출력된 표와 그래프를 보면 '의료 진료 전문가'의 월급이 평균 781만 원으로 가장 많고, 그 뒤로는 '법률 전문가', '행정 및 경영 지원 관리자', '보험 및 금융 관리자' 순으로 월급이 많습니다.

(2) 월급이 적은 직업

이번에는 월급이 적은 직업을 알아보겠습니다. 직업별 월급 평균표를 월급 기준으로 오름차순 정렬하고 상위 10개를 추출합니다.

```python
# 하위 10위 추출
bottom10 = job_income.sort_values('mean_income').head(10)
bottom10
```

	job	mean_income
33	기타 돌봄·보건 및 개인 생활 서비스 종사자	73.964286
34	기타 서비스 관련 단순 종사자	77.789474
128	청소원 및 환경미화원	88.461756
0	가사 및 육아 도우미	92.455882
43	돌봄 및 보건 서비스 종사자	117.162338

(...생략...)

요약표를 이용해 그래프를 만들겠습니다. 앞에서 만든 월급 상위 10위 그래프와 비교할 수 있도록 그래프의 x축을 0~800으로 제한하겠습니다.

```python
# 막대 그래프 만들기
sns.barplot(data = bottom10, y = 'job', x = 'mean_income') \
    .set(xlim = [0, 800])
```

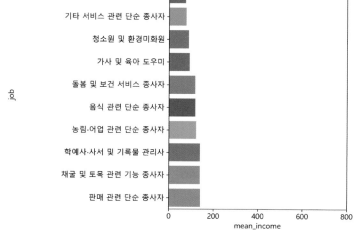

출력된 표와 그래프를 보면 '기타 돌봄·보건 및 개인 생활 서비스 종사자'의 월급이 평균 73만 원으로 가장 적고, 그 뒤로는 '기타 서비스 관련 단순 종사자', '청소원 및 환경미화원', '가사 및 육아 도우미' 순으로 적습니다.

월급이 가장 많은 직업과 가장 적은 직업을 비교하면 '의료 진료 전문가'는 평균 781만 원, '기타 돌봄·보건 및 개인 생활 서비스 종사자'는 평균 73만 원을 받습니다. 따라서 '의료 진료 전문가'는 '기타 돌봄·보건 및 개인 생활 서비스 종사자'의 열 배가 넘는 월급을 받습니다.

09-7

성별 직업 빈도 - 성별에 따라 어떤 직업이 가장 많을까?

성 평등이 상식인 세상이지만 여전히 성별에 따라 다른 직업을 선택하는 경향이 있습니다. 성별에 따라 어떤 직업이 많은지 분석해 보겠습니다. 성별, 직업 변수 전처리 작업은 앞에서 완료했으니 생략하고 바로 성별과 직업의 관계를 분석하겠습니다.

분석 절차

1단계 변수 검토 및 전처리	2단계 변수 간 관계 분석
• 성별	• 성별 직업 빈도표 만들기
• 직업	• 그래프 만들기

Do it! 실습 성별 직업 빈도 분석하기

성별 변수는 09-2절, 직업 변수는 09-6절에서 전처리 작업을 완료했으니 생략하고 성별과 직업의 관계를 분석하겠습니다.

1. 성별 직업 빈도표 만들기

성별로 직업별 빈도를 구해 상위 10개를 추출하겠습니다.

```
# 남성 직업 빈도 상위 10개 추출
job_male = welfare.dropna(subset = 'job') \          # job 결측치 제거
                  .query('sex == "male"') \           # male 추출
                  .groupby('job', as_index = False) \  # job별 분리
                  .agg(n = ('job', 'count')) \         # job 빈도 구하기
                  .sort_values('n', ascending = False) \ # 내림차순 정렬
                  .head(10)                            # 상위 10행 추출
job_male
```

	job	n
107	작물 재배 종사자	486
104	자동차 운전원	230
11	경영 관련 사무원	216
46	매장 판매 종사자	142
89	영업 종사자	113

(...생략...)

```
# 여성 직업 빈도 상위 10개 추출
job_female = welfare.dropna(subset = 'job') \          # job 결측치 제거
                    .query('sex == "female"') \          # female 추출
                    .groupby('job', as_index = False) \  # job별 분리
                    .agg(n = ('job', 'count')) \         # job 빈도 구하기
                    .sort_values('n', ascending = False) \  # 내림차순 정렬
                    .head(10)                            # 상위 10행 추출
job_female
```

	job	n
83	작물 재배 종사자	476
91	청소원 및 환경미화원	282
33	매장 판매 종사자	212
106	회계 및 경리 사무원	163
31	돌봄 및 보건 서비스 종사자	155

(...생략...)

2. 그래프 만들기

앞에서 만든 직업 빈도표를 이용해 그래프를 만들겠습니다. 두 그래프를 비교하기 위해 x축 범위를 0~500으로 통일하겠습니다.

```
# 남성 직업 빈도 막대 그래프 만들기
sns.barplot(data = job_male, y = 'job', x = 'n').set(xlim = [0, 500])
```

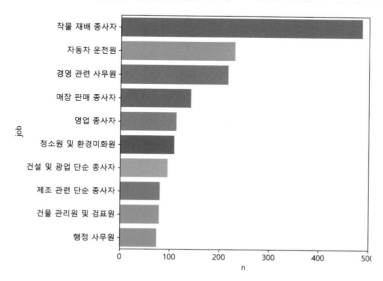

```
# 여성 직업 빈도 막대 그래프 만들기
sns.barplot(data = job_female, y = 'job', x = 'n').set(xlim = [0, 500])
```

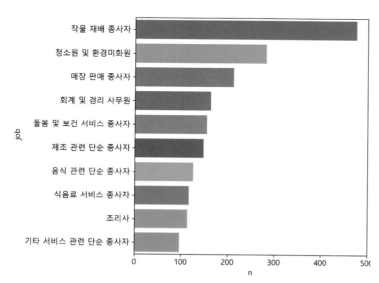

출력된 표와 그래프를 보면 남녀 모두 '작물 재배 종사자'가 가장 많지만, 그 뒤로는 순위가 다릅니다. 남성은 '자동차 운전원', '경영 관련 사무원', '매장 판매 종사자' 순으로 많은 반면 여성은 '청소원 및 환경미화원', '매장 판매 종사자', '회계 및 경리 사무원' 순으로 많습니다.

09-8
종교 유무에 따른 이혼율 - 종교가 있으면 이혼을 덜 할까?

종교가 있으면 이혼을 덜 할까요? 종교가 있는 사람이 종교가 없는 사람보다 이혼을 덜 하는지 분석해 보겠습니다. 먼저 종교, 혼인 상태 두 변수를 검토하고 전처리한 다음 종교와 이혼율의 관계를 분석하겠습니다.

분석 절차

1단계 변수 검토 및 전처리	2단계 변수 간 관계 분석
• 종교	• 종교 유무에 따른 이혼율 표 만들기
• 혼인 상태	• 그래프 만들기

 Do it! 실습   종교 변수 검토 및 전처리하기

종교 유무를 나타낸 religion을 검토하고 전처리하겠습니다.

1. 변수 검토하기

```
welfare['religion'].dtypes   # 변수 타입 출력

dtype('float64')

welfare['religion'].value_counts()   # 빈도 구하기

2.0    7815
1.0    6603
Name: religion, dtype: int64
```

2. 전처리하기

앞의 출력 결과를 보면 1과 2 외에 다른 값이 없으므로 이상치를 결측 처리하는 작업은 생략하겠습니다. 값의 의미를 이해할 수 있도록 코드북의 종교 변수 항목을 참고해 종교 유무를 나타낸 문자를 부여하겠습니다. 다음 코드의 출력 결과를 보면 종교가 있는 사람이 6,603명, 없는 사람이 7,815명입니다.

값	내용
1	있음
2	없음
9	모름/무응답

```
# 종교 유무 이름 부여
welfare['religion'] = np.where(welfare['religion'] == 1, 'yes', 'no')
```

```
# 빈도 구하기
welfare['religion'].value_counts()
```

```
no     7815
yes    6603
Name: religion, dtype: int64
```

```
# 막대 그래프 만들기
sns.countplot(data = welfare, x = 'religion')
```

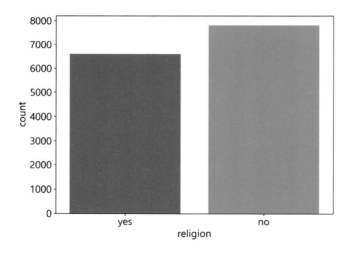

혼인 상태 변수 검토 및 전처리하기

혼인 상태를 나타낸 marriage_type을 검토하고 전처리하겠습니다.

1. 변수 검토하기

```
welfare['marriage_type'].dtypes  # 변수 타입 출력

dtype('float64')


welfare['marriage_type'].value_counts()  # 빈도 구하기

1.0    7190
5.0    2357
0.0    2121
2.0    1954
3.0     689
(...생략...)
```

2. 파생변수 만들기 - 이혼 여부

코드북의 '혼인 상태' 변수 항목을 보면 배우자가 있으면 1, 이혼했으면 3으로 입력되어 있습니다. 이 값을 이용해 이혼 여부를 나타낸 변수를 만들겠습니다.

값	내용
0	비해당(18세 미만)
1	유배우
2	사별
3	이혼
4	별거
5	미혼(18세 이상, 미혼모 포함)
6	기타(사망 등)

```
# 이혼 여부 변수 만들기
welfare['marriage'] = np.where(welfare['marriage_type'] == 1, 'marriage',
                        np.where(welfare['marriage_type'] == 3, 'divorce',
                                                                'etc'))
```

```
# 이혼 여부별 빈도
n_divorce = welfare.groupby('marriage', as_index = False) \    # marriage별 분리
                .agg(n = ('marriage', 'count'))               # marriage별 빈도 구하기
n_divorce
```

	marriage	n
0	divorce	689
1	etc	6539
2	marriage	7190

```
# 막대 그래프 만들기
sns.barplot(data = n_divorce, x = 'marriage', y = 'n')
```

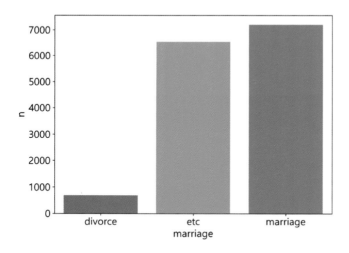

출력한 표와 그래프를 보면 결혼 상태인 사람은 7,190명, 이혼한 사람은 689명입니다. 둘 중 어디에도 속하지 않아 'etc'로 분류된 사람은 6,539명입니다. 이들은 분석 대상이 아니므로 이후 작업에서 제외하겠습니다.

Do it! 실습 종교 유무에 따른 이혼율 분석하기

앞에서 전처리한 종교 유무 변수와 이혼 여부 변수를 이용해 분석하겠습니다.

1. 종교 유무에 따른 이혼율표 만들기

종교 유무에 따른 이혼율표를 만들겠습니다. 먼저 marriage가 'etc'인 경우를 제외하고 '종교 유무 및 이혼 여부별 비율'을 구하겠습니다. value_counts()에 normalize = True 를 입력하면 비율을 구합니다.

```
rel_div = welfare.query('marriage != "etc"') \      # etc 제외
                 .groupby('religion', as_index = False) \   # religion별 분리
                 ['marriage'] \                      # marriage 추출
                 .value_counts(normalize = True)     # 비율 구하기
rel_div
```

	religion	marriage	proportion
0	no	marriage	0.905045
1	no	divorce	0.094955
2	yes	marriage	0.920469
3	yes	divorce	0.079531

2. 그래프 만들기

이혼에 해당하는 값만 추출한 다음 proportion을 백분율로 바꾸고 소수점 첫째 자리까지 반올림하겠습니다. round()는 값을 반올림하는 기능을 합니다. round()에 출력할 자릿수 를 입력하여 사용합니다.

```
# divorce 추출
# 백분율로 바꾸기
# 반올림
rel_div = rel_div.query('marriage == "divorce"') \
                 .assign(proportion = rel_div['proportion'] * 100) \
                 .round(1)
rel_div
```

09 · 데이터 분석 프로젝트 - 한국인의 삶을 파악하라! **263**

	religion	marriage	proportion
1	no	divorce	9.5
3	yes	divorce	8.0

앞에서 만든 rel_div를 이용해 막대 그래프를 만들겠습니다.

```
# 막대 그래프 만들기
sns.barplot(data = rel_div, x = 'religion', y = 'proportion')
```

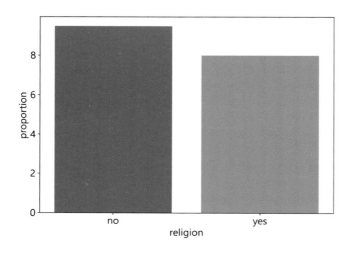

출력한 표와 그래프를 보면 이혼율은 종교가 있으면 8.0%, 종교가 없으면 9.5% 입니다. 따라서 종교가 있는 사람이 이혼을 덜 한다고 볼 수 있습니다.

Do it! 실습   연령대 및 종교 유무에 따른 이혼율 분석하기

앞에서는 전체를 대상으로 종교 유무에 따른 이혼율을 분석했습니다. 이번에는 연령대별로 나누어 종교 유무에 따른 이혼율 차이가 연령대별로 어떻게 다른지 알아보겠습니다.

1. 연령대별 이혼율표 만들기

우선 이혼율이 연령대별로 다른지 알아보겠습니다. 연령대 및 이혼 여부별 비율을 구하겠습니다.

```
age_div = welfare.query('marriage != "etc"') \        # etc 제외
                .groupby('ageg', as_index = False) \   # ageg별 분리
                ['marriage'] \                          # marriage 추출
                .value_counts(normalize = True)         # 비율 구하기
age_div
```

	ageg	marriage	proportion
0	middle	marriage	0.910302
1	middle	divorce	0.089698
2	old	marriage	0.914220
3	old	divorce	0.085780
4	young	marriage	0.950000
5	young	divorce	0.050000

출력 결과를 보면 연령대별로 이혼율이 다릅니다. 중년층이 8.9%로 가장 높고 그 뒤로는 노년층 8.5%, 초년층 5% 순으로 높습니다. 그런데 빈도를 구해보면 초년층은 결혼, 이혼 모두 다른 연령대에 비해 사례가 적습니다. 초년층은 사례가 부족해 다른 연령대와 비교하기에 적합하지 않으므로 이후 분석 작업에서 제외하겠습니다.

```
# 연령대 및 이혼 여부별 빈도
welfare.query('marriage != "etc"') \        # etc 제외
        .groupby('ageg', as_index = False) \   # ageg별 분리
        ['marriage'] \                          # marriage 추출
        .value_counts()                         # 빈도 구하기
```

	ageg	marriage	count
0	middle	marriage	3552
1	middle	divorce	350
2	old	marriage	3581
3	old	divorce	336
4	young	marriage	57
5	young	divorce	3

2. 연령대별 이혼율 그래프 만들기

앞에서 만든 age_div에서 초년층을 제외하고 이혼에 해당하는 값만 추출하겠습니다. 그런 다음 proportion을 백분율로 바꾸고 소수점 첫째 자리까지 반올림하겠습니다.

```python
# 초년 제외, 이혼 추출
# 백분율로 바꾸기
# 반올림
age_div = age_div.query('ageg != "young" & marriage == "divorce"') \
                 .assign(proportion = age_div['proportion'] * 100) \
                 .round(1)
age_div
```

	ageg	marriage	proportion
1	middle	divorce	9.0
3	old	divorce	8.6

앞에서 만든 age_div를 이용해 막대 그래프를 만들겠습니다.

```python
# 막대 그래프 만들기
sns.barplot(data = age_div, x = 'ageg', y = 'proportion')
```

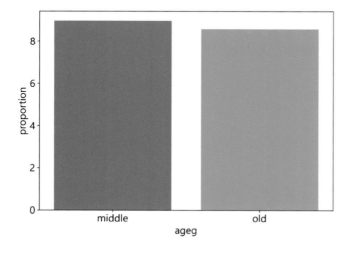

3. 연령대 및 종교 유무에 따른 이혼율표 만들기

종교 유무에 따른 이혼율 차이가 연령대별로 다른지 알아보겠습니다. 먼저 '연령대, 종교 유무, 이혼 여부별 비율'을 구하겠습니다. 분석에서 초년층은 제외하겠습니다.

```python
# etc 제외, 초년 제외
# ageg, religion별 분리
# marriage 추출
# 비율 구하기
age_rel_div = welfare.query('marriage != "etc" & ageg != "young"') \
                     .groupby(['ageg', 'religion'], as_index = False) \
                     ['marriage'] \
                     .value_counts(normalize = True)
age_rel_div
```

	ageg	religion	marriage	proportion
0	middle	no	marriage	0.904953
1	middle	no	divorce	0.095047
2	middle	yes	marriage	0.917520
3	middle	yes	divorce	0.082480
4	old	no	marriage	0.904382

(...생략...)

4. 연령대 및 종교 유무에 따른 이혼율 그래프 만들기

이혼에 해당하는 값만 추출한 다음 proportion을 백분율로 바꾸고 소수점 첫째 자리까지 반올림하겠습니다.

```python
# divorce 추출
# 백분율로 바꾸기
# 반올림
age_rel_div = \
    age_rel_div.query('marriage == "divorce"') \
               .assign(proportion = age_rel_div['proportion'] * 100) \
               .round(1)

age_rel_div
```

	ageg	religion	marriage	proportion
1	middle	no	divorce	9.5
3	middle	yes	divorce	8.2
5	old	no	divorce	9.6
7	old	yes	divorce	7.8

앞에서 만든 **age_rel_div**를 이용해 막대 그래프를 만들겠습니다. 종교 유무에 따라 막대 색깔을 다르게 표현하기 위해 hue에 religion을 지정하겠습니다.

```
# 막대 그래프 만들기
sns.barplot(data = age_rel_div, x = 'ageg', y = 'proportion',
            hue = 'religion')
```

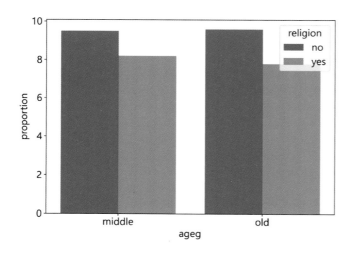

출력된 표와 그래프를 보면 중년과 노년 모두 종교가 없는 사람의 이혼율이 더 높습니다. 중년은 1.3%, 노년은 1.8% 정도로 종교가 없는 사람의 이혼율이 더 높습니다.

09-9
지역별 연령대 비율 - 어느 지역에 노년층이 많을까?

고령 사회가 되면서 노인을 위한 시설을 마련하는 일이 점점 더 중요해지고 있습니다. 이를 준비하려면 먼저 어느 지역에 노년층이 많이 살고 있는지 알아야 합니다. 지역별 연령대 비율을 분석해 어느 지역에 노년층이 많이 사는지 알아보겠습니다.

먼저 지역 변수를 검토하고 전처리하겠습니다. 연령대 변수 전처리는 앞에서 완료했으므로 건너뛰고 지역과 연령대의 관계를 분석하겠습니다.

1단계 변수 검토 및 전처리		2단계 변수 간 관계 분석
• 지역 • 연령대	➡	• 지역별 연령대 비율표 만들기 • 그래프 만들기

⌨ Do it! 실습 지역 변수 검토 및 전처리하기

지역을 나타낸 변수 code_region을 검토하고 전처리하겠습니다.

1. 변수 검토하기

```python
welfare['code_region'].dtypes    # 변수 타입 출력
```

```
dtype('float64')
```

```python
welfare['code_region'].value_counts()    # 빈도 구하기
```

```
2.0    3246
7.0    2466
3.0    2448
1.0    2002
4.0    1728
(...생략...)
```

2. 전처리하기

code_region 변수의 값은 7개 권역을 의미하는 지역 코드입니다. 먼저 코드북을 참고해 지역 코드 목록을 만들겠습니다. 그런 다음 지역 코드 목록과 welfare에 동시에 들어 있는 code_region 변수를 이용해 welfare에 지역명을 나타낸 변수를 추가하겠습니다.

값	내용
1	서울
2	수도권(인천/경기)
3	부산/경남/울산
4	대구/경북
5	대전/충남
6	강원/충북
7	광주/전남/전북/제주도

```python
# 지역 코드 목록 만들기
list_region = pd.DataFrame({'code_region' : [1, 2, 3, 4, 5, 6, 7],
                            'region'      : ['서울',
                                             '수도권(인천/경기)',
                                             '부산/경남/울산',
                                             '대구/경북',
                                             '대전/충남',
                                             '강원/충북',
                                             '광주/전남/전북/제주도']})

list_region
```

	code_region	region
0	1	서울
1	2	수도권(인천/경기)
2	3	부산/경남/울산
3	4	대구/경북
4	5	대전/충남

(...생략...)

```
# 지역명 변수 추가
welfare = welfare.merge(list_region, how = 'left', on = 'code_region')
welfare[['code_region', 'region']].head()
```

	code_region	region
0	1.0	서울
1	1.0	서울
2	1.0	서울
3	1.0	서울
4	1.0	서울

⌨️ **Do it! 실습**　지역별 연령대 비율 분석하기

연령대 변수 전처리는 앞에서 완료했으므로 생략하고 지역과 연령대의 관계를 알아보겠습니다.

1. 지역별 연령대 비율표 만들기

먼저 '지역 및 연령대별 비율표'를 만들겠습니다.

```
region_ageg = welfare.groupby('region', as_index = False) \      # region별 분리
                     ['ageg'] \                                   # ageg 추출
                     .value_counts(normalize = True)             # 비율 구하기
region_ageg
```

	region	ageg	proportion
0	강원/충북	old	0.459103
1	강원/충북	middle	0.308707
2	강원/충북	young	0.232190
3	광주/전남/전북/제주도	old	0.449311
4	광주/전남/전북/제주도	middle	0.317924

(...생략...)

2. 그래프 만들기

region_ageg의 proportion을 백분율로 바꾸고 소수점 첫째 자리까지 반올림하겠습니다.

```
# 백분율로 바꾸기
# 반올림
region_ageg = \
    region_ageg.assign(proportion = region_ageg ['proportion'] * 100) \
            .round(1)
region_ageg
```

	region	ageg	proportion
0	강원/충북	old	45.9
1	강원/충북	middle	30.9
2	강원/충북	young	23.2
3	광주/전남/전북/제주도	old	44.9
4	광주/전남/전북/제주도	middle	31.8

(. . .생략. . .)

앞에서 만든 region_ageg를 이용해 지역별 연령대 비율을 나타낸 그래프를 만들겠습니다. 지역명이 겹치지 않도록 y축에 region, x축에 proportion을 지정해 가로 막대 그래프를 만들겠습니다. 연령대별로 막대 색깔을 다르게 표현하도록 hue에 ageg를 지정하겠습니다.

```
# 막대 그래프 만들기
sns.barplot(data = region_ageg, y = 'region', x = 'proportion', hue = 'ageg')
```

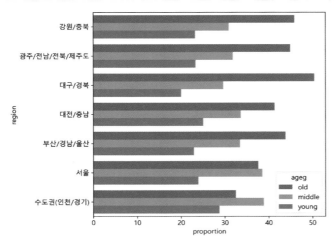

3. 누적 비율 막대 그래프 만들기

앞에서 만든 그래프는 각 지역의 연령대별 비율이 서로 다른 막대로 표현되어 있어서 지역끼리 비교하기 어렵습니다. 지역끼리 비교하기 쉽도록 연령대별 막대를 누적한 '누적 비율 막대 그래프'를 만들겠습니다.

(1) 피벗하기

행과 열을 회전해 표의 구성을 바꾸는 작업을 피벗^{pivot}이라고 합니다. 누적 막대 그래프를 만드는 데 적합하도록 데이터 프레임의 행과 열을 회전해 구성을 바꾸겠습니다.

먼저 그래프를 만드는 데 사용할 지역, 연령대, 비율 변수만 추출한 다음 df.pivot()을 이용해 데이터 프레임을 피벗합니다.

- 지역을 기준으로 회전하도록 index = 'region'을 입력합니다.
- 연령대별로 열을 구성하도록 columns = 'ageg'를 입력합니다.
- 각 항목 값을 비율로 채우도록 values = 'proportion'을 입력합니다.

다음 코드의 출력 결과를 보면 행은 지역, 열은 연령대로 구성하여 지역 및 연령대별 비율을 나타내고 있습니다.

```python
# 피벗
pivot_df = \
    region_ageg[['region', 'ageg', 'proportion']].pivot(index = 'region',
                                                        columns = 'ageg',
                                                        values = 'proportion')
pivot_df
```

ageg	middle	old	young
region			
강원/충북	30.9	45.9	23.2
광주/전남/전북/제주도	31.8	44.9	23.3
대구/경북	29.6	50.4	20.0
대전/충남	33.6	41.3	25.0

(...생략...)

(2) 그래프 만들기

누적 비율 막대 그래프를 만들겠습니다. 가로 막대 그래프를 만들도록 `df.plot.barh()`를 이용하고, 막대를 누적하도록 `stacked = True`를 입력합니다.

```
# 가로 막대 그래프 만들기
pivot_df.plot.barh(stacked = True)
```

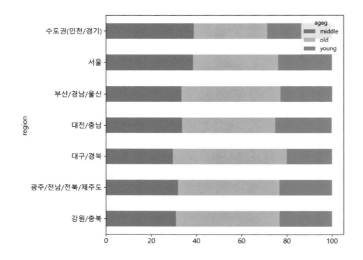

(3) 막대 정렬하기

막대 순서를 정렬하기 위해 `pivot_df`의 행과 열 순서를 바꾸겠습니다.

- 노년층 비율이 높은 순으로 막대 정렬하기: 앞에서 만든 그래프의 막대는 밑에서부터 지역명 가나다순으로 정렬되어 있습니다. 막대가 노년층 비율이 높은 순으로 정렬되도록 `pivot_df`의 행을 old 기준으로 정렬하겠습니다.
- 연령대 순으로 막대 색깔 나열하기: 앞에서 만든 그래프는 막대 색깔이 middle(중년), old(노년), young(초년) 순으로 나열되어 있습니다. 막대 색깔이 초년, 중년, 노년 순으로 나열되도록 `pivot_df`의 변수 순서를 바꾸겠습니다.

```
# 노년층 비율 기준 정렬, 변수 순서 바꾸기
reorder_df = pivot_df.sort_values('old')[['young', 'middle', 'old']]
reorder_df
```

ageg	young	middle	old
region			
수도권(인천/경기)	28.7	38.8	32.5
서울	23.9	38.5	37.6
대전/충남	25.0	33.6	41.3

(...생략...)

이제 그래프를 만드는 코드를 실행하면 막대가 노년층 비율이 높은 순으로 정렬되고, 막대 색깔도 연령대 순으로 나열되어 지역끼리 쉽게 비교할 수 있습니다.

```
# 누적 가로 막대 그래프 만들기
reorder_df.plot.barh(stacked = True)
```

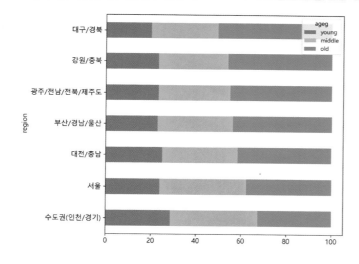

출력된 그래프를 보면 '대구/경북'의 노년층 비율이 가장 높고, 그 뒤로는 '강원/충북', '광주/전남/전북/제주도', 부산/경남/울산' 순으로 높습니다.

> **알아 두면 좋아요!** } **자신만의 데이터 분석 프로젝트를 수행해 보세요!**
>
> 이제 코드를 따라 하는 단계를 넘어 자신만의 데이터 분석 프로젝트를 진행할 차례입니다. '한국복지패널 데이터'에는 앞에서 다룬 변수 외에도 신체 건강, 정신 건강, 가족 간의 관계, 주거 환경, 교육 수준 등 천여 개 변수가 있습니다. 코드북의 변수 설명을 보면서 흥미로운 주제를 찾아 자신만의 데이터 분석 프로젝트를 수행해 보세요.
>
> 🐢 코드북(조사설계서)은 한국복지패널 사이트 또는 저자의 깃허브에서 다운로드할 수 있습니다.

넷째마당

다양한 데이터 분석의
세계

파이썬으로 할 수 있는 일은 무궁무진합니다. 다양한 패키지를 활용할 수 있다는 점이 파이썬의 가장 큰 장점입니다. 넷째마당에서는 파이썬의 유용한 패키지들을 활용하는 방법을 알아봅니다.

10 텍스트 마이닝

11 지도 시각화

12 인터랙티브 그래프

13 마크다운으로 데이터 분석 보고서 만들기

텍스트 마이닝

문자로 된 데이터에서 가치 있는 정보를 얻어 내는 텍스트 마이닝을 알아봅니다.

10-1 대통령 연설문 텍스트 마이닝

10-2 기사 댓글 텍스트 마이닝

10-1
대통령 연설문 텍스트 마이닝

문자로 된 데이터에서 가치 있는 정보를 얻어 내는 분석 기법을 **텍스트 마이닝**^{text mining}이라고 합니다. 텍스트 마이닝을 할 때 가장 먼저 하는 작업은 문장을 구성하는 어절들이 어떤 품사인지 파악하는 **형태소 분석**^{morphology analysis}입니다. 형태소 분석으로 어절의 품사를 파악한 다음 명사, 동사, 형용사 등 의미를 지닌 품사를 추출해 어떤 단어가 얼마나 많이 사용됐는지 확인합니다. 텍스트 마이닝을 이용해 SNS나 웹 사이트에 올라온 글을 분석하면 사람들이 어떤 이야기를 나누고 있는지 파악할 수 있습니다.

문재인 대통령의 출마 선언문을 이용해 텍스트 마이닝을 하는 방법을 알아보겠습니다. 대통령 연설문은 문법 오류가 없는 정제된 문장으로 되어 있어서 전처리 작업을 많이 하지 않아도 되므로 텍스트 마이닝을 익히는 데 매우 적합한 자료입니다.

Do it! 실습 ⌨ **KoNLPy 패키지 설치하기**

KoNLPy 패키지를 이용하면 한글 텍스트로 형태소 분석을 할 수 있습니다. KoNLPy 패키지를 설치하겠습니다.

1. 자바 설치하기

KoNLPy 패키지는 '자바'가 설치되어 있어야 사용할 수 있습니다. 사용하는 운영 체제에 맞는 설치 파일을 다운로드해 설치합니다.

1. [윈도우 설정 → 시스템 → 정보
   → '장치 사양'의 '시스템 종류']
   에서 운영 체제 버전을 확인합
   니다.

시스템 › 정보

desktop-duddnek
System Product Name

이 PC의 이름 바꾸기

ⓘ 장치 사양 복사 ⌄

장치 이름	desktop-duddnek
프로세서	AMD Ryzen 5 5600X 6-Core Processor 3.70 GHz
설치된 RAM	64.0GB
장치 ID	4C07090F-A6CB-4F00-A6A8-D83D41DD583F
제품 ID	00326-10056-90952-AA445
시스템 종류	64비트 운영 체제, x64 기반 프로세서
펜 및 터치	이 디스플레이에 사용할 수 있는 펜 또는 터치식 입력이 없습니다.

2. 다음 사이트에 접속해 사용하는 운영 체제 버전에 맞는 설치 파일을 다운로드해 설치합니다.

- abit.ly/easypy_101

'플랫폼' 항목에 운영 체제 버전이 표시되어 있습니다. 64비트는 'Windows x64', 32비트는 'Windows x86'의 msi 파일을 다운로드하면 됩니다.

2. KoNLPy 의존성 패키지 설치하기

어떤 패키지는 다른 패키지의 기능을 이용하기 때문에 다른 패키지를 먼저 설치해야 작동합니다. 이처럼 패키지가 의존하고 있는 패키지를 '의존성 패키지'라고 합니다. 아나콘다 프롬프트에서 KoNLPy의 의존성 패키지인 jpype1을 설치합니다.

```
pip install jpype1
```

3. KoNLPy 설치하기

아나콘다 프롬프트에서 KoNLPy 패키지를 설치합니다.

```
pip install konlpy
```

⌨ Do it! 실습 가장 많이 사용된 단어 알아보기

텍스트 마이닝을 할 준비를 모두 마쳤습니다. 이제 문재인 대통령의 대선 출마 선언문을 이용해 텍스트 마이닝을 해보겠습니다.

1. 연설문 불러오기

문재인 대통령 대선 출마 선언문이 담겨 있는 speech_moon.txt 파일을 워킹 디렉터리에 삽입합니다. 그런 다음 open()으로 파일을 열고 read()를 이용해 불러옵니다. open()에 입력한 encoding = 'UTF-8'은 불러올 텍스트 파일의 인코딩을 'UTF-8'로 지정하는 기능을 합니다.

🐌 인코딩encoding은 컴퓨터가 문자를 표현하는 방식을 의미합니다. 문서 파일에 따라 인코딩 방식이 다르기 때문에 문서 파일과 프로그램의 인코딩이 맞지 않으면 문자가 깨지는 문제가 생깁니다.

```
moon = open('speech_moon.txt', encoding = 'UTF-8').read()
moon
```

정권교체 하겠습니다!\n 정치교체 하겠습니다!\n 시대교체 하겠습니다!\n \n '불비불명(不飛不鳴)'이라는 고사가 있습니다. 남쪽 언덕 나뭇가지에 앉아, 3년 동안 날지도 울지도 않는 새. 그러나 그 새는 한번 날면 하늘 끝까지 날고, 한번 울면 천지를 뒤흔듭니다.\n\n그 동안 정치와 거리를 둬 왔습니다. 그러나 암울한 시대가 저를 정치로 불러냈습니다. 더 이상 남쪽 나뭇가지에 머무를 수 없었습니다. 이제 저는 국민과 함께 높이 날고 크게 울겠습니다. 오늘 저는 제18대 대통령선거 출마를 국민 앞에 엄숙히 선언합니다. (...생략...)

🐌 문재인 대통령의 대선 출마 선언문 출처: bit.ly/easypy_102

2. 불필요한 문자 제거하기

moon을 출력한 결과를 보면 특수 문자, 한자, 공백 등이 포함되어 있습니다. 이런 요소는 분석 대상이 아니므로 제거해야 합니다. 문자 처리 패키지인 re의 sub()을 이용해 한글이 아닌 모든 문자를 공백으로 바꾸겠습니다.

```
# 불필요한 문자 제거하기
import re
moon = re.sub('[^가-힣]', ' ', moon)
moon
```

정권교체 하겠습니다   정치교체 하겠습니다   시대교체 하겠습니다   불비불명 이라는 고사가 있습니다   남쪽 언덕 나뭇가지에 앉아   년 동안 날지도 울지도 않는 새   그러나 그 새는 한번 날면 하늘 끝까지 날고   한번 울면 천지를 뒤흔듭니다   그 동안 정치와 거리를 둬 왔습니다   그러나 암울한 시대가 저를 정치로 불러냈습니다   더 이상 남쪽 나뭇가지에 머무를 수 없었습니다   이제 저는 국민과 함께 높이 날고 크게 울겠습니다   오늘 저는 제 대 대통령선 거 출마를 국민 앞에 엄숙히 선언합니다   (...생략...)

🐌 re.sub()에 입력한 [^가-힣]은 '한글이 아닌 모든 문자'를 의미하는 정규 표현식(regular expression)입니다. 정규 표현식은 특정한 규칙을 가진 문자열을 표현하는 언어입니다. 이메일 주소, 전화번호처럼 특정한 규칙으로 되어 있는 문자를 찾거나 수정할 때 정규 표현식을 활용합니다.

3. 명사 추출하기

형태소 중에도 명사를 보면 텍스트가 무엇에 관한 내용인지 파악할 수 있기 때문에 텍스트에서 명사만 추출해 분석할 때가 많습니다. konlpy.tag.Hannanum()의 nouns()를 이용하면 문장에서 명사를 추출할 수 있습니다.

```
# hannanum 만들기
import konlpy
hannanum = konlpy.tag.Hannanum()

# 명사 추출하기
hannanum.nouns("대한민국의 영토는 한반도와 그 부속도서로 한다")
```

```
['대한민국', '영토', '한반도', '부속도서']
```

연설문에서 명사를 추출하겠습니다. hannanum.nouns()의 출력 결과는 리스트 자료 구조이
므로 다루기 쉽도록 데이터 프레임으로 변환하겠습니다.

```
# 연설문에서 명사 추출하기
nouns = hannanum.nouns(moon)
nouns
```

```
['정권교체',
 '정치교체',
 '시대교체',
 '불비불명',
 '고사',
(...생략...)
```

```
# 데이터 프레임으로 변환
import pandas as pd
df_word = pd.DataFrame({'word' : nouns})
df_word
```

	word
0	정권교체
1	정치교체
2	시대교체
3	불비불명
4	고사

```
(...생략...)
```

4. 단어 빈도표 만들기

단어 빈도표를 만들어 연설문에 어떤 단어를 많이 사용했는지 알아보겠습니다. 먼저 한 글자로 된 단어는 의미가 없는 경우가 많으므로 제거하겠습니다. pandas의 str.len()을 이용해 단어의 글자 수를 나타낸 변수를 추가한 다음 두 글자 이상인 단어만 추출하면 됩니다.

```
# 글자 수 추가
df_word['count'] = df_word['word'].str.len()
df_word
```

	word	count
0	정권교체	4
1	정치교체	4
2	시대교체	4
3	불비불명	4
4	고사	2

(...생략...)

```
# 두 글자 이상 단어만 남기기
df_word = df_word.query('count >= 2')
df_word.sort_values('count')
```

	word	count
712	국민	2
1164	가사	2
1163	숙제	2
1162	평등	2
644	확대	2

(...생략...)

단어의 사용 빈도를 구하고 빈도순으로 정렬하겠습니다. 출력 결과를 보면 연설문에 '나라', '일자리', '국민' 등의 단어를 많이 사용했다는 것을 알 수 있습니다.

```python
# 단어 빈도 구하기
df_word = df_word.groupby('word', as_index = False) \          # 단어별 분리
                 .agg(n = ('word', 'count')) \                 # 빈도 구하기
                 .sort_values('n', ascending = False)          # 내림차순 정렬
df_word
```

	word	n
153	나라	19
462	일자리	19
116	국민	18
422	우리	17
198	대통령	12

(...생략...)

5. 단어 빈도 막대 그래프 만들기

연설문에 어떤 단어를 많이 사용했는지 알아보기 쉽도록 자주 사용된 상위 20개 단어를 추출해 막대 그래프를 만들겠습니다.

```python
# 단어 빈도 상위 20개 추출
top20 = df_word.head(20)
top20
```

	word	n
153	나라	19
462	일자리	19
116	국민	18
422	우리	17
198	대통령	12

(...생략...)

```
import seaborn as sns
import matplotlib.pyplot as plt

plt.rcParams.update({'font.family'    : 'Malgun Gothic',   # 한글 폰트
                     'figure.dpi'     : '120',             # 해상도
                     'figure.figsize' : [6.5, 6]})         # 가로 세로 크기

# 막대 그래프 만들기
sns.barplot(data = top20, y = 'word', x = 'n')
```

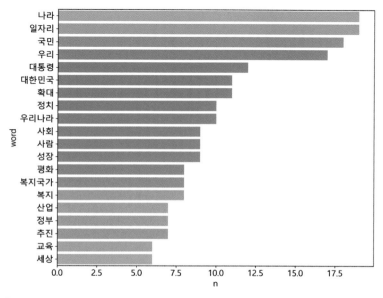

🐢 맥 사용자는 폰트를 설정할 때 'Malgun Gothic' 대신 'AppleGothic'을 입력하세요.

출력된 그래프를 보면 단어별 빈도가 잘 드러납니다. '일자리', '복지국가' 등의 단어를 보면 문재인 대통령이 연설에서 일자리 문제를 해결하고 복지국가를 지향하겠다는 의사를 표현했다는 것을 알 수 있습니다.

Do it! 실습　워드 클라우드 만들기

워드 클라우드$^{word\ cloud}$는 단어의 빈도를 구름 모양으로 표현한 그래프입니다. 워드 클라우드를 만들면 단어의 빈도에 따라 글자의 크기와 색깔이 다르게 표현되므로 어떤 단어가 얼마나 많이 사용됐는지 한눈에 파악할 수 있습니다. 연설문에 자주 사용된 단어로 워드 클라우드를 만들어 보겠습니다.

1. wordcloud 패키지 설치하기

아나콘다 프롬프트에서 wordcloud 패키지를 설치합니다.

```
pip install wordcloud
```

> 🧑 **알아 두면 좋아요!** } **wordcloud 패키지 설치 오류 해결하기**
>
> wordcloud 패키지 설치 과정에 다음과 같은 에러 메시지가 출력되면 'Microsoft Visual C++'를 먼저 설치해야 합니다.
>
> ```
> error: Microsoft Visual C++ 14.0 or greater is required. Get it with
> "Microsoft C++ Build Tools"
> ```
>
> 1. 다음 사이트에 접속한 다음 왼쪽 위 [Build Tools 다운로드] 버튼을 클릭해 설치 파일을 다운로드합니다.
>   • bit.ly/easypy_103
> 2. 설치 파일을 실행합니다. 설정 화면에서 왼쪽 위 'C++를 사용한 데스크톱 개발'을 체크한 다음 오른쪽 아래 [설치]를 클릭해 설치를 시작합니다.
> 3. 설치가 끝나면 아나콘다 프롬프트에서 wordcloud 패키지를 설치합니다.

2. 한글 폰트 설정하기

워드 클라우드에 한글을 표현하려면 워드 클라우드를 만들 때 한글 폰트를 사용하도록 설정해야 합니다. 배달의민족 도현체 폰트 파일 `DoHyeon-Regular.ttf`를 워킹 디렉터리에 삽입한 다음 폰트 경로를 지정합니다.

```
font = 'DoHyeon-Regular.ttf'
```

🌕 윈도우에 설치된 다른 폰트를 이용해 워드 클라우드를 만들 수 있습니다. [윈도우 설정 → 개인 설정 → 글꼴]에서 글꼴을 선택하고 '메타데이터'의 '글꼴 파일'을 보면 `.ttf` 확장자의 폰트 파일 경로를 알 수 있습니다.

3. 단어와 빈도를 담은 딕셔너리 만들기

워드 클라우드는 단어는 키^{key}, 빈도는 값^{value}으로 구성된 딕셔너리 자료 구조를 이용해 만듭니다. 단어 빈도를 담은 `df_word`는 데이터 프레임이므로 다음 코드를 이용해 딕셔너리로 변환하겠습니다.

🌕 딕셔너리는 17-5절에서 자세히 다룹니다.

```
# 데이터 프레임을 딕셔너리로 변환
dic_word = df_word.set_index('word').to_dict()['n']
dic_word
```

```
{'10': 1,
 '일자리': 1,
 '일할': 1,
 '입시': 1,
 '입시부담': 1,
(...생략...)
```

4. 워드 클라우드 만들기

wordcloud 패키지의 WordCloud()를 이용해 워드 클라우드를 만들 때 사용할 wc를 만듭니다. WordCloud()의 **W**와 **C**는 대문자이니 주의하세요.

```
# wc 만들기
from wordcloud import WordCloud
wc = WordCloud(random_state = 1234,          # 난수 고정
               font_path = font,             # 폰트 설정
               width = 400,                  # 가로 크기
               height = 400,                 # 세로 크기
               background_color = 'white')    # 배경색
```

wc.generate_from_frequencies()를 이용해 워드 클라우드를 만든 다음 plt.imshow()를 이용해 출력합니다. 워드 클라우드 이미지를 출력하는 코드는 한 셀에 넣어 함께 실행해야 하니 주의하세요.

```
# 워드 클라우드 만들기
img_wordcloud = wc.generate_from_frequencies(dic_word)

# 워드 클라우드 출력하기
plt.figure(figsize = (10, 10))     # 가로, 세로 크기 설정
plt.axis('off')                    # 테두리 선 없애기
plt.imshow(img_wordcloud)          # 워드 클라우드 출력
```

WordCloud()는 함수를 실행할 때마다 난수(무작위로 생성한 수)를 이용해 워드 클라우드를 매번 다른 모양으로 만듭니다. 워드 클라우드를 항상 같은 모양으로 만들려면 random_state를 이용해 난수를 고정해야 하고, wc를 만드는 코드를 먼저 실행한 다음 wc.generate_from_frequencies()를 실행해야 합니다.

워드 클라우드는 자주 사용된 단어일수록 글자가 크게, 적게 사용된 단어일수록 글자가 작게 표현됩니다. 출력한 워드 클라우드를 보면 문재인 대통령이 연설에서 무엇을 강조했는지 직관적으로 알 수 있습니다.

앞의 코드를 보면 WordCloud()를 바로 사용하지 않고 먼저 WordCloud()를 이용해 wc를 만든 다음 wc의 generate_from_frequencies() 메서드를 사용해 워드 클라우드를 만듭니다.

```python
from wordcloud import WordCloud
wc = WordCloud(random_state = 1234,
               font_path = font,
               width = 400,
               height = 400,
               background_color = 'white')

wc.generate_from_frequencies(dic_word)
```

WordCloud()처럼 '메서드와 어트리뷰트를 가지고 있는 변수'를 만드는 명령어를 클래스(class)라고 합니다. 그리고 wc처럼 클래스로 만든 변수를 인스턴스(instance)라고 합니다. 어떤 함수는 바로 사용하는 게 아니라 먼저 클래스를 이용해 인스턴스를 만든 다음 사용해야 합니다. 명사를 추출할 때 사용한 hannanum도 konlpy.tag.Hannanum 클래스로 만든 인스턴스입니다.

인스턴스를 만들 때 WordCloud(width = 400, height = 400)처럼 파라미터의 값을 미리 지정해 두면 메서드를 여러 번 사용하더라도 파라미터를 반복해서 입력하지 않아도 되어 편리합니다. 또한 파라미터를 바꿔가며 여러 인스턴스를 만들어두면 기능이 다른 여러 인스턴스를 동시에 사용할 수 있다는 장점이 있습니다.

⌨️ **Do it! 실습** 워드 클라우드 모양 바꾸기

WordCloud()의 mask를 이용하면 이미지 파일을 이용해 원하는 모양의 워드 클라우드를 만들 수 있습니다.

1. mask 만들기

cloud.png는 구름 모양 그림을 담고 있는 이미지 파일입니다. 이 파일을 이용해 구름 모양으로 워드 클라우드를 만들어 보겠습니다.

mask에 사용할 이미지는 테두리가 뚜렷하고 어두운 색일수록 좋습니다.

cloud.png를 워킹 디렉터리에 삽입한 다음 PIL 패키지의 `Image.open()`을 이용해 불러옵니다.

```
import PIL
icon = PIL.Image.open('cloud.png')
```

다음 코드를 실행해 불러온 이미지 파일로 mask를 만듭니다.

```
import numpy as np
img = PIL.Image.new('RGB', icon.size, (255, 255, 255))
img.paste(icon, icon)
img = np.array(img)
```

2. 워드 클라우드 만들기

`WordCloud()`에 `mask = img`를 입력해 mask를 활용하도록 설정합니다.

```
# wc 만들기
wc = WordCloud(random_state = 1234,          # 난수 고정
               font_path = font,             # 폰트 설정
               width = 400,                  # 가로 크기
               height = 400,                 # 세로 크기
               background_color = 'white',   # 배경색
               mask = img)                   # mask 설정
```

이제 워드 클라우드를 만들면 구름 모양이 됩니다.

```
# 워드 클라우드 만들기
img_wordcloud = wc.generate_from_frequencies(dic_word)

# 워드 클라우드 출력하기
plt.figure(figsize = (10, 10))    # 가로, 세로 크기 설정
plt.axis('off')                   # 테두리 선 없애기
plt.imshow(img_wordcloud)         # 워드 클라우드 출력
```

![키보드 아이콘] **Do it! 실습**　　**워드 클라우드 색깔 바꾸기**

컬러맵(colormaps, 색깔 목록)을 이용하면 워드 클라우드의 색깔을 다양하게 바꿀 수 있습니다.
WordCloud()에 colormap = 'inferno'를 입력해 inferno 컬러맵을 적용하도록 설정하겠
습니다.

```python
# wc 만들기
wc = WordCloud(random_state = 1234,           # 난수 고정
               font_path = font,              # 폰트 설정
               width = 400,                   # 가로 크기
               height = 400,                  # 세로 크기
               background_color = 'white',    # 배경색
               mask = img,                    # mask 설정
               colormap = 'inferno')          # 컬러맵 설정
```

이제 워드 클라우드를 만들면 색깔이 달라집니다.

```python
# 워드 클라우드 만들기
img_wordcloud = wc.generate_from_frequencies(dic_word)

# 워드 클라우드 출력하기
plt.figure(figsize = (10, 10))   # 가로, 세로 크기 설정
plt.axis('off')                  # 테두리 선 없애기
plt.imshow(img_wordcloud)        # 워드 클라우드 출력
```

> **알아 두면 좋아요!** } 워드 클라우드는 좋은 그래프인가?

워드 클라우드는 디자인이 아름다워서 자주 사용되지만 분석 결과를 정확하게 표현하는 그래프는 아닙니다. 단어 빈도를 크기와 색으로 표현하므로 '어떤 단어가 몇 번 사용됐는지' 정확히 알 수 없고, 단어 배치가 산만해서 '어떤 단어가 다른 단어보다 얼마나 더 많이 사용됐는지' 비교하기도 어렵습니다. 분석 결과를 아름답게 표현하는 게 아니라 정확하게 표현하려면 워드 클라우드보다 막대 그래프를 이용하는 게 좋습니다.

10-2
기사 댓글 텍스트 마이닝

텍스트 마이닝은 SNS에 올라온 글을 분석해 사람들이 어떤 생각을 하고 있는지 알아보는 목적으로 자주 활용합니다. 이번에는 2020년 9월 21일 방탄소년단이 '빌보드 핫 100 차트' 1위에 오른 소식을 다룬 네이버 뉴스 기사 댓글을 이용해 텍스트 마이닝을 해보겠습니다.

⌨️ **Do it! 실습** 가장 많이 사용된 단어 알아보기

1. 기사 댓글 불러오기

news_comment_BTS.csv 파일을 워킹 디렉터리에 삽입한 다음 불러 옵니다.

```python
# 데이터 불러오기
import pandas as pd
df = pd.read_csv('news_comment_BTS.csv', encoding = 'UTF-8')

# 데이터 살펴보기
df.info()
```

```
<class 'pandas.core.frame.DataFrame'>
RangeIndex: 1200 entries, 0 to 1199
Data columns (total 5 columns):
 #   Column    Non-Null Count  Dtype
---  ------    --------------  -----
 0   reg_time  1200 non-null   object
 1   reply     1200 non-null   object
 2   press     1200 non-null   object
 3   title     1200 non-null   object
 4   url       1200 non-null   object
dtypes: object(5)
memory usage: 47.0+ KB
```

2. 불필요한 문자 제거하기

댓글이 들어 있는 reply 변수에서 불필요한 문자를 제거하고 한글만 남긴 다음 일부를 출력해 내용을 확인하겠습니다.

10-1절에서 다룬 moon은 txt 파일로 만든 str 타입 변수이므로 한글만 남기는 작업을 할 때 re.sub()을 사용했습니다. 여기서 분석하는 reply는 데이터 프레임에 담겨 있는 변수이므로 str.replace()를 사용해야 합니다.

🍵 변수 타입과 자료 구조는 17장에서 자세히 다룹니다.

```
# 불필요한 문자 제거하기
df['reply'] = df['reply'].str.replace('[^가-힣]', ' ', regex = True)
df['reply'].head()
```

```
0                                             국보소년단
1                                    아줌마가 들어도 좋더라
2        팩트체크      현재 빌보드              위    방탄소년단        위  ...
3        방탄소년단이 한국사람이라 너무 자랑스러워요      우리오래오래 함께하자 ...
4        대단한       월드 클래스는 다르네    좋은 소식    응원해요...
Name: reply, dtype: object
```

3. 명사 추출하기

이번에는 꼬꼬마(Kkma) 형태소 분석기를 이용해 댓글에서 명사를 추출하겠습니다. 꼬꼬마 형태소 분석기는 띄어쓰기 오류가 있는 문장에서도 형태소를 잘 추출하는 장점이 있으므로 댓글처럼 정제되지 않은 텍스트를 분석할 때 적합합니다. Kkma()에서 첫 글자 K는 대문자이므로 주의하세요.

```
# kkma 만들기
import konlpy
kkma = konlpy.tag.Kkma()
```

10-1절에서 다룬 moon은 문자 타입으로 된 하나의 변수였으므로 hannanum.nouns(moon)처럼 함수에 바로 적용할 수 있었습니다. 반면 이번에 추출할 reply는 데이터 프레임에 들어 있는 변수이므로 kkma.nouns()에 바로 적용할 수 없고, 대신 apply()를 사용해 함수가 각 행의 값을 따로따로 처리하도록 해야 합니다.

```
# 명사 추출 - apply() 활용
nouns = df['reply'].apply(kkma.nouns)
nouns
```

```
0                         [국보, 국보소년단, 소년단]
1                                    [아줌마]
2      [팩트, 팩트체크, 체크, 보드, 위, 방탄, 방탄소년단, 소년단]
3    [방탄, 방탄소년단, 소년단, 한국, 한국사람, 사람, 자랑, 우리, 하자]
4                         [월드, 클래스, 소식, 응원]
(...생략...)
```

4. 단어 빈도표 만들기

단어가 몇 번씩 사용됐는지 나타낸 빈도표를 만들겠습니다. 앞에서 만든 nouns는 행마다 여러 단어가 리스트 자료 구조로 들어 있습니다. df.explode()를 이용해 한 행에 한 단어만 들어가도록 하겠습니다.

```
# 한 행에 한 단어가 들어가도록 구성
nouns = nouns.explode()
nouns
```

```
0         국보
0      국보소년단
0        소년단
1        아줌마
2         팩트
(...생략...)
```

nouns로 데이터 프레임을 만든 다음 두 글자 이상으로 된 단어만 남기고 단어 빈도표를 만들겠습니다.

```
# 데이터 프레임 만들기
df_word = pd.DataFrame({'word' : nouns})

# 글자 수 추가
df_word['count'] = df_word['word'].str.len()

# 두 글자 이상 단어만 남기기
df_word = df_word.query('count >= 2')
df_word
```

	word	count
0	국보	2.0
0	국보소년단	5.0
0	소년단	3.0
1	아줌마	3.0
2	팩트	2.0

(...생략...)

```
# 빈도표 만들기
df_word = df_word.groupby('word', as_index = False) \    # 단어별 분리
                 .agg(n = ('word', 'count')) \           # 빈도 구하기
                 .sort_values('n', ascending = False)    # 내림차순 정렬
df_word
```

	word	n
752	방탄	280
1878	축하	236
1556	자랑	205
1032	소년단	144
763	방탄소년단	136

(...생략...)

5. 단어 빈도 막대 그래프 만들기

댓글에 어떤 단어가 많이 사용됐는지 알아보기 쉽도록 자주 사용된 상위 20개 단어를 추출해 막대 그래프를 만들겠습니다.

```
# 단어 빈도 상위 20개 추출
top20 = df_word.head(20)
top20
```

	word	n
752	방탄	280
1878	축하	236
1556	자랑	205
1032	소년단	144
763	방탄소년단	136

(...생략...)

```
# 가로 세로 크기 설정
plt.rcParams.update({'figure.figsize' : [6.5, 6]})

# 막대 그래프 만들기
sns.barplot(data = top20, y = 'word', x = 'n')
```

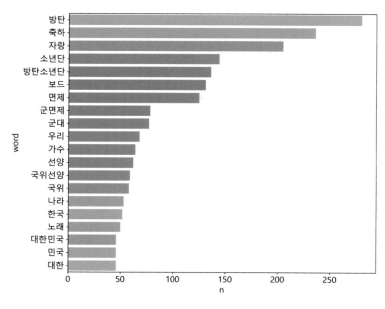

출력된 그래프를 보면 단어별 빈도가 잘 드러납니다. '방탄', '축하', '자랑', '국위선양', '대한민국' 등의 단어를 보면 BTS가 빌보드 차트 1위에 오른 일을 축하하고 대한민국을 세계에 알려 국위 선양을 했다고 칭찬하는 댓글이 많다는 것을 알 수 있습니다. 또한 '군대', '면제', '군면제' 등의 단어를 보면 BTS의 병역 의무를 면제해 줘야 한다는 댓글도 많다는 것을 알 수 있습니다.

⌨ Do it! 실습   워드 클라우드 만들기

기사 댓글에 사용된 단어를 이용해 워드 클라우드를 만들겠습니다. 먼저 데이터 프레임으로 되어 있는 df_word를 딕셔너리 자료 구조로 변환합니다.

```
# 데이터 프레임을 딕셔너리로 변환
dic_word = df_word.set_index('word').to_dict()['n']
```

wc()를 만든 다음 wc.generate_from_frequencies()를 이용해 워드 클라우드를 만듭니다. 출력된 워드 클라우드를 보면 댓글의 전반적인 경향과 여론 분위기를 알 수 있습니다.

```
# wc 만들기
wc = WordCloud(random_state = 1234,              # 난수 고정
               font_path = font,                 # 폰트 설정
               width = 400,                       # 가로 크기
               height = 400,                      # 세로 크기
               background_color = 'white',        # 배경색
               mask = img)                        # mask 설정
```

```
# 워드 클라우드 만들기
img_wordcloud = wc.generate_from_frequencies(dic_word)

# 워드 클라우드 출력하기
plt.figure(figsize = (10, 10))      # 가로, 세로 크기 설정
plt.axis('off')                     # 테두리 선 없애기
plt.imshow(img_wordcloud)           # 워드 클라우드 출력
```

 알아 두면 좋아요! } 텍스트 마이닝 더 알아보기

다양한 형태소 분석기 이용하기

KoNLPy를 이용하면 한나눔, 꼬꼬마 외에도 다양한 형태소 분석기를 이용할 수 있습니다. 또한 명사뿐 아니라 동사, 형용사 등 다양한 품사를 추출할 수 있습니다. KoNLPy 공식 문서를 참고하세요.

- KoNLPy 공식 문서: konlpy.org/ko/latest/

텍스트 마이닝 자세히 익히기

텍스트 마이닝을 자세히 익히고 싶다면《Do it! 쉽게 배우는 R 텍스트 마이닝》을 참고하세요.

지도 시각화

지역별 특징을 지도에 색깔로 표현한 단계 구분도를 만드는 방법을 알아봅니다.

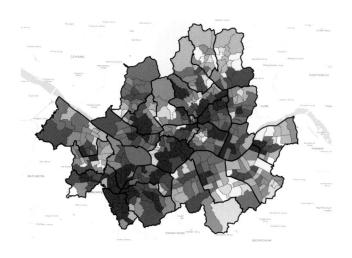

11-1 시군구별 인구 단계 구분도 만들기

11-2 서울시 동별 외국인 인구 단계 구분도 만들기

11-1
시군구별 인구 단계 구분도 만들기

지역별 통계치를 색깔 차이로 표현한 지도를 **단계 구분도**[choropleth map]라고 합니다. 단계 구분도를 만들면 인구나 소득 같은 통계치가 지역별로 어떻게 다른지 쉽게 이해할 수 있습니다. 시군구별 인구 데이터를 이용해 단계 구분도를 만들어 보겠습니다.

⌨️ Do it! 실습   시군구별 인구 단계 구분도 만들기

1. 시군구 경계 지도 데이터 준비하기

단계 구분도를 만들려면 지역별 위도, 경도 좌표가 있는 지도 데이터가 필요합니다. 대한민국의 시군구별 경계 좌표가 들어 있는 SIG.geojson 파일을 불러오겠습니다. SIG.geojson은 행정 구역 코드, 지역 이름, 시군구 경계 위도와 경도 좌표를 담고 있는 GeoJSON 파일입니다. json 패키지의 json.load()를 이용하면 GeoJSON 파일을 불러올 수 있습니다.

```
import json
geo = json.load(open('SIG.geojson', encoding = 'UTF-8'))
```

🖱️ json.load()로 GeoJSON 파일을 불러오려면 먼저 open()을 이용해 파일을 열어야 합니다.

🖱️ GeoJSON은 위치 정보를 JSON 포맷으로 저장한 표준 지리 정보 데이터 포맷입니다. 지리 정보 데이터를 다루는 대부분의 소프트웨어에서 GeoJSON 파일을 활용할 수 있습니다. 이 책에서 사용하는 GeoJSON 파일은 '(주)지오서비스'에서 공개한 SHP 파일을 오픈 소스 지리 정보 시스템 QGIS로 변환해 만들었습니다.
• 데이터 출처: bit.ly/easypy_111

geo는 딕셔너리 자료 구조로 되어 있습니다. geo의 properties에 들어 있는 SIG_CD에 지역을 나타내는 행정 구역 코드가 담겨 있고, geometry에 시군구의 경계를 나타난 위도, 경도 좌표가 담겨 있습니다.

```
# 행정 구역 코드 출력
geo['features'][0]['properties']
```

```
{'SIG_CD': '42110', 'SIG_ENG_NM': 'Chuncheon-si', 'SIG_KOR_NM': '춘천시'}
```

```
# 위도, 경도 좌표 출력
geo['features'][0]['geometry']
```

```
{'type': 'MultiPolygon',
 'coordinates': [[[[127.58508551154958, 38.08062321552708],
    [127.58565575732702, 38.0802009066172],
    [127.58777905808203, 38.080354190085544],
    [127.58890487394689, 38.080881783588694],
 (...생략...)
```

2. 시군구별 인구 데이터 준비하기

지도에 표현할 시군구별 인구 통계 데이터가 담겨있는 Population_SIG.csv 파일을 불러오 겠습니다. Population_SIG.csv 파일은 2021년의 시군구별 행정 구역 코드, 지역 이름, 인 구를 담고 있습니다.

🖱 Population_SIG.csv는 국가통계포털 KOSIS의 '주민등록인구현황' 데이터를 가공해 만들었습니다.
- 데이터 출처: bit.ly/easypy_112

🖱 통계 데이터에 행정 구역 코드가 들어 있어야 지도를 만드는 데 활용할 수 있습니다. KOSIS의 다운로드 화면에서 '파일 형 태'의 '코드포함'을 체크하면 행정 구역 코드를 함께 다운로드합니다.

```
import pandas as pd
df_pop = pd.read_csv('Population_SIG.csv')
df_pop.head()
```

	code	region	pop
0	11	서울특별시	9509458
1	11110	종로구	144683
2	11140	중구	122499
3	11170	용산구	222953
4	11200	성동구	285990

```
df_pop.info()
```

```
<class 'pandas.core.frame.DataFrame'>
RangeIndex: 278 entries, 0 to 277
Data columns (total 3 columns):
 #   Column  Non-Null Count  Dtype
---  ------  --------------  -----
 0   code    278 non-null    int64
 1   region  278 non-null    object
 2   pop     278 non-null    int64
dtypes: int64(2), object(1)
memory usage: 6.6+ KB
```

행정 구역 코드를 나타낸 df_pop의 code는 int64 타입으로 되어있습니다. 행정 구역 코드가 문자 타입으로 되어 있어야 지도를 만드는데 활용할 수 있습니다. df.astype()을 이용해 code를 문자 타입으로 바꾸겠습니다.

```
df_pop['code'] = df_pop['code'].astype(str)
```

3. 단계 구분도 만들기

folium 패키지를 이용하면 단계 구분도를 만들 수 있습니다. 아나콘다 프롬프트에서 folium 패키지를 설치하겠습니다.

```
pip install folium
```

(1) 배경 지도 만들기

folium.Map()을 이용해 배경 지도를 만들어 보겠습니다. location에는 지도의 중심 위도, 경도 좌표를 입력하고, zoom_start에는 지도를 확대할 정도를 입력합니다. folium으로 만든 지도는 마우스를 이용해 위치를 옮길 수 있고, 휠을 이용해 확대하거나 축소할 수 있습니다. folium.Map()에서 Map()의 M은 대문자이니 주의하세요.

```
import folium
folium.Map(location = [35.95, 127.7],   # 지도 중심 좌표
           zoom_start = 8)              # 확대 단계
```

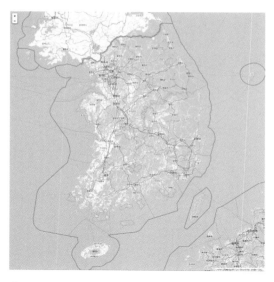

💿 지도 크기는 모니터 크기와 해상도에 따라 달라집니다. 다음과 같이 folium.Map()의 width와 height를 이용해 지도 크기를 조절할 수 있습니다. folium.Map(location = [35.95, 127.7], zoom_start = 8, width = '80%', height = '80%')

단계 구분도를 만드는 데 사용할 배경 지도를 만들어 저장하겠습니다. 지도 종류는 단계 구분도가 잘 표현되도록 밝은색으로 바꾸겠습니다. tiles에 'cartodbpositron'를 입력하면 됩니다.

```
map_sig = folium.Map(location = [35.95, 127.7],    # 지도 중심 좌표
                     zoom_start = 8,                # 확대 단계
                     tiles = 'cartodbpositron')     # 지도 종류
map_sig
```

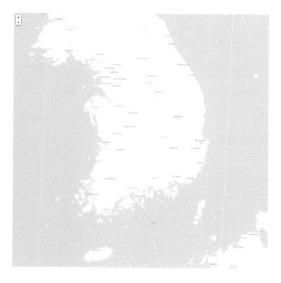

(2) 단계 구분도 만들기

folium.Choropleth()를 이용해 시군구별 인구를 나타낸 단계 구분도를 만들겠습니다.
folium.Choropleth()에는 다음과 같은 파라미터를 입력합니다.

- geo_data : 지도 데이터
- data : 색깔로 표현할 통계 데이터
- columns : 통계 데이터의 행정 구역 코드 변수, 색깔로 표현할 변수
- key_on : 지도 데이터의 행정 구역 코드

folium.Choropleth()에 .add_to(map_sig)를 추가하면 앞에서 만든 배경 지도 map_sig에
단계 구분도를 덧씌웁니다. map_sig를 실행하면 시군구 경계가 표시된 지도가 출력됩니다.

```
folium.Choropleth(
    geo_data = geo,                             # 지도 데이터
    data = df_pop,                              # 통계 데이터
    columns = ('code', 'pop'),                  # df_pop 행정 구역 코드, 인구
    key_on = 'feature.properties.SIG_CD') \     # geo 행정 구역 코드
        .add_to(map_sig)
map_sig
```

🐢 folium.Choropleth()를 실행하면 PC 환경에 따라 시간이 오래 걸릴 수 있습니다. 코드를 실행 중일 때는 셀 왼쪽에 [*]가
표시됩니다. 실행을 완료하면 [ ]에 셀 실행 순서를 나타낸 번호가 표시됩니다.

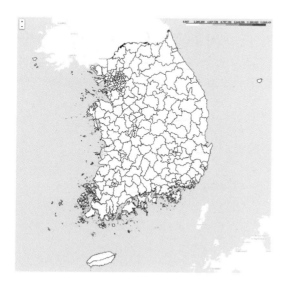

(3) 계급 구간 정하기

앞에서 출력한 지도는 지역이 색깔별로 표현되어 있지 않습니다. 지역을 단계별로 나눌 때 기준으로 삼은 '계급 구간'이 적당하지 않기 때문입니다.

분위수를 이용해 지역을 적당히 나누는 계급 구간을 정하겠습니다. quantile()을 이용해 5가지 계급 구간의 하한값, 상한값을 담은 bins를 만듭니다. 이렇게 구한 값을 folium.Choropleth()의 bins에 입력하면 지역을 인구에 따라 다섯 단계의 색깔로 표현합니다.

🐢 quantile()은 값을 크기순으로 나열한 다음 입력한 비율에 해당하는 값인 '분위수'를 구하는 함수입니다.

```
bins = list(df_pop['pop'].quantile([0, 0.2, 0.4, 0.6, 0.8, 1]))
bins
```

```
[8867.0, 50539.6, 142382.20000000004, 266978.6, 423107.20000000024,
13565450.0]
```

🐢 list()는 자료 구조를 리스트로 변환하는 함수입니다. 계급 구간을 folium.Choropleth()에 활용하려면 리스트로 되어 있어야 합니다. 리스트는 17-3절에서 자세히 다룹니다.

🐢 folium.Choropleth()는 통계치가 가장 작은 값부터 가장 큰 값까지 6개의 일정한 간격으로 계급 구간을 만들어 지역의 색깔을 정합니다. 그런데 통계치가 극단적으로 큰 지역이 있으면 6개의 계급 구간으로 지역을 적절하게 구분하지 못하므로 모든 지역이 같은 색으로 표현됩니다. 앞에서 만든 지도는 '경기도'와 '서울 특별시'의 인구가 다른 지역에 비해 극단적으로 크기 때문에 모든 지역이 같은 색으로 표현된 것입니다.

(4) 디자인 수정하기

파라미터를 몇 가지 추가해 단계 구분도의 디자인을 보기 좋게 수정하겠습니다. 출력한 단계 구분도를 보면 인구가 많을수록 파란색, 적을수록 노란색에 가깝게 표현되어 시군구별 인구 차이를 한눈에 알 수 있습니다.

```
# 배경 지도 만들기
map_sig = folium.Map(location = [35.95, 127.7],      # 지도 중심 좌표
                     zoom_start = 8,                 # 확대 단계
                     tiles = 'cartodbpositron')      # 지도 종류
```

```python
# 단계 구분도 만들기
folium.Choropleth(
    geo_data = geo,                              # 지도 데이터
    data = df_pop,                               # 통계 데이터
    columns = ('code', 'pop'),                   # df_pop 행정 구역 코드, 인구
    key_on = 'feature.properties.SIG_CD',        # geo 행정 구역 코드
    fill_color = 'YlGnBu',                       # 컬러맵
    fill_opacity = 1,                            # 투명도
    line_opacity = 0.5,                          # 경계선 투명도
    bins = bins) \                               # 계급 구간 기준값
        .add_to(map_sig)                         # 배경 지도에 추가
map_sig
```

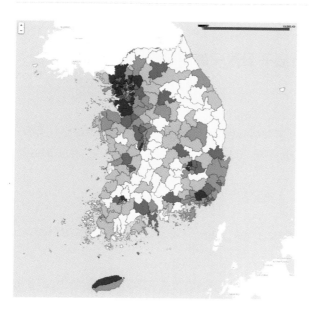

11-2
서울시 동별 외국인 인구 단계 구분도 만들기

단계 구분도는 최적의 장소를 정하는 데 유용하게 활용할 수 있습니다. 만약 지자체가 외국인의 생활을 돕는 시설을 지을 장소를 정한다면, 지역별 외국인 인구를 나타낸 단계 구분도를 만들면 도움이 될 것입니다. 이번에는 서울시의 동별 외국인 인구 데이터를 이용해 단계 구분도를 만들어 보겠습니다.

Do it! 실습　서울시 동별 외국인 인구 단계 구분도 만들기

1. 서울시 동 경계 지도 데이터 준비하기

서울시의 동 경계 좌표가 들어 있는 EMD_Seoul.geojson 파일을 불러오겠습니다. EMD_Seoul.geojson 파일은 서울시의 동별 행정 구역 코드, 동 이름, 동 경계 위도, 경도 좌표를 담고 있습니다.

```
import json
geo_seoul = json.load(open('EMD_Seoul.geojson', encoding = 'UTF-8'))
```

geo_seoul의 properties에 들어 있는 ADM_DR_CD에 동을 나타내는 행정 구역 코드가 담겨 있고, geometry에 동별 경계를 나타난 위도와 경도 좌표가 담겨 있습니다.

```
# 행정 구역 코드 출력
geo_seoul['features'][0]['properties']

{'BASE_DATE': '20200630',
 'ADM_DR_CD': '1101053',
 'ADM_DR_NM': '사직동',
 'OBJECTID': '1'}
```

```
# 위도, 경도 좌표 출력
geo_seoul['features'][0]['geometry']
```

```
{'type': 'MultiPolygon',
 'coordinates': [[[[126.97398562200112, 37.578232670691676],
    [126.97400165856983, 37.578091598158124],
    [126.97401347517625, 37.57797124764524],
    [126.97402588957173, 37.57786305895336],
    [126.97403969022386, 37.57773527607586],
   (...생략...)
```

2. 서울시 동별 외국인 인구 데이터 준비하기

서울시 동별 외국인 인구 통계가 들어 있는 Foreigner_EMD_Seoul.csv 파일을 불러오겠습니다. Foreigner_EMD_Seoul.csv 파일은 2021년 서울시의 동별 행정 구역 코드, 동 이름, 외국인 인구를 담고 있습니다.

🐢 Foreigner_EMD_Seoul.csv 파일은 국가통계포털 KOSIS의 '지방자치단체외국인주민현황' 데이터를 가공해 만들었습니다.
• 데이터 출처: bit.ly/easypy_113

```
foreigner = pd.read_csv('Foreigner_EMD_Seoul.csv')
foreigner.head()
```

	code	region	pop
0	1101053	사직동	418.0
1	1101054	삼청동	112.0
2	1101055	부암동	458.0
3	1101056	평창동	429.0
4	1101057	무악동	102.0

```
foreigner.info()
```

```
<class 'pandas.core.frame.DataFrame'>
RangeIndex: 3490 entries, 0 to 3489
Data columns (total 3 columns):
 #   Column  Non-Null Count  Dtype
---  ------  --------------  -----
 0   code    3490 non-null   int64
 1   region  3490 non-null   object
 2   pop     3486 non-null   float64
dtypes: float64(1), int64(1), object(1)
memory usage: 81.9+ KB
```

행정 구역 코드를 나타낸 foreigner의 code는 int64 타입으로 되어 있습니다. 지도를 만드는 데 활용할 수 있도록 문자 타입으로 바꾸겠습니다.

```
foreigner['code'] = foreigner['code'].astype(str)
```

3. 단계 구분도 만들기

단계 구분도를 만들겠습니다. 우선 지역을 8단계로 나누도록 8개 계급 구간의 하한값, 상한값을 만들겠습니다.

```
bins = list(foreigner['pop'].quantile([0, 0.2, 0.4, 0.5, 0.6, 0.7,
0.8, 0.9, 1]))
bins
```

```
[7.0, 98.0, 200.0, 280.0, 386.0, 529.5, 766.0, 1355.5, 26896.0]
```

서울이 가운데에 오도록 배경 지도를 만든 다음 단계 구분도를 추가하겠습니다. 인구가 많을수록 진한 파란색으로 표현하도록 fill_color = 'Blues'를 입력하고, 외국인 인구가 결측치인 지역은 흰색으로 표현하도록 nan_fill_color = 'White'를 입력하겠습니다.

```
# 배경 지도 만들기
map_seoul = folium.Map(location = [37.56, 127],    # 서울 좌표
                       zoom_start = 12,            # 확대 단계
                       tiles = 'cartodbpositron')  # 지도 종류

# 단계구분도 만들기
folium.Choropleth(
    geo_data = geo_seoul,                          # 지도 데이터
    data = foreigner,                              # 통계 데이터
    columns = ('code', 'pop'),                     # foreigner 행정구역코드, 인구
    key_on = 'feature.properties.ADM_DR_CD',       # geo_seoul 행정구역코드
    fill_color = 'Blues',                          # 컬러맵
    nan_fill_color = 'White',                      # 결측치 색깔
    fill_opacity = 1,                              # 투명도
    line_opacity = 0.5,                            # 경계선 투명도
    bins = bins) \                                 # 계급 구간 기준값
        .add_to(map_seoul)                         # 배경 지도에 추가
map_seoul
```

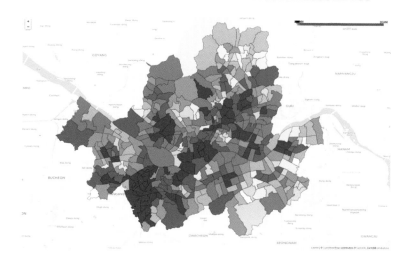

4. 구 경계선 추가하기

앞에서 만든 지도에 구 경계선을 추가하겠습니다. 먼저 서울시의 구 경계 좌표를 담은 SIG_Seoul.geojson 파일을 불러오겠습니다.

```
geo_seoul_sig = json.load(open('SIG_Seoul.geojson', encoding = 'UTF-8'))
```

서울시 구 경계선을 이용해 단계 구분도를 만든 다음 .add_to(map_seoul_gu)를 이용해 앞에서 만든 지도에 추가하겠습니다. 색깔을 칠하지 않도록 fill_opacity = 0를 입력하고, 구 경계선을 두껍게 나타내도록 line_weight = 4를 입력하겠습니다. 출력한 지도를 보면 외국인 인구가 많은 지역과 적은 지역을 쉽게 알아볼 수 있습니다.

```
# 서울 구 라인 추가
folium.Choropleth(geo_data = geo_seoul_sig,    # 지도 데이터
                  fill_opacity = 0,            # 투명도
                  line_weight = 4) \           # 선 두께
       .add_to(map_seoul)                      # 지도에 추가
map_seoul
```

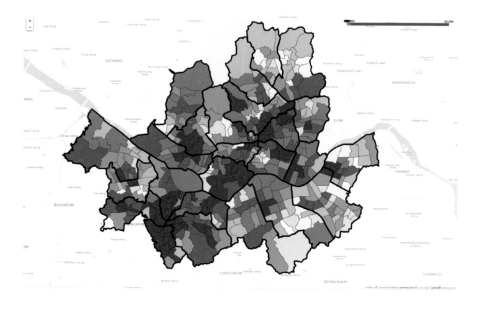

HTML 파일로 저장하기

`save()` 메서드를 이용하면 지도를 HTML 파일로 저장할 수 있습니다. HTML 파일은 파이썬과 JupyterLab이 설치되지 않은 곳에서도 웹 브라우저만 있으면 열어볼 수 있습니다.

```
map_seoul.save('map_seoul.html')
```

웹 브라우저에서 html 파일 열기

webbrowser 패키지의 open_new()를 이용하면 웹 브라우저에서 HTML 파일을 열 수 있습니다. 지도가 너무 커서 노트북에서 보기 어려울 때 HTML 파일로 저장한 다음 웹 브라우저에서 열면 편리합니다.

```
import webbrowser
webbrowser.open_new('map_seoul.html')
```

다른 지도 만들기

`folium` 패키지를 이용하면 단계 구분도 외에 다른 종류의 지도를 만들 수 있고 디자인도 다양하게 수정할 수 있습니다. `folium` 공식 문서를 참고하세요.

• `folium` 공식 문서: python-visualization.github.io/folium

인터랙티브 그래프

마우스 움직임에 반응해 실시간으로 모양이 변하는 인터랙티브 그래프를 만
드는 방법을 알아봅니다.

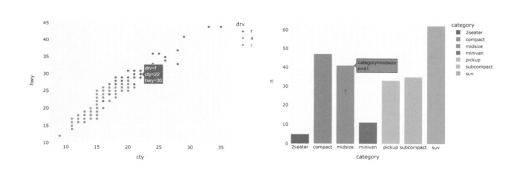

█ 12-1 인터랙티브 그래프 만들기

12-1
인터랙티브 그래프 만들기

인터랙티브 그래프란?

인터랙티브 그래프^{interactive graph}는 마우스 움직임에 반응하며 실시간으로 모양이 변하는 그래프입니다. 인터랙티브 그래프를 만들면 그래프를 자유롭게 조작하면서 관심 있는 부분을 자세히 살펴볼 수 있습니다. 그래프를 HTML 포맷으로 저장하면 일반 사용자도 웹 브라우저에서 그래프를 조작할 수 있습니다.

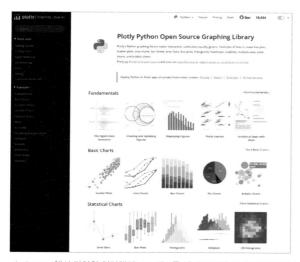

plotly.com에서 다양한 인터랙티브 그래프를 직접 조작해 볼 수 있습니다(plotly.com/python).

Do it! 실습 산점도 만들기

plotly 패키지로 인터랙티브 그래프를 만드는 방법을 알아보겠습니다.

산점도 만들기

plotly를 이용해 산점도를 만들어 보겠습니다. 먼저 그래프를 만드는 데 사용할 mpg 데이터를 불러옵니다.

```
import pandas as pd
mpg = pd.read_csv('mpg.csv')
```

plotly.express의 scatter()를 이용하면 seaborn의 scatterplot()과 비슷한 문법으로 산점도를 만들 수 있습니다. **데이터 프레임을 입력하는 파라미터명이 data가 아니라 data_frame이니 주의하세요.**

```
# 산점도 만들기
import plotly.express as px
px.scatter(data_frame = mpg, x = 'cty', y = 'hwy', color = 'drv')
```

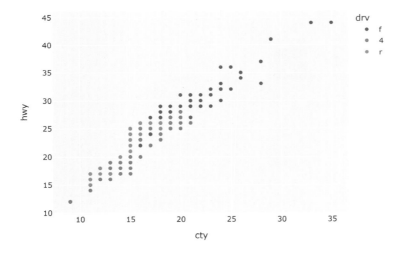

인터랙티브 기능 활용하기

`plotly`로 만든 그래프는 마우스 움직임에 반응합니다. 산점도의 표식에 마우스 커서를 올리면 값이 나타납니다.

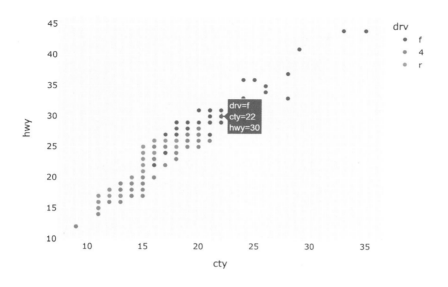

마우스로 드래그하면 x, y축의 범위가 바뀝니다. 그래프를 더블클릭하면 원래대로 되돌아옵니다. 범례 항목을 클릭하면 특정 범주의 표식을 켜거나 끌 수 있습니다.

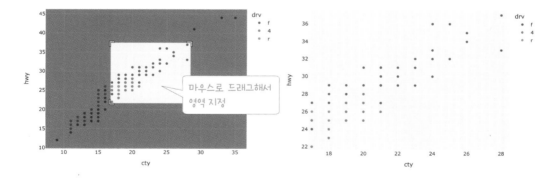

px.bar()를 이용하면 막대 그래프를 만들 수 있습니다. 막대에 마우스 커서를 올리면 해당 항목의 값이 나타납니다. 범례의 항목을 클릭하면 비교할 막대를 선택할 수 있습니다.

```python
# 자동차 종류별 빈도 구하기
df = mpg.groupby('category', as_index = False) \
        .agg(n = ('category', 'count'))
df
```

	category	n
0	2seater	5
1	compact	47
2	midsize	41
3	minivan	11
4	pickup	33

(...생략...)

```python
# 막대 그래프 만들기
px.bar(data_frame = df, x = 'category', y = 'n', color = 'category')
```

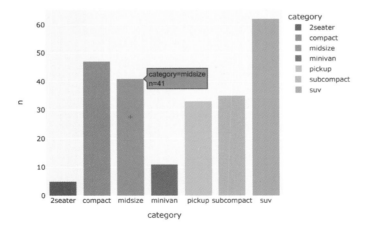

px.line()을 이용하면 선 그래프를 만들 수 있습니다. 그래프를 만드는데 사용할 economics 데이터를 불러와 일자별 저축률을 선 그래프로 표현하겠습니다. 그래프의 선 위에 마우스 커서를 올리면 날짜와 값이 나타나고, 드래그하여 특정 영역을 지정하면 x, y축의 범위를 지정할 수 있습니다.

```python
# economics 불러오기
economics = pd.read_csv('economics.csv')

# 선 그래프 만들기
px.line(data_frame = economics, x = 'date', y = 'psavert')
```

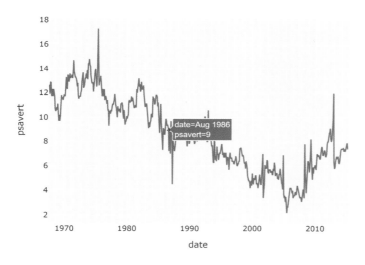

Do it! 실습 상자 그림 만들기

`px.box()`를 이용하면 상자 그림을 만들 수 있습니다. 상자 그림 위에 마우스 커서를 올리면 요약 통계량이 나타나고, 극단치 표식 위에 마우스 커서를 올리면 극단치가 나타납니다. 범례의 항목을 클릭하면 비교할 범주를 선택할 수 있습니다.

```
# 상자 그림 만들기
px.box(data_frame = mpg, x = 'drv', y = 'hwy', color = 'drv')
```

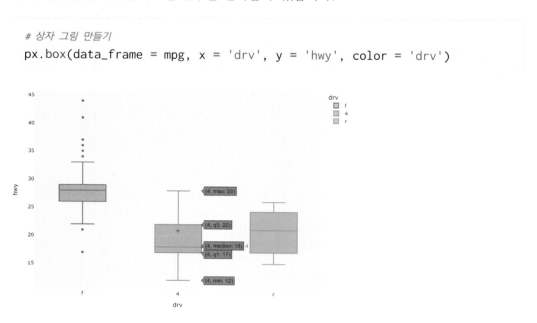

HTML 파일로 저장하기

`write_html()`을 이용하면 그래프를 HTML 파일로 저장할 수 있습니다. HTML 파일은 파이썬과 JupyterLab이 설치되지 않은 곳에서도 웹 브라우저만 있으면 열어볼 수 있습니다.

```
# 그래프를 변수에 할당하기
fig = px.scatter(data_frame = mpg, x = 'cty', y = 'hwy')

# html로 저장하기
fig.write_html('scatter_plot.html')
```

그래프 크기 조절하기

그래프의 가로 크기는 width, 세로 크기는 height로 조절할 수 있습니다.

```
px.scatter(data_frame = mpg, x = 'hwy', y = 'cty', color = 'drv',
           width = 600, height = 400)
```

새 창에 그래프 출력하기

다음 코드를 실행한 다음 plotly 함수를 실행하면 새 웹 브라우저 창에 그래프를 출력합니다. 창 크기를
조절하면 그래프 크기도 창 크기에 맞춰 조절됩니다.

```
import plotly
plotly.io.renderers.default = 'browser'
```

설정을 원래대로 되돌리려면 다음 코드를 실행하면 됩니다.

```
plotly.io.renderers.default = 'jupyterlab'
```

다양한 인터랙티브 그래프 만들기

plotly를 이용하면 다양한 인터랙티브 그래프를 만들 수 있습니다. plotly 공식 문서에서 plotly로 만
든 그래프와 코드를 살펴보세요.

• plotly 공식 문서: plotly.com/python

마크다운으로 데이터 분석 보고서 만들기

마크다운을 이용해 코드, 설명 글, 그래프가 잘 어우러진 데이터 분석 보고서를 만드는 방법을 알아봅니다.

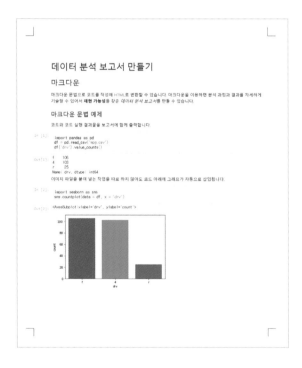

13-1 신뢰할 수 있는 데이터 분석 보고서 만들기

13-2 마크다운 문서 만들기

13-1
신뢰할 수 있는 데이터 분석 보고서 만들기

데이터 분석 결과를 잘 전달하려면 코드와 결과물이 설명 글과 함께 어우러진 데이터 분석 보고서를 작성해야 합니다. 그래야만 독자가 분석 과정을 명확히 이해할 수 있고, 보고서의 코드를 직접 실행하면서 똑같은 결과가 출력되는지 확인하거나 자신의 분석 작업에 활용할 수 있습니다.

마크다운^{markdown}을 활용하면 데이터를 분석하는 전 과정을 담은 보고서를 쉽게 만들 수 있습니다. HTML, 워드, PDF 등 다양한 포맷으로 저장할 수 있어서 문서 작성 소프트웨어를 따로 사용하지 않고도 훌륭한 데이터 분석 보고서를 만들 수 있습니다. 이 책도 마크다운을 이용해 만들었습니다.

신뢰받는 데이터 분석 보고서를 만들려면 똑같은 분석 과정을 거쳤을 때 똑같은 분석 결과가 반복되어 나오도록 재현성^{reproducibility}을 갖춰야 합니다. 마크다운을 이용하면 분석 과정과 결과를 자세하게 기술할 수 있어서 재현성을 갖춘 데이터 분석 보고서를 만들 수 있습니다.

13-2
마크다운 문서 만들기

⌨ Do it! 실습 마크다운 문서 만들기

마크다운 문서를 만들려면 노트북의 셀 타입을 마크다운으로 변경하면 됩니다.

🐢 커맨드 모드에서 M을 누르면 셀이 마크다운 타입으로 바뀌고, Y를 누르면 코드 타입으로 바뀝니다.

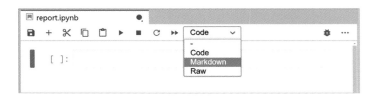

마크다운 셀에는 마크다운 문법으로 문자를 입력할 수 있습니다. Shift + Enter로 셀을 실행하면 글자 양식이 적용되어 보기 좋게 바뀝니다.

마크다운 셀 입력 화면

마크다운 셀 실행 화면

![keyboard icon] **Do it! 실습** 　마크다운 문법 이용하기

마크다운 문법은 문자 앞뒤에 특수 문자를 넣어 문자 양식을 정합니다.

- *은 기울임체, **은 강조체, ~~은 취소선을 만듭니다.
- #을 넣으면 제목을 만들고, # 개수에 따라 레벨이 결정됩니다.
- [HTML](https://ko.wikipedia.org/wiki/HTML)처럼 대괄호와 괄호를 이용해 하이퍼 링크를 삽입합니다.
- 문장 안에 코드를 입력할 때 코드 앞뒤에 백틱^backtick 기호 `를 입력하면 음영을 넣습니다. 백틱 기호는 Esc 아래에 있는 키를 누르면 입력됩니다.

마크다운 셀에 문자를 입력하는 장면

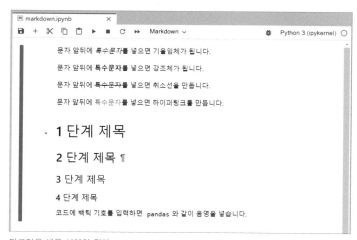

마크다운 셀을 실행한 결과

Do it! 실습 　마크다운으로 데이터 분석 보고서 만들기

마크다운을 이용해 간단한 데이터 분석 보고서를 만들어 보겠습니다. 다음 내용을 노트북의 셀에 입력해 보세요. 첫 번째 셀은 마크다운 타입, 두 번째와 세 번째 셀은 코드 타입으로 설정해야 합니다.

데이터 분석 보고서 만들기

마크다운

마크다운 문법으로 코드를 작성해 **[HTML]**(https://ko.wikipedia.org/wiki/HTML)로 변환할 수 있습니다. 마크다운을 이용하면 분석 과정과 결과를 자세하게 기술할 수 있어서 ****재현 가능성****을 갖춘 **데이터 분석 보고서**를 만들 수 있습니다.

마크다운 문법 예제

코드와 코드 실행 결과물을 보고서에 함께 출력합니다.

```python
import pandas as pd
df = pd.read_csv('mpg.csv')
df['drv'].value_counts()
```

```python
import seaborn as sns
sns.countplot(data = df, x = 'drv')
```

셀을 실행하면 다음과 같이 보기 좋은 분석 보고서가 만들어집니다.

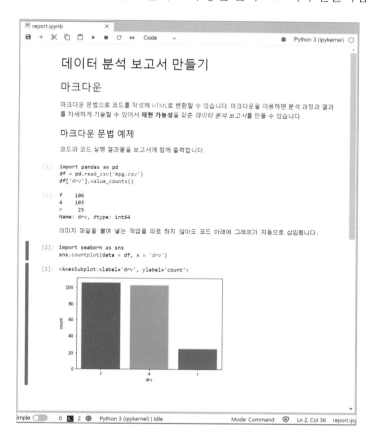

문서 파일로 저장하기

노트북으로 작성한 데이터 분석 보고서를 문서 파일로 저장하면 파이썬과 JupyterLab이 설치되어 있지 않은 곳에서도 보고서를 열어볼 수 있습니다.

HTML 파일로 저장하기

[File → Save and Export Notebook As... → HTML]을 클릭하면 노트북을 HTML 파일로 저장합니다. HTML 파일은 크롬과 같은 웹 브라우저에서 열어 볼 수 있습니다.

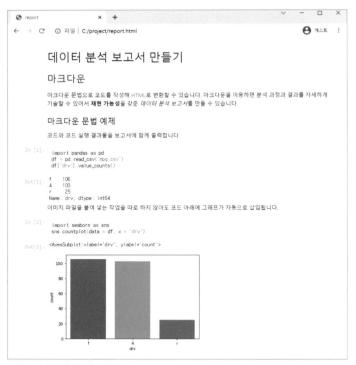

크롬에서 실행한 HTML 파일

PDF 파일로 저장하기

[File → Print → '대상'을 'PDF로 저장'으로 바꾸기 → 저장]을 클릭하면 노트북을 PDF 파일로 저장합니다.

워드 파일로 저장하기

1. pandoc.org/installing.html에서 pandoc 설치 파일을 다운로드 받아 설치합니다. 설치를 완료하면 JupyterLab을 재실행합니다. pandoc은 마크다운 문법으로 작성한 문서를 다양한 문서 파일 포맷으로 변환하는 소프트웨어입니다.
2. JupyterLab을 재실행한 다음 새 노트북에서 다음 명령어를 실행하면 노트북 파일을 워드 파일로 변환합니다. 변환한 워드 파일은 워킹 디렉터리에 만들어집니다. 명령어에서 `report.ipynb`는 노트북 파일이고 `report.docx`는 저장할 워드 파일 이름입니다.

🐢 명령어 앞에 !를 붙이면 프롬프트에서 명령어를 실행합니다.

알아 두면 좋아요! } **마크다운 활용하기**

마크다운 목차

#을 넣어 제목을 만든 다음 JupyterLab 사이드바에 있는 ≡ 아이콘을 클릭하면 목차가 나타납니다. 목차를 클릭하면 노트북에서 제목이 있는 셀로 바로 이동합니다. 노트북을 작성할 때 중간중간 #을 이용해 제목을 만들어보세요. 문서가 길더라도 헤매지 않고 원하는 위치로 빠르게 이동할 수 있어 편리합니다.

목차를 클릭하면 제목이 있는 셀로 바로 이동합니다.

마크다운 치트 시트

마크다운 문법에 익숙해지면 데이터 분석 보고서를 보기 좋게 만들 수 있습니다. 치트 시트를 참고해 다양한 마크다운 문법을 익혀보세요.

- Markdown Cheat Sheet: bit.ly/easypy_131

다섯째마당

데이터 과학의 세계

데이터는 의사결정 하는데 활용될 때 가장 큰 가치를 만들어냅니다. 데이터 과학 목적도 데이터를 활용해 의사결정을 하는 것입니다. 다섯째마당에서는 데이터 과학 분야에서 사용하는 분석 기법을 알아봅니다.

14 통계 분석 기법을 이용한 가설 검정

15 머신러닝을 이용한 예측 분석

통계 분석 기법을 이용한 가설 검정

통계 분석 기법을 이용해 가설을 검정하는 방법을 알아봅니다.

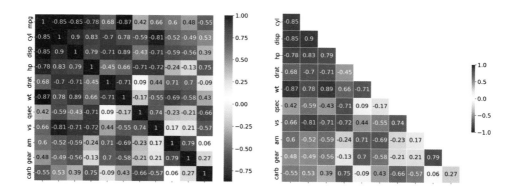

14-1 가설 검정이란?

14-2 t 검정 - 두 집단의 평균 비교하기

14-3 상관분석 - 두 변수의 관계 분석하기

14-1
가설 검정이란?

기술 통계와 추론 통계

통계 분석은 기술 통계와 추론 통계로 나눌 수 있습니다. 데이터를 요약해 설명하는 통계 분석 기법을 **기술 통계**descriptive statistics라고 합니다. 예를 들어 사람들이 받는 월급을 집계해 전체 월급 평균을 구한다면 이는 '기술 통계 분석'입니다.

추론 통계inferential statistics는 단순히 숫자를 요약하는 것을 넘어 어떤 값이 발생할 확률을 계산하는 통계 분석 기법입니다. 예를 들어 데이터에서 성별에 따라 월급에 차이가 있는 것으로 나타났을 때, 이런 차이가 우연히 발생할 확률을 계산합니다. 만약 이런 차이가 우연히 나타날 확률이 작다면 성별에 따른 월급 차이가 통계적으로 유의하다statistically significant고 결론 내립니다. 반대로 이런 차이가 우연히 나타날 확률이 크다면 성별에 따른 월급 차이가 통계적으로 유의하지 않다not statistically significant고 결론 내립니다.

일반적으로 통계 분석을 수행했다는 것은 추론 통계를 이용해 가설 검정을 했다는 의미입니다. 기술 통계 분석에서 집단 간 차이가 있는 것으로 나타났더라도 이는 우연에 의한 차이일 수 있습니다. 데이터를 이용해 신뢰할 수 있는 결론을 내리려면 유의확률을 계산하는 통계적 가설 검정 절차를 거쳐야 합니다.

통계적 가설 검정

유의확률을 이용해 가설을 검정하는 방법을 **통계적 가설 검정**statistical hypothesis test이라고 합니다. **유의확률**significance probability, p-value은 실제로는 집단 간 차이가 없는데 우연히 차이가 있는 데이터가 추출될 확률을 의미합니다.

통계 분석을 한 결과 유의확률이 크게 나타났다면 '집단 간 차이가 통계적으로 유의하지 않다'고 해석합니다. 이는 실제로 차이가 없더라도 우연에 의해 이런 정도의 차이가 관찰될 가능성이 크다는 의미입니다. 반대로 유의확률이 작다면 '집단 간 차이가 통계적으로 유의하다'고 해석합니다. 이는 실제로 차이가 없는데 우연히 이런 정도의 차이가 관찰될 가능성이 작다, 즉 우연이라고 보기 힘들다는 의미입니다.

이 장에서는 통계적 가설 검정 기법 중에서 두 집단의 평균에 차이가 있는지 검정하는 t 검정과 두 변수가 관련이 있는지 검정하는 상관분석을 알아보겠습니다.

14-2
t 검정 – 두 집단의 평균 비교하기

t 검정[t-test]은 두 집단의 평균에 통계적으로 유의한 차이가 있는지 알아볼 때 사용하는 통계 분석 기법입니다. t 검정을 하는 방법을 알아보겠습니다.

⌨ Do it! 실습   compact 자동차와 suv 자동차의 도시 연비 t 검정

mpg 데이터를 이용해 'compact' 자동차와 'suv' 자동차의 도시 연비 차이가 통계적으로 유의한지 알아보겠습니다.

먼저 mpg 데이터를 불러와 category가 'compact'인 자동차와 'suv'인 자동차의 빈도와 cty 평균을 구하겠습니다. 출력 결과를 보면 도시 연비 평균이 'compact'는 20, 'suv'는 13이므로, 'suv'보다 'compact'가 더 높습니다.

```python
import pandas as pd
mpg = pd.read_csv('mpg.csv')

# 기술 통계 분석
mpg.query('category in ["compact", "suv"]') \   # compact, suv 추출하기
    .groupby('category', as_index = False) \     # category별 분리
    .agg(n    = ('category', 'count'),           # 빈도 구하기
         mean = ('cty', 'mean'))                 # cty 평균 구하기
```

	category	n	mean
0	compact	47	20.12766
1	suv	62	13.50000

앞에서 구한 평균 차이가 통계적으로 유의한지 t 검정을 수행해 알아보겠습니다. 먼저 mpg 에서 category가 'compact'인 행과 'suv'인 행의 cty 를 추출해 각각 변수에 할당합니다.

```python
compact = mpg.query('category == "compact"')['cty']
suv = mpg.query('category == "suv"')['cty']
```

scipy 패키지의 ttest_ind()를 이용하면 t 검정을 할 수 있습니다. 앞에서 추출한 두 변수를 ttest_ind()에 나열하면 됩니다.

t 검정은 비교하는 집단의 분산(값이 퍼져 있는 정도)이 같은지 여부에 따라 적용하는 공식이 다릅니다. 여기서는 집단 간 분산이 같다고 가정하고 equal_var = True를 입력하겠습니다.

```python
# t-test
from scipy import stats
stats.ttest_ind(compact, suv, equal_var = True)
```

```
Ttest_indResult(statistic=11.917282584324107,
pvalue=2.3909550904711282e-21)
```

출력 결과에서 'pvalue'가 유의확률을 의미합니다. 일반적으로 유의확률 5%를 판단 기준으로 삼고, p-value가 0.05 미만이면 '집단 간 차이가 통계적으로 유의하다'고 해석합니다. 실제로는 차이가 없는데 이런 정도의 차이가 우연히 관찰될 확률이 5%보다 작다면, 이 차이를 우연이라고 보기 어렵다고 결론 내리는 것입니다.

'pvalue=2.3909550904711282e-21'은 유의확률이 '2.3909550904711282 앞에 0이 21개 있는 값($2.3909550904711282 \times 10$의 -21승)'보다 작다는 의미입니다. p-value가 0.05보다 작기 때문에 이 분석 결과는 'compact 와 suv 간 평균 도시 연비 차이가 통계적으로 유의하다'고 결론 내릴 수 있습니다.

⌨ Do it! 실습   일반 휘발유와 고급 휘발유의 도시 연비 t 검정

이번에는 일반 휘발유^{regular}를 사용하는 자동차와 고급 휘발유^{premium}를 사용하는 자동차의 도시 연비 차이가 통계적으로 유의한지 알아보겠습니다. 두 연료를 사용하는 자동차의 빈도와 cty 평균을 구한 뒤 t 검정을 하겠습니다.

```
# 기술 통계 분석
mpg.query('fl in ["r", "p"]') \        # r, p 추출하기
    .groupby('fl', as_index = False) \  # fl별 분리
    .agg(n    = ('fl', 'count'),        # 빈도 구하기
         mean = ('cty', 'mean'))        # cty 평균 구하기
```

	fl	n	mean
0	p	52	17.365385
1	r	168	16.738095

```
regular = mpg.query('fl == "r"')['cty']
premium = mpg.query('fl == "p"')['cty']

# t-test
stats.ttest_ind(regular, premium, equal_var = True)
```

```
Ttest_indResult(statistic=-1.066182514588919, pvalue=0.28752051088667036)
```

출력 결과를 보면 p-value가 0.05보다 큰 0.2875...입니다. 실제로는 차이가 없는데 우연에 의해 이런 정도의 차이가 관찰될 확률이 28.75%라는 의미입니다. 따라서 '일반 휘발유와 고급 휘발유를 사용하는 자동차의 도시 연비 차이가 통계적으로 유의하지 않다'고 결론 내릴 수 있습니다. 고급 휘발유 자동차의 도시 연비 평균이 0.6 정도 높지만 이런 정도의 차이는 우연히 발생했을 가능성이 크다고 해석하는 것입니다.

14-3
상관분석 – 두 변수의 관계 분석하기

상관분석^{correlation analysis}은 두 연속 변수가 서로 관련이 있는지 검정하는 통계 분석 기법입니다. 상관분석을 통해 도출한 상관계수^{correlation coefficient}를 보면 두 변수가 얼마나 관련되어 있는지, 관련성의 정도를 파악할 수 있습니다. 상관계수는 0~1 사이의 값을 지니며 1에 가까울수록 관련성이 크다는 것을 의미합니다. 상관계수가 양수면 정비례, 음수면 반비례 관계임을 의미합니다.

⌨ Do it! 실습 실업자 수와 개인 소비 지출의 상관관계

economics 데이터를 이용해서 unemploy(실업자 수)와 pce(개인 소비 지출) 간에 상관관계가 있는지 알아보겠습니다.

1. 상관계수 구하기

상관계수는 df.corr()을 이용해 구할 수 있습니다. economics 데이터를 불러와 unemploy, pce 변수를 추출한 다음 corr()을 이용해 상관행렬을 만들겠습니다.

```
# economics 데이터 불러오기
economics = pd.read_csv('economics.csv')

# 상관행렬 만들기
economics[['unemploy', 'pce']].corr()
```

	unemploy	pce
unemploy	1.000000	0.614518
pce	0.614518	1.000000

출력 결과는 unemploy와 pce의 상관계수를 나타낸 행렬입니다. 행과 열에 똑같은 변수가 나열되어 대칭이므로 왼쪽 아래와 오른쪽 위에 표현된 상관계수가 같습니다. 상관계수가 양수 0.61이므로, 실업자 수와 개인 소비 지출은 한 변수가 증가하면 다른 변수가 증가하는 정비례 관계라는 것을 알 수 있습니다.

2. 유의확률 구하기

df.corr()을 이용하면 상관계수를 알 수 있지만 유의확률은 알 수 없습니다. 유의확률은 scipy 패키지의 stats.pearsonr()을 이용해 구할 수 있습니다. stats.pearsonr()에 분석할 변수를 나열하면 상관계수와 유의확률을 출력합니다.

```
# 상관분석
stats.pearsonr(economics['unemploy'], economics['pce'])
```

```
(0.6145176141932082, 6.773527303291316e-61)
```

출력 결과에서 첫 번째 값이 상관계수, 두 번째 값이 유의확률을 의미합니다. 유의확률이 0.05 미만이므로, 실업자 수와 개인 소비 지출의 상관관계가 통계적으로 유의하다고 결론 내릴 수 있습니다.

Do it! 실습   상관행렬 히트맵 만들기

여러 변수의 관련성을 한꺼번에 알아보고 싶을 때 모든 변수의 상관관계를 나타낸 상관행렬 correlation matrix 을 만들면 편리합니다. 상관행렬을 보면 어떤 변수끼리 관련이 크고 적은지 한눈에 파악할 수 있습니다.

1. 상관행렬 만들기

mtcars 데이터를 불러와 상관행렬을 만들겠습니다. mtcars는 자동차 32종의 11개 변수를 담고 있습니다.

💾 mtcars 데이터 출처: bit.ly/easypy_141

```
mtcars = pd.read_csv('mtcars.csv')
mtcars.head()
```

	mpg	cyl	disp	hp	drat	wt	qsec	vs	am	gear	carb
0	21.0	6	160.0	110	3.90	2.620	16.46	0	1	4	4
1	21.0	6	160.0	110	3.90	2.875	17.02	0	1	4	4
2	22.8	4	108.0	93	3.85	2.320	18.61	1	1	4	1
3	21.4	6	258.0	110	3.08	3.215	19.44	1	0	3	1
4	18.7	8	360.0	175	3.15	3.440	17.02	0	0	3	2

```
car_cor = mtcars.corr()        # 상관행렬 만들기
car_cor = round(car_cor, 2)    # 소수점 둘째 자리까지 반올림
car_cor
```

	mpg	cyl	disp	hp	drat	wt	qsec	vs	am
mpg	1.00	-0.85	-0.85	-0.78	0.68	-0.87	0.42	0.66	0.60
cyl	-0.85	1.00	0.90	0.83	-0.70	0.78	-0.59	-0.81	-0.52
disp	-0.85	0.90	1.00	0.79	-0.71	0.89	-0.43	-0.71	-0.59
hp	-0.78	0.83	0.79	1.00	-0.45	0.66	-0.71	-0.72	-0.24
drat	0.68	-0.70	-0.71	-0.45	1.00	-0.71	0.09	0.44	0.71
wt	-0.87	0.78	0.89	0.66	-0.71	1.00	-0.17	-0.55	-0.69
qsec	0.42	-0.59	-0.43	-0.71	0.09	-0.17	1.00	0.74	-0.23
vs	0.66	-0.81	-0.71	-0.72	0.44	-0.55	0.74	1.00	0.17
am	0.60	-0.52	-0.59	-0.24	0.71	-0.69	-0.23	0.17	1.00
gear	0.48	-0.49	-0.56	-0.13	0.70	-0.58	-0.21	0.21	0.79

출력된 상관행렬을 보면 mtcars의 변수들이 서로 얼마나 관련되는지 알 수 있습니다.

❶ mpg(연비) 행과 cyl(실린더 수) 열이 교차되는 부분을 보면 상관계수가 -0.85이므로, 연비가 높을수록 실린더 수가 적은 경향이 있습니다.

❷ cyl(실린더 수)과 wt(무게)의 상관계수가 0.78이므로, 실린더 수가 많을수록 자동차가 무거운 경향이 있습니다.

2. 히트맵 만들기

여러 변수로 상관행렬을 만들면 출력된 값이 너무 많아서 관심있는 변수들의 관계를 파악하기 어렵습니다. 이럴 때 값의 크기를 색깔로 표현한 히트맵^{heatmap}을 만들면 변수들의 관계를 쉽게 파악할 수 있습니다. seaborn 패키지의 **heatmap()**을 이용하면 상관행렬로 히트맵을 만들 수 있습니다.

```python
import matplotlib.pyplot as plt
plt.rcParams.update({'figure.dpi'     : '120',        # 해상도 설정
                     'figure.figsize' : [7.5, 5.5]})  # 가로 세로 크기 설정
```

```python
# 히트맵 만들기
import seaborn as sns
sns.heatmap(car_cor,
            annot = True,     # 상관계수 표시
            cmap = 'RdBu')    # 컬러맵
```

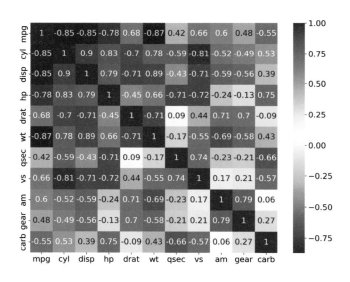

히트맵은 상관계수가 클수록 상자 색깔을 진하게 표현하고, 상관계수가 양수면 파란색, 음수면 빨간색 계열로 표현합니다. 상자 색깔을 보면 상관관계의 정도와 방향을 쉽게 파악할 수 있습니다.

3. 대각 행렬 제거하기

상관행렬은 행과 열에 같은 변수가 나열되므로 앞에서 만든 히트맵은 대각선 기준으로 왼쪽 아래와 오른쪽 위의 값이 대칭하여 중복됩니다. sns.heatmap()의 mask를 이용해 중복된 부분을 제거하겠습니다.

(1) mask 만들기

np.zeros_like()를 이용해 상관행렬의 행과 열의 수 만큼 0으로 채운 배열^{array}을 만듭니다

```python
# mask 만들기
import numpy as np
mask = np.zeros_like(car_cor)
mask
```

```
array([[0., 0., 0., 0., 0., 0., 0., 0., 0., 0., 0.],
       [0., 0., 0., 0., 0., 0., 0., 0., 0., 0., 0.],
       [0., 0., 0., 0., 0., 0., 0., 0., 0., 0., 0.],
       [0., 0., 0., 0., 0., 0., 0., 0., 0., 0., 0.],
       [0., 0., 0., 0., 0., 0., 0., 0., 0., 0., 0.],
       [0., 0., 0., 0., 0., 0., 0., 0., 0., 0., 0.],
       [0., 0., 0., 0., 0., 0., 0., 0., 0., 0., 0.],
       [0., 0., 0., 0., 0., 0., 0., 0., 0., 0., 0.],
       [0., 0., 0., 0., 0., 0., 0., 0., 0., 0., 0.],
       [0., 0., 0., 0., 0., 0., 0., 0., 0., 0., 0.],
       [0., 0., 0., 0., 0., 0., 0., 0., 0., 0., 0.]])
```

배열의 오른쪽 위 인덱스^{index}를 구하는 np.triu_indices_from()를 활용해 mask의 오른쪽 위 대각 행렬을 1로 바꿉니다.

```
# 오른쪽 위 대각 행렬을 1로 바꾸기
mask[np.triu_indices_from(mask)] = 1
mask
```

```
array([[1., 1., 1., 1., 1., 1., 1., 1., 1., 1., 1.],
       [0., 1., 1., 1., 1., 1., 1., 1., 1., 1., 1.],
       [0., 0., 1., 1., 1., 1., 1., 1., 1., 1., 1.],
       [0., 0., 0., 1., 1., 1., 1., 1., 1., 1., 1.],
       [0., 0., 0., 0., 1., 1., 1., 1., 1., 1., 1.],
       [0., 0., 0., 0., 0., 1., 1., 1., 1., 1., 1.],
       [0., 0., 0., 0., 0., 0., 1., 1., 1., 1., 1.],
       [0., 0., 0., 0., 0., 0., 0., 1., 1., 1., 1.],
       [0., 0., 0., 0., 0., 0., 0., 0., 1., 1., 1.],
       [0., 0., 0., 0., 0., 0., 0., 0., 0., 1., 1.],
       [0., 0., 0., 0., 0., 0., 0., 0., 0., 0., 1.]])
```

(2) 히트맵에 mask 적용하기

sns.heatmap()에 mask를 적용합니다. 출력된 히트맵을 보면 mask의 1에 해당하는 위치의
값이 제거되어 왼쪽 아래의 상관계수만 표현됩니다.

```
# 히트맵 만들기
sns.heatmap(data = car_cor,
            annot = True,        # 상관계수 표시
            cmap = 'RdBu',       # 컬러맵
            mask = mask)         # mask 적용
```

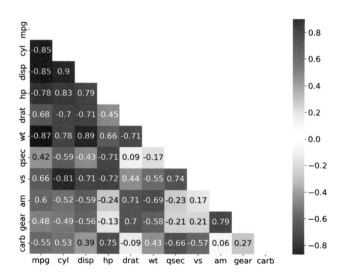

(3) 빈 행과 열 제거하기

앞에서 만든 히트맵의 왼쪽 위 mpg행과 오른쪽 아래 carb열에는 아무 값도 표현되어 있지 않습니다. 행과 열의 변수가 같아서 상관계수가 항상 1이 되는 위치이므로 값을 표현하지 않은 것입니다. 히트맵의 빈 행과 열을 제거하려면 mask와 상관행렬의 첫 번째 행과 마지막 열을 제거한 다음 히트맵을 만들면 됩니다.

```python
mask_new = mask[1:, :-1]          # mask 첫 번째 행, 마지막 열 제거
cor_new = car_cor.iloc[1:, :-1]   # 상관행렬 첫 번째 행, 마지막 열 제거

# 히트맵 만들기
sns.heatmap(data = cor_new,
            annot = True,         # 상관계수 표시
            cmap = 'RdBu',        # 컬러맵
            mask = mask_new)      # mask 적용
```

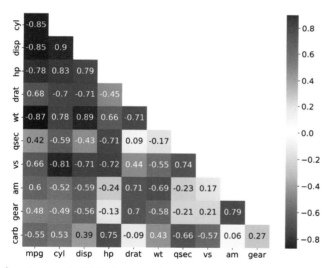

💬 []와 iloc[]를 이용해 데이터를 추출하는 방법은 16장에서 자세히 다룹니다.

파라미터를 몇 가지 추가해 히트맵을 보기 좋게 수정하겠습니다. 출력된 히트맵을 보면 변수 간의 관계를 쉽게 알 수 있습니다.

```python
# 히트맵 만들기
sns.heatmap(data = cor_new,
            annot = True,                        # 상관계수 표시
            cmap = 'RdBu',                       # 컬러맵
            mask = mask_new,                     # mask 적용
            linewidths = .5,                     # 경계 구분선 추가
            vmax = 1,                            # 가장 진한 파란색으로 표현할 최대값
            vmin = -1,                           # 가장 진한 빨간색으로 표현할 최소값
            cbar_kws = {'shrink': .5})           # 범례 크기 줄이기
```

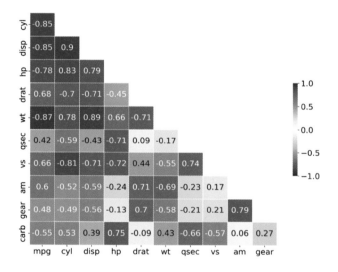

알아 두면 좋아요! ⟩ 히트맵 모양 바꾸기

sns.heatmap()의 파라미터를 이용하면 히트맵의 모양을 다양하게 바꿀 수 있습니다. seaborn 공식 문서를 참고하세요.

• seaborn.heatmap: bit.ly/easypy_142

머신러닝을 이용한 예측 분석

머신러닝 모델을 이용해 예측 분석을 하는 방법을 알아봅니다.

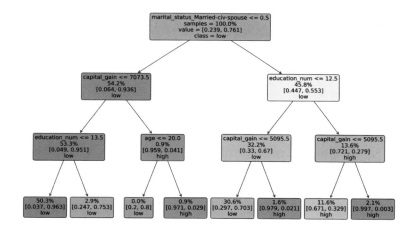

15-1 머신러닝 모델 알아보기

15-2 소득 예측 모델 만들기

15-1
머신러닝 모델 알아보기

머신러닝 모델이 무엇인지, 머신러닝 모델을 이용해 어떻게 예측을 하는지 알아보겠습니다.

머신러닝 모델이란?

머신러닝 모델 만들기 = 함수 만들기

머신러닝 모델은 함수와 비슷합니다. 함수에 값을 입력하면 규칙에 따라 계산한 값을 출력하듯이 머신러닝 모델도 값을 입력하면 정해진 규칙에 따라 계산한 예측값을 출력합니다. 머신러닝 모델이 함수와 다른 점은 만드는 방법입니다. 함수를 만들 때는 사람이 계산 규칙을 정해 입력해야 하지만 머신러닝 모델을 만들 때는 사람이 계산 규칙을 정하지 않고 컴퓨터가 데이터에서 패턴을 찾아 스스로 규칙을 정하게 합니다.

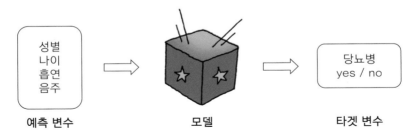

예를 들어 환자의 정보를 입력하면 당뇨병 발병 여부를 예측하는 모델을 만든다면, 사람이 해야 할 일은 여러 환자의 정보와 당뇨병 발병 여부 데이터를 수집해 머신러닝 알고리즘에 입력하는 것뿐입니다. 그러면 컴퓨터는 환자의 정보와 당뇨병 발병 간의 패턴을 찾아낸 다음 환자의 정보를 입력하면 당뇨병 발병 여부를 출력하는 모델을 만듭니다. 어떤 사람의 당뇨병 발병여부를 알고 싶다면 환자의 정보를 모델에 입력하기만 하면 됩니다.

예측 변수와 타겟 변수

머신러닝 모델을 만들 때 두 종류의 변수를 사용합니다.

- 예측 변수(predictor variable): 예측하는 데 활용하는 변수 또는 모델에 입력하는 값을 예측 변수라 합니다.
- 타겟 변수(target variable): 예측하고자 하는 변수 또는 모델이 출력하는 값을 타겟 변수라 합니다.

만약 환자의 성별, 나이, 흡연 여부, 음주 여부로 당뇨병 발병을 예측하는 모델을 만든다면 성별, 나이, 흡연 여부, 음주 여부는 예측 변수로 사용하고, 당뇨병 발병 여부는 타겟 변수로 사용합니다.

머신러닝 모델을 이용해 미래 예측하기

머신러닝 모델은 미래의 값을 예측하는 용도로 자주 사용됩니다. 과거의 값을 예측 변수로 사용하고 미래의 값을 타겟 변수로 사용하면 미래를 예측하는 모델을 만들 수 있습니다. 예를 들어 현재 환자의 신체 정보를 입력하면 3년 뒤의 당뇨병 발병 여부를 예측하는 모델을 만들 수 있습니다.

머신러닝 모델은 다양한 사업 영역에서 미래를 예측하는 데 활용됩니다. 온라인 커머스는 고객이 구매할 가능성이 높은 상품을 예측해 추천하고, 마케팅사는 서비스에 가입할 가능성이 높은 이용자를 예측해 홍보 전화를 겁니다. 금융사는 고객이 대출금을 제때 상환할지 예측해 가입 승인 여부를 결정하고, 반도체 공장은 설비 고장을 예측해 설비가 고장 나기 전에 미리 정비합니다. 미래를 예측하면 부가 수익을 창출하고 비용을 줄일 수 있으므로 머신러닝은 여러 분야에서 주목받는 기술입니다.

의사결정나무 모델

머신러닝 모델은 종류가 매우 다양하고 새로운 알고리즘이 끊임없이 개발되고 있습니다. 그 중에서 의사결정나무 모델은 구조가 단순하고 작동 원리를 이해하기 쉬워 여러 분야에 사용되고 있습니다. 규모가 크고 복잡한 모델도 의사결정나무 모델에 기반을 두고 만들 때가 많습니다.

의사결정나무 모델이란?

의사결정나무^{decision tree} 모델은 마치 스무고개 놀이처럼 순서대로 주어진 질문에 yes/no로 답하면 마지막에 결론을 얻는 구조로 되어 있습니다. 질문이 나열된 모양이 가지를 뻗은 '나무'와 비슷하고, 예측값을 무엇으로 할지 '의사 결정'해 주기 때문에 의사결정나무라는 이름을 가지고 있습니다.

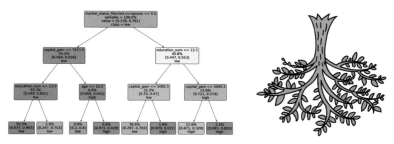

의사결정나무 모델은 거꾸로 뒤집어 놓은 나무와 모양이 비슷합니다.

의사결정나무 모델을 이용해 예측하기

의사결정나무 모델을 만들면 yes/no로 답할 수 있는 질문 목록을 갖게 됩니다. 새 데이터가 주어졌을 때 질문 목록에 따라 순서대로 답을 하면 최종적으로 둘 중 한 가지 값을 부여받게 됩니다. 예를 들어 환자의 나이, 흡연 여부, 음주 여부로 당뇨병 발병 여부를 예측하는 모델을 만들었다고 해보겠습니다.

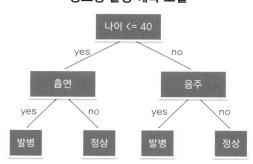

새로 온 환자 A는 나이가 45세이고 음주는 하지 않습니다. 모델의 첫 번째 질문은 '나이가 40세 이하인가?'입니다. 이 질문에 A의 대답은 'no'이므로 오른쪽 가지를 타고 내려갑니다. 두 번째로 마주한 질문 '음주 여부'에 A의 대답은 'no'이므로 이번에도 오른쪽 가지를 타고 내려갑니다. 최종적으로 환자 A는 '정상'으로 예측됩니다.

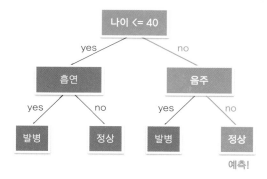

환자 A: 45세, 음주 no

나이 <= 40

yes / no

흡연 / 음주

흡연: yes / no → 발병 / 정상
음주: yes / no → 발병 / 정상

예측!

두 번째 환자 B는 나이가 30세이고 흡연을 합니다. B는 40세 이하이니 첫 번째 질문의 대답이 'yes'이므로 왼쪽 가지를 타고 내려갑니다. 두 번째로 마주한 질문 '흡연 여부'의 대답은 'yes'이므로 왼쪽 가지를 타고 내려갑니다. 최종적으로 환자 B는 '발병'으로 예측됩니다. 이처럼 데이터에 모델의 질문에 답할 수 있는 값만 있으면 발병/정상 둘 중 한 가지로 예측값을 부여받게 됩니다.

환자 B: 30세, 흡연 yes

나이 <= 40

yes / no

흡연 / 음주

흡연: yes / no → 발병 / 정상
음주: yes / no → 발병 / 정상

예측!

💬 발병/정상처럼 둘 중 한 가지 값으로 분류하는 모델을 이진 분류 모델(binary classification model)이라고 합니다. 의사결정나무 모델을 이용하면 셋 이상의 값으로 분류하는 다중 분류 모델(multiclass classification model)도 만들 수 있습니다.

의사결정나무 모델이 만들어지는 원리

다음과 같이 4가지 예측 변수로 당뇨병 발병 여부를 예측하는 모델을 만든다고 가정하고 모델이 만들어지는 과정을 단계별로 살펴보겠습니다.

- 예측 변수: 흡연 여부, 음주 여부, 성별, 나이
- 타겟 변수: 당뇨병 발병 여부

1단계. 타겟 변수를 가장 잘 분리하는 예측 변수 선택하기

의사결정나무 모델은 어떤 순서로 어떤 질문을 할지 정하는 과정을 거쳐 만들어집니다. 가장 먼저 첫 번째 질문을 할 때 예측 변수 중에서 무엇을 사용할지 정합니다. 의사결정나무 알고리즘은 '타겟 변수를 가장 잘 분리해 주는 예측 변수'를 찾아 첫 번째 질문으로 삼습니다. 예측 변수가 타겟 변수를 분리해 주는 정도는 다음 절차로 알 수 있습니다.

1. 모든 예측 변수를 yes/no로 답할 수 있는 질문으로 만듭니다. '흡연 여부'는 '흡연을 하십니까?', '음주 여부'는 '음주를 하십니까?', '성별'은 '남자입니까?' 또는 '여자입니까?'의 형태로 만듭니다.
2. 모델을 만드는데 사용할 데이터를 앞에서 만든 각각의 질문에 대입한 다음 'yes'로 답한 데이터만 추출합니다.
3. 추출한 데이터 중 발병인과 정상인의 비율을 구합니다. 발병인과 정상인의 비율 차이가 크면 클수록 예측 변수가 타겟 변수를 잘 분리해낸다고 볼 수 있습니다.

앞의 그림을 보면 '성별 = 남자'는 'yes'로 답한 사람 중 발병과 정상의 비율이 둘 다 50%로 같습니다. 그러므로 성별을 묻는 것은 발병과 정상을 분리해 내는데 별로 도움이 되지 않습니다.

반면 '음주 여부'는 성별 보다 발병과 정상을 잘 분리해 냅니다. 음주 여부에 'yes'로 답한 사람을 전부 환자로 분류하면 적어도 60%는 맞출 수 있습니다.

셋 중에 타겟 변수를 가장 잘 분리해 주는 예측 변수는 '흡연 여부'입니다. 흡연 여부에 'yes'로 답한 사람을 전부 환자로 분류하면 80%를 맞출 수 있습니다. 만약 당뇨병 발병 여부를 예측하는데 질문을 딱 하나만 해야 한다면 흡연 여부를 물어봐야 합니다.

앞에서 살펴본 변수는 범주 변수이므로 yes/no로 답할 수 있는 질문을 곧바로 만들 수 있지만 나이와 같은 연속 변수는 그렇지 않습니다. 연속 변수는 '나이가 x세 이하인가?'의 형태로 질문을 만들어야 yes/no로 답할 수 있습니다. 이때 몇 세를 기준으로 질문할지 정해야 합니다. 타겟 변수를 가장 잘 분리해 주는 기준 나이를 알아내려면 '18세 이하인가?', '19세 이하인가?' … '60세 이하인가?'와 같이 가능한 모든 경우의 수대로 질문 후보를 만들어 비교하면 됩니다.

나이 <= 18		나이 <= 19		나이 <= 20			나이 <= 60	
발병 50%	정상 50%	발병 60%	정상 40%	발병 60%	정상 40%	...	발병 70%	정상 30%

이처럼 모든 예측 변수로 질문을 만든 다음 타겟 변수를 가장 잘 분리해 주는 변수를 찾아 첫 번째 질문에 사용합니다. 이 예에서는 흡연 여부를 선택하게 됩니다.

☕ 실제 계산에서는 노드 분리 전후를 비교하여 지니 계수(gini index)나 엔트로피(entropy)와 같은 불순도(impurity)를 가장 줄여주는 예측 변수를 선택합니다.

✓ 흡연: yes		음주: yes		성별 = 남자: yes	
발병 80%	정상 20%	발병 60%	정상 40%	발병 50%	정상 50%

나이 <= 18		나이 <= 19		나이 <= 20			나이 <= 60	
발병 50%	정상 50%	발병 60%	정상 40%	발병 60%	정상 40%	...	발병 70%	정상 30%

2단계. 첫 번째 질문의 답변에 따라 데이터를 두 노드로 분할하기

질문의 답변이 같아서 함께 분류된 집단을 **노드**^{node}라고 합니다. 노드는 의사결정나무 도식에 사각형으로 표현됩니다.

전체 데이터를 첫 번째 질문의 답변에 따라 서로 다른 노드로 보냅니다. 앞의 예에서는 '흡연 여부'의 답변이 'yes'면 왼쪽 노드, 'no'면 오른쪽 노드로 보내면 됩니다.

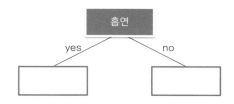

3단계. 각 노드에서 타겟 변수를 가장 잘 분리하는 예측 변수 선택하기

각 노드에서 타겟 변수를 가장 잘 분리해 주는 예측 변수를 선택합니다. 1단계 작업을 노드 별로 반복하는 것입니다. '흡연 여부'는 이미 사용했으니 제외하고 나머지 변수 중에서 타겟 변수를 가장 잘 분리해 주는 두 번째 예측 변수를 찾으면 됩니다.

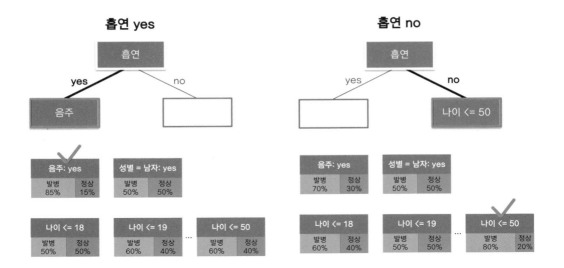

4단계. 노드가 완벽하게 분리될 때까지 반복하기

노드에 한 범주만 남아 완벽하게 분리될 때까지 변수를 선택하고 노드를 분할하는 과정을 반복합니다. 노드에 발병과 정상 중 한 쪽 범주만 남으면 분할을 종료합니다.

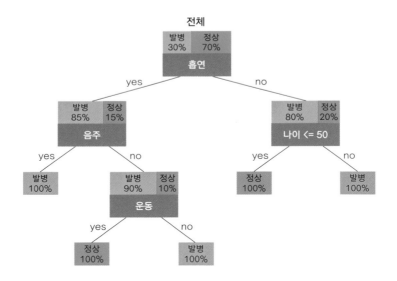

의사결정나무 모델의 특징

노드마다 분할 횟수가 다르다

예측 변수를 선택하고 노드를 분할하는 횟수가 노드마다 다르므로 가지가 뻗어 나간 횟수도 노드마다 제각각입니다. 어떤 노드는 다섯 번 분할해야 한 범주만 남지만 어떤 노드는 두 번만에 한 범주만 남을 수 있습니다. 따라서 모든 사람에게 같은 횟수로 질문하는 게 아니라 앞의 질문에 어떻게 답변했는지에 따라 서로 다른 횟수로 질문하게 됩니다.

노드마다 선택되는 예측 변수가 다르다

예측 변수 선택 작업을 노드별로 따로 하므로 노드마다 선택되는 변수가 다릅니다. 예를 들어 흡연자에게는 '음주 여부'가, 비흡연자에게는 '나이'가 타겟 변수를 가장 잘 분리해 주는 예측 변수일 수 있습니다. 따라서 모든 사람에게 일괄적으로 같은 질문을 하는 게 아니라 앞의 질문에 어떻게 답변했는지에 따라 서로 다른 질문을 하게 됩니다.

어떤 예측 변수는 모델에서 탈락한다

어떤 예측 변수는 노드를 분할하는 과정에서 한 번도 선택되지 않아 모델에서 탈락할 수 있습니다. 예를 들어 당뇨병 발병 예측 모델을 만들 때 '발 크기' 변수는 타겟 변수를 분리해 주는 정도가 다른 변수보다 항상 떨어져서 분할을 종료할 때까지 한 번도 선택되지 않을 수 있습니다. 따라서 데이터에 들어 있는 모든 변수를 예측에 사용하는 게 아니라 일부는 사용하고 일부는 제외하게 됩니다.

15-2
소득 예측 모델 만들기

adult 데이터는 미국인의 성별, 인종, 직업, 학력 등 다양한 인적 정보를 담고 있는 인구 조사 데이터입니다. adult 데이터를 이용해 인적 정보로 소득을 예측하는 의사결정나무 모델을 만들어 보겠습니다. 모델을 만드는 절차는 다음과 같습니다.

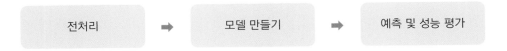

먼저 adult 데이터를 불러와 구조를 살펴보겠습니다.

```
import pandas as pd
df = pd.read_csv('adult.csv')
df.info()
```

```
<class 'pandas.core.frame.DataFrame'>
RangeIndex: 48842 entries, 0 to 48841
Data columns (total 15 columns):
 #   Column          Non-Null Count   Dtype
---  ------          --------------   -----
 0   age             48842 non-null   int64
 1   workclass       48842 non-null   object
 2   fnlwgt          48842 non-null   int64
     (...생략...)
 12  hours_per_week  48842 non-null   int64
 13  native_country  48842 non-null   object
 14  income          48842 non-null   object
dtypes: int64(6), object(9)
memory usage: 5.6+ MB
```

🍵 adult 데이터 출처: bit.ly/easypy_143

adult 데이터는 48,842명의 정보를 담고 있으며 변수 15개로 구성됩니다. 이 중 연소득을 나타낸 income을 타겟 변수, 나머지 14개를 예측 변수로 사용하겠습니다.

변수명	의미
age	나이
workclass	근로 형태
fnlwgt	인구 통계 가중치
education	최종 학력
education_num	교육 기간
marital_status	결혼 상태
occupation	직종
relationship	가구주와의 관계
race	인종
sex	성별
capital_gain	자본 소득(USD)
capital_loss	자본 손실(USD)
hours_per_week	주당 근무 시간
native_country	출신 국가
income	연소득

 알아 두면 좋아요! ⎬ 소득 예측 모델을 어디에 활용할까?

고가 상품 구매 프로모션
소득 예측 모델은 고급 수입차나 명품 시계처럼 고가의 상품을 구매하도록 독려하는 프로모션에 활용할 수 있습니다. 소득이 높아 상품을 구매할 가능성이 높은 사람을 예측하면 프로모션 활동에 드는 시간과 비용을 절약할 수 있습니다.

저소득층 지원 대상 확대
정부에서 저소득층 지원 사업 대상자를 찾아낼 때에도 소득 예측 모델을 활용할 수 있습니다. 저소득층을 선제적으로 찾아 지원하면 사람들이 스스로 지원 요건을 확인하고 신청하게 할 때보다 복지 프로그램 대상을 확대할 수 있습니다.

머신러닝 모델을 만들 때 가장 먼저 하는 작업은 모델을 만드는 데 적합하도록 데이터를 가공하는 것입니다. 본격적으로 모델을 만들기 전에 데이터를 처리하는 작업이므로 이를 데이터 전처리^{data preprocessing}라 합니다. adult 데이터를 전처리하겠습니다.

1. 타겟 변수 전처리

먼저 타겟 변수 income을 검토하고 전처리하겠습니다. income은 조사 응답자의 연소득이 5만 달러를 초과하는지 여부를 나타냅니다. 다음 코드의 출력 결과를 보면 연소득이 5만 달러를 초과하는 사람(>50K)은 23.9%, 5만 달러 이하인 사람(<=50K)은 76%입니다.

```
df['income'].value_counts(normalize = True)
```

```
<=50K    0.760718
>50K     0.239282
Name: income, dtype: float64
```

💬 df.value_counts()에 normalize = True를 입력하면 범주의 비율을 구합니다.

변수의 값에 특수 문자나 대소문자가 섞여 있으면 다루기 불편하므로 5만 달러를 초과하면 'high', 그렇지 않으면 'low'로 값을 수정하겠습니다. '>50K'에서 'K'는 대문자이니 입력할 때 주의하세요.

```
import numpy as np
df['income'] = np.where(df['income'] == '>50K', 'high', 'low')
df['income'].value_counts(normalize = True)
```

```
low     0.760718
high    0.239282
Name: income, dtype: float64
```

2. 불필요한 변수 제거하기

이름, 아이디, 주소 같은 변수는 대부분의 값이 고유값이어서 반복되는 패턴이 없고 타겟 변수와도 관련성이 없습니다. 이런 변수는 타겟 변수를 예측하는 데 도움이 되지 않고 모델링 시간만 늘리는 역할을 하므로 제거해야 합니다.

fnlwgt는 adult 데이터를 이용해 미국의 실제 인구를 추정할 때 사용하는 가중치입니다. 인종, 성별, 나이 등 인구 통계 속성이 같으면 fnlwgt가 같습니다. fnlwgt는 타겟 변수를 예측하는 데 도움이 되지 않는 변수이므로 모델을 만들 때 사용하지 않도록 제거하겠습니다.

```
df = df.drop(columns = 'fnlwgt')
```

3. 문자 타입 변수를 숫자 타입으로 바꾸기

모델을 만드는 데 사용되는 모든 변수는 숫자 타입이어야 합니다. df.info()의 출력 결과를 보면 Dtype이 object인 문자 타입 변수들이 있습니다. 이 변수들을 모델을 만드는 데 활용하려면 숫자 타입으로 바꾸어야 합니다.

원핫 인코딩하기

변수의 범주가 특정 값이면 1, 그렇지 않으면 0으로 바꾸면 문자 타입 변수를 숫자 타입으로 만들 수 있습니다. 이렇게 값을 1과 0으로 바꾸는 방법을 원핫 인코딩$^{one-hot\ encoding}$이라 합니다.

동물		강아지	고양이	앵무새
강아지		1	0	0
앵무새		0	0	1
고양이	➡	0	1	0
앵무새		0	0	1
강아지		1	0	0
고양이		0	1	0

df의 sex를 추출해 원핫 인코딩하는 방법을 알아보겠습니다. 다음 코드의 출력 결과를 보면 df_tmp의 sex는 'Male' 또는 'Female'로 되어 있는 문자 타입 변수입니다.

```
df_tmp = df[['sex']]
df_tmp.info()

<class 'pandas.core.frame.DataFrame'>
RangeIndex: 48842 entries, 0 to 48841
Data columns (total 1 columns):
 #   Column  Non-Null Count  Dtype
---  ------  --------------  -----
 0   sex     48842 non-null  object
dtypes: object(1)
memory usage: 381.7+ KB
```

```
df_tmp['sex'].value_counts()

Male      32650
Female    16192
Name: sex, dtype: int64
```

pd.get_dummies()에 데이터 프레임을 입력하면 문자 타입 변수를 원핫 인코딩을 적용해 변환합니다. 다음 코드의 출력 결과를 보면 sex가 사라지고 그 대신 sex_Female과 sex_Male이 만들어졌습니다.

```
# df_tmp의 문자 타입 변수에 원핫 인코딩 적용
df_tmp = pd.get_dummies(df_tmp)
df_tmp.info()

<class 'pandas.core.frame.DataFrame'>
RangeIndex: 48842 entries, 0 to 48841
Data columns (total 2 columns):
 #   Column      Non-Null Count  Dtype
---  ------      --------------  -----
 0   sex_Female  48842 non-null  bool
 1   sex_Male    48842 non-null  bool
dtypes: bool(2)
memory usage: 95.5 KB
```

🐢 원핫 인코딩으로 만들어진 변수의 타입은 bool입니다. bool은 값이 True와 False로 구성되는 데이터 타입인 불리언 (boolean)을 뜻합니다.

sex_Female은 sex가 Female이면 True, 그렇지 않으면 False로 된 변수입니다. 원핫 인코딩한 값이 1이면 True, 0이면 False가 된 것입니다. sex_Male은 반대로 sex가 Male이면 True, 그렇지 않으면 False로 된 변수입니다. 두 변수 중 한쪽이 True이면 다른 한쪽은 반드시 False입니다.

```
df_tmp[['sex_Female', 'sex_Male']].head()
```

	sex_Female	sex_Male
0	False	True
1	False	True
2	False	True
3	False	True
4	True	False

원핫 인코딩을 하는 방법을 익혔으니 df에 적용하겠습니다. 타겟 변수인 income만 원래대로 유지하고, 모든 문자 타입 변수를 원핫 인코딩 하겠습니다.

```
target = df['income']              # income 추출

df = df.drop(columns = 'income')   # income 제거
df = pd.get_dummies(df)            # 문자 타입 변수 원핫 인코딩

df['income'] = target             # df에 target 삽입
df.info()
```

```
<class 'pandas.core.frame.DataFrame'>
RangeIndex: 48842 entries, 0 to 48841
Columns: 108 entries, age to income
dtypes: bool(102), int64(5), object(1)
memory usage: 7.0+ MB
```

df.info() 출력 결과에 개별 변수의 정보가 출력되지 않은 이유는 변수가 100개 이하일 때만 변수 정보를 출력하도록 설정되어 있기 때문입니다. df.info()에 max_cols = np.inf를 입력하면 변수의 수와 관계없이 모든 변수의 정보를 출력합니다. 출력 결과를 보면 변수가 108개로 늘어나고, 문자 타입 변수가 전부 숫자 타입으로 바뀌었다는 것을 알 수 있습니다.

```
import numpy as np
df.info(max_cols = np.inf)
```

```
<class 'pandas.core.frame.DataFrame'>
RangeIndex: 48842 entries, 0 to 48841
Data columns (total 108 columns):
 #   Column          Non-Null Count  Dtype
---  ------          --------------  -----
 0   age             48842 non-null  int64
 1   education_num   48842 non-null  int64
 2   capital_gain    48842 non-null  int64
 3   capital_loss    48842 non-null  int64
 4   hours_per_week  48842 non-null  int64
 5   workclass_?     48842 non-null  bool
 (...생략...)
```

4. 데이터 분할하기

모델을 만들 때는 가지고 있는 모든 데이터를 사용하는 게 아니라 일부만 무작위로 추출해 사용해야 합니다.

모든 데이터를 사용해 모델을 만들면 성능 평가 점수를 신뢰할 수 없다

모델을 만들고 나면 모델이 타겟 변수를 얼마나 정확하게 예측하는지 알아보기 위해 성능을 평가합니다. 그런데 모델을 만들 때 사용한 데이터를 성능을 평가할 때 그대로 다시 사용하면 평가 점수를 신뢰할 수 없게 됩니다. 예측 정확도가 높게 나오더라도 모델의 성능이 좋아서인지 아니면 이미 경험한 데이터라 잘 맞춘 것인지 알 수 없기 때문입니다.

이는 학생이 연습 문제로 공부한 다음 똑같은 문제로 시험을 치르는 상황과 비슷합니다. 공부할 때 풀어본 문제를 다시 푸는 것에 불과하므로 실력을 제대로 평가할 수 없는 것입니다.

크로스 밸리데이션: 신뢰할 수 있는 성능 평가 점수를 얻는 방법

신뢰할 수 있는 성능 평가 점수를 얻으려면 가지고 있는 데이터에서 일부만 추출해 모델을 만들 때 사용하고, 나머지는 남겨 두었다가 성능을 평가할 때 사용해야 합니다. 다음 그림처럼 데이터를 훈련용과 평가용으로 나누어 사용하는 것입니다. 이렇게 하면 모델이 한 번도 경험한 적 없는 데이터로 성능을 평가하므로 평가 점수를 신뢰할 수 있게 됩니다.

이는 학생이 문제 은행에서 일부만 뽑아 공부한 다음 나머지 문제로 시험을 치르는 상황과 비슷합니다. 공부할 때 이미 풀어본 문제가 아니라 처음 보는 문제를 얼마나 잘 푸는지 봐야만 실력을 제대로 평가할 수 있는 것입니다.

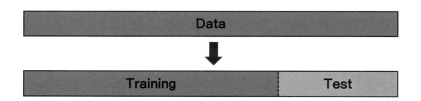

이처럼 데이터를 분할해 일부는 모델을 만들 때 사용하고 나머지는 평가할 때 사용하는 방법을 **크로스 밸리데이션**(cross validation, 교차 검증)이라고 합니다. 분할한 데이터 중에서 모델을 만들 때 사용하는 데이터를 **트레이닝 세트**(training set, 훈련 세트), 성능을 평가할 때 사용하는 데이터를 **테스트 세트**(test set, 시험 세트)라 부릅니다.

🐚 모델을 만드는 작업을 'training'이라고 표현합니다. 우리말로는 '훈련' 또는 '학습'으로 번역합니다.

adult 데이터 분할하기

scikit-learn 패키지를 이용해 데이터를 트레이닝 세트와 테스트 세트로 분할하겠습니다.
scikit-learn은 머신러닝 모델을 만들 때 가장 많이 사용되는 패키지입니다.

📌 scikit-learn을 sklearn으로 줄여서 부르기도 합니다. 패키지를 로드할 때는 패키지명에 scikit-learn이 아니라 sklearn 을 입력해야 합니다.

sklearn.model_selection의 train_test_split()을 이용하면 데이터를 트레이닝 세트와 테스트 세트로 분할할 수 있습니다. train_test_split()에는 다음과 같은 파라미터를 입력해야 합니다.

- test_size: 테스트 세트의 비율. 트레이닝 세트와 테스트 세트의 비율은 보통 7:3 또는 8:2로 정합니다. 정답은 없지만 데이터가 많을수록 트레이닝 세트의 비율을 늘리고 반대로 데이터가 적을수록 테스트 세트의 비율을 늘립니다.
- stratify: 범주별 비율을 통일할 변수. stratify에 타겟 변수를 입력하면 트레이닝 세트와 테스트 세트에 타겟 변수의 범주별 비율을 비슷하게 맞춰줍니다. 타겟 변수를 입력하지 않으면 타겟 변수의 범주별 비율이 데이터 세트마다 달라지므로 평가 결과를 신뢰하기 어렵습니다.
- random_state: 난수 초깃값. train_test_split()은 난수를 이용해 데이터를 무작위로 추출하므로 함수를 실행할 때마다 추출되는 데이터가 조금씩 달라집니다. 난수를 고정하면 코드를 반복 실행해도 항상 같은 데이터가 추출됩니다.

다음 코드는 함수의 출력 결과를 df_train, df_test 두 변수에 할당하는 형태로 되어 있습니다. train_test_split()은 트레이닝 세트와 테스트 세트를 함께 출력합니다. 할당할 변수를 2개 지정하면 트레이닝 세트는 앞에 입력한 변수, 테스트 세트는 뒤에 입력한 변수에 할당합니다.

```
from sklearn.model_selection import train_test_split
df_train, df_test = train_test_split(df,
                             test_size = 0.3,          # 테스트 세트 비율
                             stratify = df['income'],  # 타겟 변수 비율 유지
                             random_state = 1234)      # 난수 고정
```

📌 난수를 이용하는 코드의 결과는 OS나 패키지 버전에 따라 조금씩 다를 수 있습니다.

df.shape로 두 데이터 세트를 살펴보면 변수가 108개로 같고, 행의 수는 다릅니다.

```
# train
df_train.shape
```

```
(34189, 108)
```

```
# test
df_test.shape
```

```
(14653, 108)
```

타겟 변수의 범주별 비율은 두 데이터 세트 모두 비슷합니다. train_test_split()의 stratify에 타겟 변수를 지정했기 때문입니다.

```
# train
df_train['income'].value_counts(normalize = True)
```

```
low      0.760713
high     0.239287
Name: income, dtype: float64
```

```
# test
df_test['income'].value_counts(normalize = True)
```

```
low      0.760732
high     0.239268
Name: income, dtype: float64
```

⌨ Do it! 실습   의사결정나무 모델 만들기

전처리를 완료했으니 이제 모델을 만들겠습니다. 모델을 만들 때는 df_train을 사용합니다. df_test는 마지막에 모델을 평가할 때 사용합니다.

모델 설정하기

sklearn의 `tree.DecisionTreeClassifier()` 클래스를 이용하면 의사결정나무 모델을 만들 수 있습니다. 먼저 모델을 만드는 데 사용할 `clf`를 만들겠습니다. `tree.DecisionTreeClassifier()`에는 다음과 같은 파라미터를 입력합니다.

- `random_state`: 난수 초깃값. 변수 선택 과정에서 난수를 이용하기 때문에 코드를 실행할 때마다 결과가 조금씩 달라집니다. 난수를 고정하면 코드를 여러 번 실행해도 결과가 항상 같습니다.
- `max_depth`: 나무의 깊이. 노드를 최대 몇 번까지 분할할지 정합니다. 숫자가 클수록 노드를 여러 번 분할해 복잡한 모델을 만듭니다. 값을 지정하지 않으면 노드를 최대한 많이 분할합니다. 여기서는 단순한 모델을 만들도록 3을 입력하겠습니다.

```python
from sklearn import tree
clf = tree.DecisionTreeClassifier(random_state = 1234,    # 난수 고정
                                  max_depth = 3)          # 나무 깊이
```

🐧 `clf`는 classifier의 줄임말입니다. 고소득/저소득처럼 데이터를 몇 개 중 하나로 분류하는 모델을 분류 모델(classification model) 또는 분류기(classifier)라 합니다.

모델 만들기

앞에서 만든 `clf()`를 이용해 모델을 만들겠습니다. 먼저 `df_train`에서 예측 변수와 타겟 변수를 각각 추출해 데이터 프레임을 만듭니다. 그런 다음 `clf.fit()`의 X에는 예측 변수, y에는 타겟 변수를 입력합니다. X는 대문자이니 주의하세요.

```python
train_x = df_train.drop(columns = 'income')   # 예측 변수 추출
train_y = df_train['income']                  # 타겟 변수 추출

model = clf.fit(X = train_x, y = train_y)     # 모델 만들기
```

> **👨 알아 두면 좋아요! } 모델을 만들 때 난수를 고정하는 이유**
>
> 의사결정나무 알고리즘은 타겟 변수를 가장 잘 분리해 주는 예측 변수를 선택해 노드를 분할합니다. 그런데 여러 예측 변수가 똑같이 타겟 변수를 잘 분리해내는 경우가 있습니다. 이럴 때 난수를 이용해 무작위로 예측 변수를 선택하기 때문에 코드를 실행할 때마다 결과가 조금씩 달라집니다. 코드를 여러 번 실행해도 항상 같은 결과가 나오게 하려면 난수를 고정해야 합니다.

![Do it! 실습 아이콘] **Do it! 실습**   **모델 구조 살펴보기**

완성된 모델을 그래프로 만들어 구조를 살펴보겠습니다. tree.plot_tree()을 이용하면 모델을 시각화할 수 있습니다. 먼저 그래프를 크고 선명하게 표현하도록 설정한 다음 그래프를 출력하겠습니다.

```python
import matplotlib.pyplot as plt
plt.rcParams.update({'figure.dpi'     : '100',      # 해상도 설정
                     'figure.figsize' : [12, 8]})   # 그래프 크기 설정

tree.plot_tree(model);                               # 그래프 출력
```

🍚 그래프 출력 코드 뒤에 ;를 입력하면 메시지를 제외하고 그래프만 출력합니다.

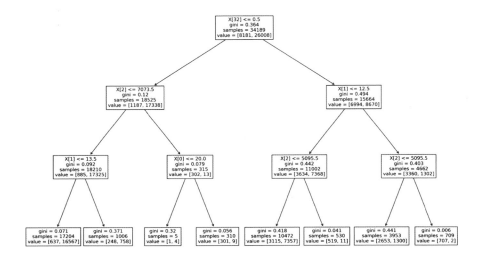

tree.plot_tree()에 몇 가지 파라미터를 추가해 그래프를 보기 좋게 수정하겠습니다.

```python
tree.plot_tree(model,
               feature_names = list(train_x.columns),   # 예측 변수명
               class_names = ['high', 'low'],            # 타겟 클래스 알파벳순
               proportion = True,                        # 비율 표기
               filled = True,                            # 색칠
               rounded = True,                           # 둥근 테두리
               impurity = False,                         # 불순도 표시
               label = 'root',                           # label 표시 위치
               fontsize = 10);                           # 글자 크기
```

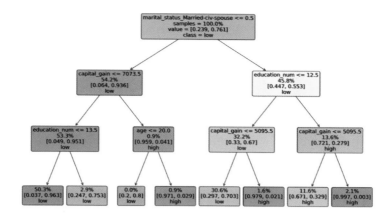

노드의 값

그래프에서 가장 위에 있는 첫 번째 노드를 이용해 그래프를 해석하는 방법을 알아보겠습니다. 다른 노드도 같은 순서로 값이 표현되어 있습니다.

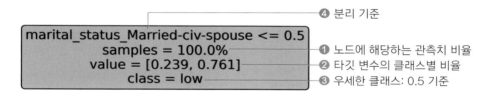

① 전체 데이터의 몇 퍼센트가 해당 노드로 분류됐는지 나타냅니다. 첫 번째 노드는 아직 한 번도 나뉘지 않았으므로 데이터의 100%가 이 노드에 속합니다.

다음 단계의 노드로 내려가면 데이터가 여러 노드로 배분되므로 비율이 줄어듭니다. 예를 들어 두 번째 단계의 노드를 보면 왼쪽 노드는 54.2%, 오른쪽 노드는 45.8%입니다. 같은 단계의 노드 비율을 모두 더하면 100%가 됩니다.

② 타깃 변수의 클래스별 비율을 알파벳순으로 나타냅니다. 타깃 변수 income의 'high'와 'low' 중 'high'가 알파벳순으로 우선하므로 'high', 'low' 순으로 비율이 표시되어 있습니다. 값을 보면 전체 데이터 중 'high'가 23.9%, 'low'가 76.1%라는 것을 알 수 있습니다.

> 🍵 타깃 변수의 범주를 클래스(class)라고 합니다.

③ 0.5를 기준으로 타깃 변수의 두 클래스 중 어느 쪽이 더 많은지 나타냅니다. 'high'가 23.9%, 'low'가 76.1%로 'low'가 더 많으므로 'low'가 표시됩니다.

④ 노드를 분리할 때 사용할 기준을 나타냅니다. 이 기준을 충족하는 데이터는 왼쪽, 충족하지 않는 데이터는 오른쪽 노드로 할당됩니다.

marital_status_Married-civ-spouse는 원핫 인코딩으로 만들어진 변수로 기혼이면 1, 비혼이면 0으로 되어 있습니다. 따라서 비혼이면 변수의 값이 0이므로 'marital_status_Married-civ-spouse <= 0.5(비혼)' 조건을 충족해 왼쪽 노드로 내려가고, 기혼이면 조건을 충족하지 않으므로 오른쪽 노드로 내려갑니다. 즉, 비혼은 왼쪽 노드, 기혼은 오른쪽 노드로 내려갑니다.

다른 노드도 분리 기준이 표시되지만 마지막 단계의 '끝 노드'는 더 이상 나뉘지 않으므로 분리 기준이 표시되지 않습니다.

🐢 첫 번째 단계의 노드를 뿌리 노드(root node), 마지막 단계의 노드를 끝 노드(terminal node)라 합니다. 어떤 노드의 윗 단계에 있는 노드를 부모 노드(parent node), 아랫 단계에 있는 노드를 자식 노드(child node)라 합니다.

왼쪽 노드

이번에는 첫 번째 노드의 조건에 따라 나뉘어진 두 번째 단계의 노드를 해석해보겠습니다. 먼저 왼쪽 노드를 살펴보겠습니다.

capital_gain <= 7073.5
54.2%
[0.064, 0.936]
low

첫 번째 노드의 조건 'marital_status_Married-civ-spouse <= 0.5(비혼)'을 충족한 비혼자가 이 노드에 할당됩니다. 비혼자는 전체의 54.2%입니다. 비혼자의 income은 'high' 6.4%, 'low' 93.6%로 'low'가 더 많습니다. 다음으로 노드를 나누는 기준은 'capital_gain <= 7073.5'입니다.

오른쪽 노드

첫 번째 노드의 조건 'marital_status_Married-civ-spouse <= 0.5(비혼)'을 충족하지 않은 기혼자가 이 노드에 할당됩니다. 기혼자는 전체의 45.8%입니다. 기혼자의 income은 'high' 44.7%, 'low' 55.3%로 'low'가 더 많습니다. 다음으로 노드를 나누는 기준은 'education_num <= 12.5'입니다.

education_num <= 12.5
45.8%
[0.447, 0.553]

노드의 색

노드의 색깔

노드의 색깔은 우세한 타겟 변수의 클래스에 따라 정해집니다. 그래프를 보면 'high'의 비율이 높은 노드는 주황색, 'low'의 비율이 높은 노드는 파란색 계열로 표현되어 있습니다.

노드의 색농도

노드의 색농도는 '한 클래스의 구성 비율이 우세한 정도'를 나타냅니다. 한 클래스의 비율이 다른 클래스보다 높을수록 농도가 진하고, 두 클래스의 비율이 비슷할수록 농도가 연합니다. 두 번째 단계의 노드를 보면 왼쪽 노드는 'high'보다 'low'의 비율이 월등히 높아 농도가 진한 반면, 오른쪽 노드는 두 클래스의 비율이 비슷하므로 농도가 연합니다.

🐢 '한 클래스의 비율이 우세한 정도'를 순도(purity)라 합니다.

⌨ Do it! 실습 모델을 이용해 예측하기

앞에서 만든 모델을 활용해 새 데이터의 타겟 변수를 예측하는 방법을 알아보겠습니다. 먼저 모델을 만들 때 사용하지 않은 df_test에서 예측 변수와 타겟 변수를 각각 추출하겠습니다.

```
test_x = df_test.drop(columns = 'income')   # 예측 변수 추출
test_y = df_test['income']                  # 타겟 변수 추출
```

model.predict()를 이용하면 모델을 이용해 새 데이터의 타겟 변수 값을 예측할 수 있습니다. model.predict()에 test_x를 입력해 타겟 변수 예측값을 구한 다음 df_test['pred']에 할당하겠습니다. df_test를 출력하면 가장 오른쪽에 pred가 만들어진 것을 확인할 수 있습니다. pred는 모델이 train_x에 들어 있는 예측 변수만 이용해서 구한 값입니다.

```
# 예측값 구하기
df_test['pred'] = model.predict(test_x)
df_test
```

	age	education_num	capital_gain		income	pred
(...생략...)						
11985	24	13	0		low	low
48445	35	13	10520		high	high
19639	41	9	0	...	high	low
21606	29	4	0		low	low
3822	31	13	0		low	low

income과 pred의 값을 보면 모델의 예측이 맞았는지 알 수 있습니다. 두 변수의 값이 같으면 예측이 맞은 것이고, 두 변수의 값이 다르면 예측이 틀린 것입니다.

Do it! 실습   **성능 평가하기**

예측값을 실제값과 대조해 예측이 얼마나 잘 맞았는지 모델의 성능을 평가하겠습니다. 성능 평가 지표는 종류가 다양하고 특징이 서로 달라서 어떤 지표가 높더라도 다른 지표는 낮을 수 있습니다. 그러므로 모델을 사용하는 목적에 맞게 평가 기준으로 삼을 지표를 선택해야 합니다.

confusion matrix 만들기

모델이 예측한 값 중 맞은 경우와 틀린 경우의 빈도를 나타낸 **컨퓨전 매트릭스**(confusion matrix, 혼동 행렬)를 만들겠습니다. sklearn.metrics의 confusion_matrix()를 이용하면 컨퓨전 매트릭스를 만들 수 있습니다. confusion_matrix()에는 다음 파라미터를 입력합니다.

- y_true: 타겟 변수
- y_pred: 예측 변수
- labels: 클래스 배치 순서

```
from sklearn.metrics import confusion_matrix
conf_mat = confusion_matrix(y_true = df_test['income'],   # 실제값
                            y_pred = df_test['pred'],      # 예측값
                            labels = ['high', 'low'])      # 클래스 배치 순서
conf_mat
```

```
array([[ 1801,  1705],
       [  582, 10565]], dtype=int64)
```

sklearn.metrics의 ConfusionMatrixDisplay()를 이용해 컨퓨전 매트릭스로 히트맵 ^heatmap 을 만들어 값을 살펴보겠습니다. 히트맵은 격자 위에 값을 표시하고 값이 클수록 셀의 색농도를 진하게 표현한 그래프입니다. ConfusionMatrixDisplay()의 C, M, D는 대문자이 니 주의하세요.

```
plt.rcParams.update(plt.rcParamsDefault)                       # 그래프 설정 되돌리기

from sklearn.metrics import ConfusionMatrixDisplay
p = ConfusionMatrixDisplay(confusion_matrix = conf_mat,        # 컨퓨전 매트릭스
                           display_labels = ('high', 'low'))   # 타겟 변수 클래스명

p.plot(cmap = 'Blues')                                         # 컬러맵 적용해 출력
```

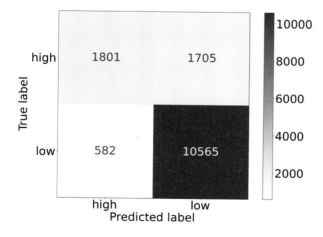

confusion matrix 해석하기

컨퓨전 매트릭스의 행은 실제^{true} 빈도를 의미합니다. 첫 번째 행은 income이 실제로 high인 사람, 두 번째 행은 실제로 low인 사람을 나타냅니다.

열은 모델이 예측한^{predicted} 빈도를 의미합니다. 첫 번째 열은 모델이 high로 예측한 사람, 두 번째 열은 low로 예측한 사람을 나타냅니다.

컨퓨전 매트릭스를 보면 예측이 맞은 빈도와 틀린 빈도를 알 수 있습니다. 행과 열의 레이블^{label}이 같은 왼쪽 대각선의 두 셀은 예측이 맞은 빈도를 나타냅니다. 반대로 레이블이 서로 다른 오른쪽 대각선의 두 셀은 예측이 틀린 빈도를 나타냅니다. 앞에서 출력한 컨퓨전 매트릭스를 보면 다음과 같은 사실을 알 수 있습니다.

첫 번째 열의 값

- 모델이 2,383명(1,801 + 582)을 high로 예측했다.
- 이 중 실제로 high인 사람은 1,801명이다(정답).
- 이 중 실제로 low인 사람은 582명이다(오답).

두 번째 열의 값

- 모델이 12,270명(1,705 + 10,565)을 low로 예측했다.
- 이 중 실제로 low인 사람은 10,565명이다(정답).
- 이 중 실제로 high인 사람은 1,705명이다(오답).

컨퓨전 매트릭스의 셀 이름

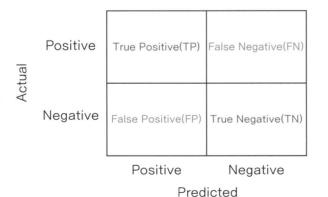

- 정답 여부: True / False
- 예측 방향: Positive / Negative

컨퓨전 매트릭스의 각 셀은 다음과 같은 단어로 표현합니다.

- 정답 여부(True/False): 모델의 예측값이 실제값과 일치하면 True, 일치하지 않으면 False

- 예측 클래스(Positive/Negative): 타겟 변수의 클래스 중 모델이 예측하고자 하는 관심 클래스는 Positive, 그 반대는 Negative. 여기서는 모델의 목적이 고소득자를 찾아내는 것이므로 income이 high면 Positive, low면 Negative가 됩니다.

컨퓨전 매트릭스의 셀 이름은 True/False와 Positive/Negative의 첫 글자를 따서 TP, TN, FP, FN으로 줄여서 표현할 때가 많습니다. 줄임말을 알아 두면 성능 지표 공식을 이해하기 편합니다.

성능 평가 지표 구하기

성능 평가 지표를 구하면 모델의 예측이 얼마나 정확한지 알 수 있습니다.

Accuracy

accuracy(정확도)는 모델이 '예측해서 맞춘 비율'을 의미합니다. 컨퓨전 매트릭스 전체 셀 합계에서 왼쪽 대각선 셀의 합계가 차지하는 비율이 accuracy입니다. 모델의 성능을 평가할 때 기본적으로 accuracy를 가장 먼저 구합니다.

🍡 성능 평가 지표는 영어 표현을 더 많이 쓰기 때문에 한글로 표기하지 않았습니다.

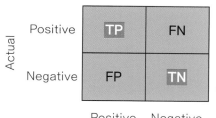

$$Accuracy = \frac{TP + TN}{TP + TN + FP + FN}$$

accuracy는 앞에서 만든 conf_mat을 이용해 직접 계산할 수도 있지만 sklearn.metrics의 accuracy_score()를 이용하면 구할 수 있습니다. 다음 코드의 출력 결과를 보면 accuracy가 약 84.3%라는 것을 알 수 있습니다.

```python
import sklearn.metrics as metrics
metrics.accuracy_score(y_true = df_test['income'],    # 실제값
                       y_pred = df_test['pred'])       # 예측값
```

```
0.8439227461953184
```

accuracy는 타겟 변수의 클래스별 비율이 불균형하면 신뢰하기 어렵다는 제한점이 있습니다. 이 장에서 사용한 adult 데이터는 연소득이 low에 해당하는 사람이 76%로 매우 많습니다. 그러므로 어떤 데이터를 입력하든 항상 low로 예측하는 이상한 모델을 만들더라도 accuracy는 최소 76%가 됩니다. 따라서 accuracy만 봐서는 점수가 높더라도 모델의 성능이 좋아서인지 아니면 자료가 불균형해서인지 판단할 수 없습니다.

Precision

precision(정밀도)은 모델이 '관심 클래스를 예측해서 맞춘 비율'을 의미합니다. 고소득자 예측 모델에서는 모델이 income을 high로 예측한 사람 중에서 실제로 high인 사람의 비율이 precision입니다. 다른 예로 당뇨병 예측 모델이라면 모델이 발병으로 예측한 사람 중에서 실제 발병한 사람의 비율이 precision입니다. 컨퓨전 매트릭스 첫 번째 열의 셀 합계에서 위쪽 셀이 차지하는 비율을 구하면 precision이 됩니다.

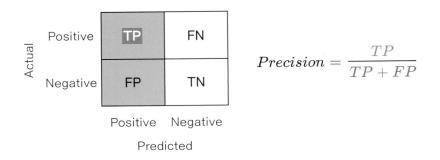

$$Precision = \frac{TP}{TP + FP}$$

metrics.precision_score()를 이용하면 precision을 구할 수 있습니다. 다음 코드의 출력 결과를 보면 모델의 precision이 75.5%입니다. 따라서 모델이 income을 high로 예측한 사람 중 75.5%가 실제로 high이고, 나머지 24.5%는 실제로는 low인데 high로 잘못 분류한 것입니다.

```
metrics.precision_score(y_true = df_test['income'],   # 실제값
                        y_pred = df_test['pred'],     # 예측값
                        pos_label = 'high')           # 관심 클래스
```

```
0.7557700377675199
```

Recall

recall(재현율)은 모델이 '실제 데이터에서 관심 클래스를 찾아낸 비율'을 의미합니다. 고소득자 예측 모델에서는 income이 실제로 high인 사람 중에서 모델이 high로 예측해서 찾아낸 사람의 비율이 recall입니다. 다른 예로 당뇨병 예측 모델이라면 실제 당뇨병 발병자 중에서 모델이 발병으로 예측해서 찾아낸 비율이 recall입니다. 컨퓨전 매트릭스 첫 번째 행의 셀 합계에서 왼쪽 셀이 차지하는 비율을 구하면 recall이 됩니다.

recall과 precision은 계산할 때 분모에 놓는 값이 다릅니다. precision은 모델이 '관심 클래스로 예측한 빈도'를 분모에 놓고 구하는 반면, recall은 '실제 관심 클래스의 빈도'를 분모에 놓고 구합니다.

🍵 sensitivity(민감도)도 recall과 같은 의미로 쓰입니다.

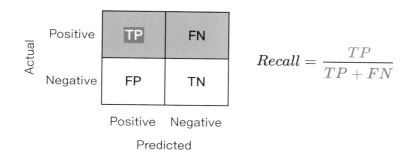

$$Recall = \frac{TP}{TP + FN}$$

metrics.recall_score()를 이용하면 recall을 구할 수 있습니다. 다음 코드의 출력 결과를 보면 모델의 recall이 51.3%입니다. 따라서 실제로 income이 high인 사람 중에서 51.3%를 모델이 high로 맞게 예측해서 찾아냈고, 나머지 48.7%는 low로 잘못 예측해서 놓친 것입니다.

```
metrics.recall_score(y_true = df_test['income'],   # 실제값
                     y_pred = df_test['pred'],     # 예측값
                     pos_label = 'high')           # 관심 클래스
```

0.5136908157444381

F1 score

recall과 precision이 모두 중요할 때는 recall과 precision의 크기를 함께 반영한 F1 score 를 사용합니다. F1 score는 recall과 precision의 조화평균으로, 0~1 사이의 값을 지니며 성능이 높을수록 1에 가까운 값이 됩니다. recall과 precision을 곱해서 구하기 때문에 둘 중 하나라도 0이면 0이 됩니다.

🌑 F1 score는 F-score, F-measure라고도 합니다.

F1 score는 accuracy와 달리 타겟 변수의 클래스가 불균형해도 모델의 성능을 잘 표현합 니다. 예를 들어 Negative 클래스가 훨씬 많은 불균형 데이터를 예측할 때 어떤 모델은 데 이터를 대부분 Negative로만 예측하고 Positive로는 거의 예측하지 않을 수 있습니다. 이런 모델은 Positive 클래스를 거의 맞추지 못해 recall과 precision이 낮은데도 accuracy를 구 하면 매우 높게 나옵니다. 반면 F1 score는 recall과 precision의 조화평균이기 때문에 매 우 낮게 나옵니다.

F1 score는 recall과 precision을 고루 반영하고 클래스가 불균형해도 모델의 성능을 잘 나 타내므로 여러 모델의 성능을 한가지 지표로 비교해야 할 때 특히 자주 사용됩니다.
`metrics.f1_score()`를 이용하면 F1 score를 구할 수 있습니다. 다음 코드의 출력 결과를 보면 모델의 F1 score가 0.61입니다.

```
metrics.f1_score(y_true = df_test['income'],     # 실제값
                 y_pred = df_test['pred'],        # 예측값
                 pos_label = 'high')              # 관심 클래스
```

```
0.6116488368143997
```

어떤 성능 평가 지표를 사용해야 할까?

성능 평가 지표는 특징이 서로 달라서 어떤 지표가 높더라도 다른 지표는 낮을 수 있습니 다. 그러므로 모델을 사용하는 목적에 맞게 평가 기준으로 삼을 지표를 선택해야 합니다. accuracy는 모델의 일반적인 성능을 나타내므로 항상 살펴봐야 하고, 이에 더해 목적에 따 라 precision 또는 recall 중 한 가지 이상을 함께 살펴봐야 합니다.

precision : 관심 클래스가 분명할 때

모델을 사용하는 목적이 타겟 변수의 클래스 중에서 관심을 두는 한쪽 클래스를 정확하게 예측하는 것이라면 precision 기준으로 성능을 평가해야 합니다. 예를 들어 고소득자를 예 측해 고가의 제품을 홍보한다면 모델이 고소득자로 예측했을 때 얼마나 잘 맞는지 살펴봐야

하므로 precision을 기준으로 평가해야 합니다. 이처럼 타겟 변수의 한쪽 클래스에 분명한 관심이 있을 때 precision을 사용합니다.

recall : 관심 클래스를 최대한 많이 찾아내야 할 때

모델을 사용하는 목적이 관심 클래스를 최대한 많이 찾아내는 것이라면 recall 기준으로 성능을 평가해야 합니다. 예를 들어 전염병에 감염된 사람을 최대한 많이 찾아내 격리해야 한다면, 실제로 전염병에 감염된 사람 중에서 몇 퍼센트를 감염된 것으로 예측하는지 살펴봐야 하므로 recall을 기준으로 평가해야 합니다.

관심 클래스로 예측해서 틀릴 때 손실 VS 관심 클래스를 놓칠 때 손실

평가 기준으로 삼을 지표를 결정하는 또 다른 방법은 데이터를 '관심 클래스로 예측해서 틀릴 때'의 손실과 '관심 클래스를 놓칠 때'의 손실 중 무엇이 더 큰지를 놓고 판단하는 것입니다. 데이터를 관심 클래스로 예측해서 틀릴 때 손실이 더 크면 precision, 반대로 관심 클래스를 놓칠 때 손실이 더 크면 recall을 평가 기준으로 사용하면 됩니다.

예시 1) 고소득자에게 값비싼 선물을 보내 구매를 독려하는 마케팅 활동

- 관심 클래스로 예측해서 틀릴 때의 손실: 구매할 가능성이 낮은 저소득자에게 값비싼 선물을 보냄
- 관심 클래스를 놓칠 때의 손실: 구매할 가능성이 있는 고소득자에게 선물을 보내지 않음

이때는 데이터를 관심 클래스로 예측해서 틀릴 때의 손실이 더 큽니다. 따라서 비관심 클래스^{negative}를 관심 클래스^{positive}로 예측하는 오류(false positive)를 줄여야 하므로 precision 기준으로 모델을 평가해야 합니다.

예시 2) 전염병에 걸린 사람을 찾아 격리하는 방역 활동

- 관심 클래스로 예측해서 틀릴 때의 손실: 정상인을 확진자로 분류해서 불필요하게 격리함
- 관심 클래스를 놓칠 때의 손실: 확진자를 격리하지 않아서 전염병이 확산됨

이때는 관심 클래스를 놓칠 때의 손실이 더 큽니다. 따라서 관심 클래스^{positive}를 비관심 클래스^{negative}로 예측하는 오류(false negative)를 줄여야 하므로 recall 기준으로 모델을 평가해야 합니다.

> 🌐 비관심 클래스(Negative)를 관심 클래스(Positive)로 잘못 예측하는 False Positive를 1종 오류(Type 1 error) 또는 알파 오류(α error)라 합니다. 반대로 관심 클래스(Positive)를 비관심 클래스(Negative)로 잘못 예측하는 False Negative를 2종 오류(Type 2 error) 또는 베타 오류(β error)라 합니다.

F1 score: recall과 precision이 모두 중요할 때

데이터를 관심 클래스로 예측해서 틀릴 때의 손실과 관심 클래스를 놓칠 때의 손실이 둘 다 중요하다면 recall과 precision을 모두 판단 기준으로 삼아야 합니다. 그런데 여러 모델을 만들어 성능을 비교할 때 평가 기준 지표가 여러 개면 지표에 따라 성능이 좋다고 판단되는 모델이 다를 수 있습니다. 이럴 때는 F1 score를 평가 기준으로 삼으면 됩니다. F1 score를 이용하면 여러 모델 중에 어떤 모델이 우수한지 한 가지 기준으로 비교할 수 있습니다.

모델의 성능 지표가 얼마면 될까?

모델의 성능 지표는 얼마를 넘겨야 모델을 사용할 수 있다는 절대적인 기준이 없습니다. 모델이 쓸만한지는 기존에 해오던 방식으로 예측했을 때와 모델을 이용해 예측했을 때의 성능 지표를 비교해야 판단할 수 있습니다. 예를 들어 모델의 accuracy가 60%밖에 안 된다고 하더라도 기존 방식으로 사람이 직접 예측했을 때 accuracy가 55%라면 모델을 사용하는 게 낫다고 판단할 수 있습니다. 반대로 모델의 accuracy가 95%로 높더라도 기존 방식의 accuracy가 96%라면 기존 방식을 유지하는 게 낫다고 판단할 수 있습니다.

예측 방식을 선택할 때는 예측에 드는 시간과 비용도 고려해야 합니다. 예측 성능이 아무리 좋더라도 예측하는 데 시간이 너무 오래 걸리고 비용이 많이 든다면 사용하기 어렵습니다. 따라서 모델을 이용해 예측할 때와 기존 방식으로 예측할 때 드는 시간과 비용을 비교해 모델을 사용할지 여부를 결정해야 합니다.

> **알아 두면 좋아요!** } **F1 score를 구할 때 왜 조화평균을 사용할까?**
>
> 조화평균은 '역수의 산술평균의 역수'입니다. 주어진 수들의 역수를 구해 산술평균을 구한 다음 다시 역수를 구하면 조화평균이 됩니다.
>
> $$F1 = \cfrac{2}{\cfrac{1}{Precision} + \cfrac{1}{Recall}} = 2 \times \frac{Precision \times Recall}{Precision + Recall}$$
>
> F1 score를 구할 때 주어진 수들의 합을 수의 개수로 나누는 산술평균이 아니라 조화평균을 이용하는 이유는 recall과 precision 중 하나라도 작으면 값을 크게 낮추기 위해서입니다. 예를 들어 recall이 99%, precision이 1%일 때 산술평균을 구하면 50%지만, 조화평균을 구하면 1.98%입니다.
>
> • 산술평균: (0.99 + 0.01) / 2 = 0.5
> • 조화평균: 2 * (0.99 * 0.01) / (0.99 + 0.01) = 0.0198

```
## 1. 전처리

# 데이터 불러오기
import pandas as pd
df = pd.read_csv('adult.csv')

# 1. 타겟 변수 전처리
import numpy as np
df['income'] = np.where(df['income'] == '>50K', 'high', 'low')

# 2. 불필요한 변수 제거하기
df = df.drop(columns = 'fnlwgt')

# 3. 문자 타입 변수를 숫자 타입으로 바꾸기
target = df['income']                  # income 추출
df = df.drop(columns = 'income')       # income 제거
df = pd.get_dummies(df)                # 원핫 인코딩으로 변환
df['income'] = target                  # df에 target 삽입

# 4. 데이터 분할하기
from sklearn.model_selection import train_test_split
df_train, df_test = train_test_split(df,
                          test_size = 0.3,             # 테스트 세트 비율
                          stratify = df['income'],     # 타겟 변수 비율 유지
                          random_state = 1234)         # 난수 고정
```

```python
## 2. 의사결정나무 모델 만들기

# 모델 설정하기
from sklearn import tree
clf = tree.DecisionTreeClassifier(random_state = 1234,   # 난수 고정
                                  max_depth = 3)          # 나무 깊이


# 모델 만들기
train_x = df_train.drop(columns = 'income')   # 예측 변수 추출
train_y = df_train['income']                  # 타겟 변수 추출
model = clf.fit(X = train_x, y = train_y)     # 모델 만들기


# 모델 구조 살펴보기
import matplotlib.pyplot as plt
tree.plot_tree(model,
               feature_names = list(train_x.columns),   # 예측 변수명
               class_names = ['high', 'low'],            # 타겟 클래스 알파벳순
               proportion = True,                        # 비율 표기
               filled = True,                            # 색칠
               rounded = True,                           # 둥근 테두리
               impurity = False,                         # 불순도 표시
               label = 'root',                           # label 표시 위치
               fontsize = 12)                            # 글자 크기



## 3. 모델을 이용해 예측하기

# 예측하기
test_x = df_test.drop(columns = 'income')   # 예측 변수 추출
test_y = df_test['income']                  # 타겟 변수 추출
df_test['pred'] = model.predict(test_x)     # 예측값 구하기
```

```
## 4. 성능 평가하기

# confusion matrix 만들기
from sklearn import metrics
conf_mat = confusion_matrix(y_true = df_test['income'],    # 실제값
                            y_pred = df_test['pred'],       # 예측값
                            labels = ['high', 'low'])       # 클래스 배치 순서

# confusion matrix 시각화
from sklearn.metrics import ConfusionMatrixDisplay
p = ConfusionMatrixDisplay(confusion_matrix = conf_mat,     # 컨퓨전 매트릭스
                           display_labels = ('high', 'low'))  # 타겟 변수 클래스명
p.plot(cmap = 'Blues')                                      # 컬러맵 적용해 출력

# accuracy
metrics.accuracy_score(y_true = df_test['income'],    # 실제값
                       y_pred = df_test['pred'])      # 예측값

# precision
metrics.precision_score(y_true = df_test['income'],   # 실제값
                        y_pred = df_test['pred'],     # 예측값
                        pos_label = 'high')           # 관심 클래스

# recall
metrics.recall_score(y_true = df_test['income'],      # 실제값
                     y_pred = df_test['pred'],        # 예측값
                     pos_label = 'high')              # 관심 클래스

# F1 score
metrics.f1_score(y_true = df_test['income'],          # 실제값
                 y_pred = df_test['pred'],            # 예측값
                 pos_label = 'high')                  # 관심 클래스
```

여섯째마당

한발 더 들어가기

데이터를 다루는 다양한 방법을 알아 두면 데이터를 더욱 효율적으로 분석할 수 있고, 인터넷에 공개된 수많은 코드도 쉽게 이해할 수 있습니다. 여섯째마당에서는 데이터를 다루는 다양한 방법과 자주 사용하는 자료 구조를 살펴보고, 데이터 분석 기술을 효율적으로 익히는 방법을 알아봅니다.

16 데이터를 추출하는 다양한 방법

17 자료 구조 다루기

18 데이터 분석 기술 효율적으로 익히기

데이터를 추출하는 다양한 방법

데이터 프레임의 행과 열을 추출하는 다양한 방법을 알아봅니다.

nclass	english	science
2	98	50
1	97	60
2	86	78
1	98	58
1	80	65
2	89	98

nclass	english	science
1	97	60
1	98	58
1	80	65

id	nclass	english	science
1	1	98	50
2	1	97	60
3	1	86	78
4	1	98	58
5	2	80	65
6	2	89	98

nclass	english
2	98
1	97
2	86
1	98
1	80
2	89

16-1 [] 이용하기

16-2 df.loc[] 이용하기

16-3 df.iloc[] 이용하기

[ ] 이용하기

pandas의 df.query()를 이용하면 데이터를 쉽게 추출할 수 있지만 다른 방법으로 추출하는 방법도 알아 두어야 합니다. 그래야 코드를 유연하게 작성할 수 있고 다른 사람들이 만든 코드를 이해하고 활용할 수 있습니다. 데이터 프레임의 행과 열을 추출하는 다양한 방법을 알아보겠습니다.

⌨ Do it! 실습 ・ 조건을 충족하는 행 추출하기

먼저 exam.csv의 일부를 추출해 예제 데이터를 만들겠습니다.

```python
import pandas as pd
df_raw = pd.read_csv('exam.csv')
df = df_raw.head(10)
df
```

	id	nclass	math	english	science
0	1	1	50	98	50
1	2	1	60	97	60
2	3	1	45	86	78
3	4	1	30	98	58
4	5	2	25	80	65

(...생략...)

[]를 이용해 행을 추출하는 방법을 알아보겠습니다. 데이터 프레임명 뒤에 []를 붙이고 변수명을 입력하면 변수의 모든 행을 추출합니다.

```
# nclass 추출
df['nclass']

0    1
1    1
2    1
3    1
4    2
(...생략...)
```

[]와 논리 연산자를 이용하면 각 행이 조건에 맞는지 여부를 True, False로 확인할 수 있습니다.

```
# nclass가 1인지 확인
df['nclass'] == 1

0     True
1     True
2     True
3     True
4    False
5    False
(...생략...)
```

조건을 확인하는 코드를 df[]에 입력하면 조건을 충족하는 행만 추출합니다. 즉, 조건 확인 코드의 결과가 True인 행만 추출하는 것입니다. df.query()와 달리 조건을 입력할 때 변수명에 따옴표를 입력해야 하니 주의하세요.

```
# nclass가 1이면 추출
df[df['nclass'] == 1]
```

```
# 수학 점수가 80점 이상이면 추출
df[df['math'] >= 80]
```

	id	nclass	math	english	science
0	1	1	50	98	50
1	2	1	60	97	60
2	3	1	45	86	78
3	4	1	30	98	58

	id	nclass	math	english	science
6	7	2	80	90	45
7	8	2	90	78	25

여러 조건을 동시에 충족하는 행을 추출하려면 &, 여러 조건 중 하나 이상 충족하는 행을 추출하려면 |를 이용해 조건 확인 코드를 나열하면 됩니다. 각 조건은 ()로 감싸야 합니다.

```
# nclass가 1이면서 수학 점수가 50점 이상
df[(df['nclass'] == 1) & (df['math'] >= 50)]
```

	id	nclass	math	english	science
0	1	1	50	98	50
1	2	1	60	97	60

```
# 수학 점수가 50점 미만이거나 영어 점수가 50점 미만
df[(df['math'] < 50) | (df['english'] < 50)]
```

	id	nclass	math	english	science
2	3	1	45	86	78
3	4	1	30	98	58
4	5	2	25	80	65
8	9	3	20	98	15

열(변수)를 추출하려면 데이터 프레임 뒤에 []를 입력하고 변수명을 지정하면 됩니다.

```
df['id']
```

```
0    1
1    2
2    3
3    4
4    5
(...생략...)
```

```
df['nclass']
```

```
0    1
1    1
2    1
3    1
4    2
(...생략...)
```

여러 변수를 동시에 추출하려면 []를 이용해 변수명을 나열하면 됩니다.

```
df[['id', 'nclass']]
```

	id	nclass
0	1	1
1	2	1
2	3	1
3	4	1
4	5	2

(...생략...)

열이 1개일 때 데이터 프레임 자료 구조 유지하기

열을 2개 이상 추출하면 데이터 프레임 자료 구조를 유지하지만, 열을 1개만 추출하면 시리즈 자료 구조로 바뀝니다. 변수를 1개만 추출하면서 데이터 프레임 자료 구조를 유지하려면 df[['id']]와 같이 변수명을 []로 한 번 더 감싸면 됩니다.

🐢 시리즈는 17-6에서 자세히 다룹니다

```
# 시리즈로 추출
df['id']

0    1
1    2
2    3
3    4
4    5
(...생략...)
```

```
# 데이터 프레임으로 추출
df[['id']]
```

	id
0	1
1	2
2	3
3	4
4	5
(...생략...)	

알아 두면 좋아요! } 점(.)을 이용해 변수를 간단하게 추출하기

데이터 프레임에서 변수를 추출할 때 [ ] 대신 점(.)을 이용하면 코드를 간략하게 작성할 수 있습니다. 메서드 체인을 만들듯이 데이터 프레임명 뒤에 점(.)을 입력하고 변수명을 입력하면 됩니다. 다음 두 코드는 결과가 같습니다.

```
# []를 이용해 변수 추출
df['math']

0    50
1    60
2    45
3    30
4    25
(...생략...)
```

```
# .을 이용해 변수 추출
df.math

0    50
1    60
2    45
3    30
4    25
(...생략...)
```

이 방법을 이용하면 [ ]와 따옴표를 입력할 때보다 코드가 간결해집니다. 특히 변수를 하나만 이용해 간단한 분석을 할 때 유용합니다. 다음 두 코드는 결과가 같습니다.

```
df['math'].mean()

50.0
```

```
df.math.mean()

50.0
```

.을 이용하면 코드를 짧게 줄일 수 있다는 장점이 있지만, 다음과 같은 여러 가지 제한이 있습니다.

- 여러 변수를 함께 추출할 수 없다.
- 변수명에 띄어쓰기나 특수 문자가 있으면 사용할 수 없다.
- 변수명이 mean, max처럼 데이터 프레임의 메서드와 같으면 사용할 수 없다.
- 변수를 새로 만들 때 df.var = 1처럼 작성할 수 없다.
- 시리즈 자료 구조로만 추출된다. 데이터 프레임 자료 구조로 추출할 수 없다.
- 변수를 추출하는 코드인지 메서드를 사용하는 코드인지 한눈에 알아보기 어렵다.

이런 제한 때문에 .을 사용하려면 먼저 .을 사용할 수 있는 상황인지 매번 확인해야 합니다. [ ]와 .을 함께 사용할 수도 있지만, 그러면 코드의 형태가 일정하지 않아 가독성이 떨어집니다. 따라서 변수를 추출할 때는 모든 상황에 사용할 수 있고 코드의 스타일을 일정하게 유지할 수 있도록 [ ]를 사용길 권합니다.

Do it! 실습 조건을 충족하는 행에서 열 추출하기

행을 추출하는 코드 뒤에 [ ]를 이용해 변수명을 입력하면 조건을 충족하는 행에서 원하는 열을 추출할 수 있습니다. 여러 열을 추출하려면 [ ]를 이용해 변수명을 나열하면 됩니다.

```
# nclass가 1인 행의 math열
df[df['nclass'] == 1]['math']
```

```
0    50
1    60
2    45
3    30
Name: math, dtype: int64
```

```
# nclass가 1인 행의 math, english열
df[df['nclass'] == 1][['math', 'english']]
```

	math	english
0	50	98
1	60	97
2	45	86
3	30	98

알아 두면 좋아요! } **[ ]를 pandas 함수와 함께 사용하기**

[ ]는 pandas 함수와 함께 사용할 수 있습니다. 다음 두 코드는 출력 결과가 같습니다.

```python
# pandas 함수만 사용
df.groupby('nclass') \
  .agg(math    = ('math', 'mean'),
       english = ('english', 'mean'))
```

	math	english
nclass		
1	46.25	94.75
2	61.25	84.25
3	35.00	98.00

```python
# pandas 함수와 [] 함께 사용
df.groupby('nclass')[['math', 'english']].mean()
```

	math	english
nclass		
1	46.25	94.75
2	61.25	84.25
3	35.00	98.00

16-2
df.loc[] 이용하기

df.loc[]를 이용하면 인덱스를 이용해 데이터 프레임의 행과 열을 추출할 수 있습니다.

🖮 Do it! 실습 인덱스 활용하기

인덱스^{index}란 '값의 위치를 나타낸 값'입니다. 데이터 프레임을 만들면 자동으로 인덱스 번호가 부여됩니다. 다음 코드의 출력 결과에서 데이터 프레임 왼쪽에 세로로 나열된 0, 1, 2가 행의 위치를 나타낸 인덱스 번호입니다.

```
df = pd.DataFrame({'var1' : [1, 2, 3],
                   'var2' : [4, 5, 6]})
df
```

```
   var1  var2
0    1     4
1    2     5       인덱스
2    3     6
```

pd.DataFrame()의 index를 이용하면 인덱스 번호 대신 인덱스 문자열을 지정할 수 있습니다. 다음 코드를 실행하면 데이터 프레임의 왼쪽에 문자로 된 인덱스가 출력됩니다.

```
# 인덱스 문자열 지정하기
df = pd.DataFrame({'var1' : [1, 2, 3],
                   'var2' : [4, 5, 6]},
                   index = ['kim', 'lee', 'park'])
df
```

```
      var1  var2
kim     1     4
lee     2     5
park    3     6
```

`df.loc[]`를 이용하면 인덱스 문자열을 지정해 행을 추출할 수 있습니다.

```
# kim행 추출
df.loc['kim']
```

```
var1    1
var2    4
Name: kim, dtype: int64
```

🖱 인덱스를 이용해 데이터를 추출하는 작업을 인덱싱(indexing)이라고 합니다.

여러 행 추출하기

여러 행을 추출하려면 `[]`를 이용해 인덱스를 나열하면 됩니다.

```
# kim, park행 추출
df.loc[['kim', 'park']]
```

	var1	var2
kim	1	4
park	3	6

![키보드 아이콘] **Do it! 실습**　　인덱스 문자열을 지정해 열 추출하기

`df.loc[]`를 이용하면 행과 열 모두 문자를 지정해 추출할 수 있습니다. `[]`에 쉼표를 입력한 다음 쉼표 앞에는 행을 가리키는 인덱스 문자열, 뒤에는 열을 가리키는 변수명을 입력하면 됩니다.

```
# lee행의 var1열 추출
df.loc['lee', 'var1']
```

```
2
```

```
# kim, lee행의 var2열 추출
df.loc[['kim', 'lee'], 'var2']
```

```
kim    4
lee    5
Name: var2, dtype: int64
```

`df.loc[]`를 이용해 열을 추출할 때는 **반드시 행 추출 기준도 함께 입력해야 합니다.** 다음과 같이 쉼표 앞의 행 추출 기준을 비워 둘 수 없습니다.

```
df.loc[, 'var1']
```

```
SyntaxError: invalid syntax (, line 1)
```

모든 행을 추출하려면 `:`을 입력하면 됩니다.

```
df.loc[:, 'var1']
```

```
kim      1
lee      2
park     3
Name: var1, dtype: int64
```

Do it! 실습　인덱스 번호를 지정해 행 추출하기

인덱스 번호가 있는 데이터 프레임은 인덱스 번호를 지정해 행을 추출할 수 있습니다.

```
# 인덱스 번호가 있는 데이터 프레임
df = df_raw.copy()
df
```

	id	nclass	math	english	science
0	1	1	50	98	50
1	2	1	60	97	60
2	3	1	45	86	78
3	4	1	30	98	58
4	5	2	25	80	65

(...생략...)

🙂 df_raw는 383쪽에서 만들었습니다.

```
# 0행 추출
df.loc[0]

id          1
nclass      1
math       50
english    98
science    50
Name: 0, dtype: int64
```

```
# 2행 추출
df.loc[2]

id          3
nclass      1
math       45
english    86
science    78
Name: 2, dtype: int64
```

행이 1개일 때 데이터 프레임 자료 구조 유지하기

행이 1개면 자료 구조가 시리즈로 바뀝니다. 데이터 프레임으로 유지하려면 인덱스를 []로 한 번 더 감싸면 됩니다.

```
# 시리즈로 추출
df.loc[0]

id          1
nclass      1
math       50
english    98
science    50
Name: 0, dtype: int64
```

```
# 데이터 프레임으로 추출
df.loc[[0]]
```

	id	nclass	math	english	science
0	1	1	50	98	50

여러 행 추출하기

여러 행을 추출하려면 []를 이용해 인덱스를 나열하면 됩니다.

```
# 1, 3, 5행 추출
df.loc[[0, 3, 5]]
```

	id	nclass	math	english	science
0	1	1	50	98	50
3	4	1	30	98	58
5	6	2	50	89	98

연속된 행 추출하기

여러 행을 연속해서 추출할 때는 : 기호를 이용합니다. :을 기준으로 앞에는 시작하는 행, 뒤에는 끝나는 행의 인덱스를 입력하면 됩니다.

🥟 :를 이용해 연속된 행을 추출하는 작업을 슬라이싱(slicing) 이라고 합니다.

```
# 0~3행 추출
df.loc[0:3]
```

	id	nclass	math	english	science
0	1	1	50	98	50
1	2	1	60	97	60
2	3	1	45	86	78
3	4	1	30	98	58

```
# 7-9행 추출
df.loc[7:9]
```

	id	nclass	math	english	science
7	8	2	90	78	25
8	9	3	20	98	15
9	10	3	50	98	45

: 앞에 값을 입력하지 않으면 첫 번째 행부터 추출합니다. 따라서 시작 인덱스가 0이면 생략해도 출력 결과가 같습니다.

```
# 0~2행 추출
df.loc[0:2]
```

	id	nclass	math	english	science
0	1	1	50	98	50
1	2	1	60	97	60
2	3	1	45	86	78

```
# 첫 번째 행 ~ 2행 추출
df.loc[:2]
```

	id	nclass	math	english	science
0	1	1	50	98	50
1	2	1	60	97	60
2	3	1	45	86	78

끝나는 행 기준도 생략할 수 있습니다. : 뒤에 값을 입력하지 않으면 마지막 행까지 추출합니다. 다음 두 코드는 출력 결과가 같습니다.

<table>
<tr><td>

```
# 5~9행 추출
df.loc[5:9]
```

</td><td>

```
# 5행 ~ 마지막 행 추출
df.loc[5:]
```

</td></tr>
</table>

	id	nclass	math	english	science
5	6	2	50	89	98
6	7	2	80	90	45
7	8	2	90	78	25
8	9	3	20	98	15
9	10	3	50	98	45
(...생략...)					

	id	nclass	math	english	science
5	6	2	50	89	98
6	7	2	80	90	45
7	8	2	90	78	25
8	9	3	20	98	15
9	10	3	50	98	45
(...생략...)					

: 앞뒤에 아무 값도 입력하지 않으면 첫 번째 행부터 마지막 행까지 모두 추출합니다. 다음 두 코드는 출력 결과가 같습니다.

<table>
<tr><td>

```
# 첫 번째 행 ~ 마지막 행 추출
df.loc[:]
```

</td><td>

```
df
```

</td></tr>
</table>

	id	nclass	math	english	science
0	1	1	50	98	50
1	2	1	60	97	60
2	3	1	45	86	78
3	4	1	30	98	58
4	5	2	25	80	65
(...생략...)					

	id	nclass	math	english	science
0	1	1	50	98	50
1	2	1	60	97	60
2	3	1	45	86	78
3	4	1	30	98	58
4	5	2	25	80	65
(...생략...)					

인덱스 문자열만 있으면 인덱스 번호로 행을 추출할 수 없다

인덱스 문자열이 있는 데이터 프레임은 인덱스 번호로 행을 추출할 수 없습니다. 인덱스 번호가 있는 데이터 프레임만 인덱스 번호로 행을 추출할 수 있습니다.

```python
# 인덱스 문자열이 있는 데이터 프레임
df_label = pd.DataFrame({'var1' : [1, 2, 3],
                         'var2' : [4, 5, 6]},
                        index = ['kim', 'lee', 'park'])
df_label
```

	var1	var2
kim	1	4
lee	2	5
park	3	6

```python
# 인덱스 번호로 행 추출하기
df_label.loc[0]
```

```
KeyError: 0
```

인덱스 번호로 열을 추출할 수 없다

df.loc[]는 인덱스 번호로 행을 추출할 수 있지만, 열은 추출할 수 없습니다.

```python
# 인덱스 번호로 행 추출하기
df.loc[2, :]
```

```
id         3
nclass     1
math      45
english   86
science   78
Name: 2, dtype: int64
```

```python
# 인덱스 번호로 열 추출하기
df.loc[:, 2]
```

```
KeyError: 2
```

df.loc[]에 조건을 입력해 행을 추출할 수 있습니다.

```
# nclass가 1이면 추출
df.loc[df['nclass'] == 1]
```

	id	nclass	math	english	science
0	1	1	50	98	50
1	2	1	60	97	60
2	3	1	45	86	78
3	4	1	30	98	58

```
# 수학 점수가 60점 이상이면 추출
df.loc[df['math'] >= 60]
```

	id	nclass	math	english	science
1	2	1	60	97	60
6	7	2	80	90	45
7	8	2	90	78	25
10	11	3	65	65	65
14	15	4	75	56	78

(...생략...)

조건을 충족하는 행에서 열 추출하기

df.loc[]에 쉼표(,)를 활용하면 조건을 충족하는 행에서 열을 추출할 수 있습니다. 쉼표 앞에는 추출할 행의 조건, 뒤에는 변수명을 입력하면 됩니다. 추출할 행의 조건 대신 인덱스를 입력해도 됩니다.

```
# nclass가 1인 행의 math, english열 추출
df.loc[df['nclass'] == 1, ['math', 'english']]
```

	math	english
0	50	98
1	60	97
2	45	86
3	30	98

```
# 0~3행의 math열 추출
df.loc[0:3, 'math']

0    50
1    60
2    45
3    30
Name: math, dtype: int64
```

조건을 충족하는 행 추출 방법 비교하기

조건을 충족하는 행을 추출하는 방법을 비교해 보겠습니다. 다음 세 가지 방법은 출력 결과가 같습니다.

```
# 수학 점수가 50을 초과하는 행 추출하기
df.query('math > 50')        # df.query()
df[df['math'] > 50]          # df[]
df.loc[df['math'] > 50]      # df.loc[]
```

16-3
df.iloc[] 이용하기

df.iloc[]를 이용하면 인덱스 번호를 지정해 데이터 프레임의 행과 열을 추출할 수 있습니다. 사용법은 df.loc[]와 비슷합니다. 쉼표를 기준으로 앞에는 행, 뒤에는 열 기준을 입력하면 됩니다. 차이점은 인덱스 문자열이 아니라 '인덱스 번호'를 입력한다는 점입니다.

Do it! 실습 인덱스 번호를 지정해 행 추출하기

df.iloc[]에 인덱스 번호를 지정해 행을 추출할 수 있습니다.

```
# 0행 추출
df.iloc[0]

id            1
nclass        1
math         50
english      98
science      50
Name: 0, dtype: int64
```

```
# 2행 추출
df.iloc[2]

id            3
nclass        1
math         45
english      86
science      78
Name: 2, dtype: int64
```

행이 1개일 때 데이터 프레임 자료 구조 유지하기

행이 1개면 자료 구조가 시리즈로 바뀝니다. 데이터 프레임으로 유지하려면 인덱스를 [ ]로 한 번 더 감싸면 됩니다.

```
# 시리즈로 추출
df.iloc[0]

id            1
nclass        1
math         50
english      98
science      50
Name: 0, dtype: int64
```

```
# 데이터 프레임으로 추출
df.iloc[[0]]
```

	id	nclass	math	english	science
0	1	1	50	98	50

여러 행 추출하기

여러 행을 추출하려면 []를 이용해 인덱스를 나열하면 됩니다.

```
# 1, 3, 5행 추출
df.iloc[[0, 3, 5]]
```

	id	nclass	math	english	science
0	1	1	50	98	50
3	4	1	30	98	58
5	6	2	50	89	98

연속된 행 추출하기

df.loc[]와 마찬가지로 df.iloc[]도 :을 이용해 연속된 행을 추출할 수 있습니다. 그런데 두 명령어는 추출할 행을 정하는 방법이 다릅니다.

df.loc[x:y] = x행 이상 y행 이하 추출

df.loc[]는 :의 앞과 뒤에 입력한 행을 모두 포함하여 추출합니다. : 앞의 값은 '이상', : 뒤의 값은 '이하'를 의미합니다.

```
df.loc[1:5]    # 1~5행 출력
```

	id	nclass	math	english	science
1	2	1	60	97	60
2	3	1	45	86	78
3	4	1	30	98	58
4	5	2	25	80	65
5	6	2	50	89	98

df.iloc[x:y] = x행 이상 y행 미만 추출

반면 df.iloc[]는 : 앞의 값은 '이상', : 뒤의 값은 '미만'을 의미합니다. 따라서 x:y는 'x행 이상 y행 미만'을 의미하므로 : 앞의 값은 포함하지만 : 뒤의 값은 포함하지 않습니다. 다음 코드에서 1:5는 '1행 이상 5행 미만'을 의미하므로 1~4행을 추출합니다.

```
df.iloc[1:5]   # 1~4행 출력
```

	id	nclass	math	english	science
1	2	1	60	97	60
2	3	1	45	86	78
3	4	1	30	98	58
4	5	2	25	80	65

이처럼 :을 이용해 연속된 행을 추출할 때 df.loc[]는 시작 행과 끝 행을 모두 포함하는 반면, df.iloc[]는 시작 행은 포함하지만 끝 행은 포함하지 않는다는 차이가 있으므로 주의해야 합니다.

인덱스 문자열만 있어도 인덱스 번호로 행을 추출할 수 있다

df.loc[]는 데이터 프레임에 인덱스 번호가 있어야만 인덱스 번호로 행을 추출할 수 있습니다. 이와 달리 df.iloc[]는 데이터 프레임에 인덱스 문자열만 있더라도 인덱스 번호로 행을 추출할 수 있습니다.

```
# 인덱스 문자열이 있는 데이터 프레임
df_label
```

	var1	var2
kim	1	4
lee	2	5
park	3	6

```
df_label.loc[0]
```

```
KeyError: 0
```

```
df_label.iloc[0]
```

```
var1    1
var2    4
Name: kim, dtype: int64
```

Do it! 실습   인덱스 번호를 지정해 열 추출하기

df.iloc[]는 df.loc[]와 달리 인덱스 번호를 지정해 열을 추출할 수 있습니다. 이때, 열을 추출하더라도 행 조건을 반드시 함께 입력해야 합니다.

```
# 모든 행의 1열 추출
df.iloc[:, 1]
```

```
0    1
1    1
2    1
3    1
4    2
  (...생략...)
```

```
# 모든 행의 1, 3열 추출
df.iloc[:, [1, 3]]
```

	nclass	english
0	1	98
1	1	97
2	1	86
3	1	98
4	2	80

(...생략...)

인덱스 번호를 지정해 행, 열 추출하기

행과 열을 모두 인덱스 번호를 지정해 추출할 수 있습니다.

```
# 2행의 3열 추출
df.iloc[2, 3]
```

```
86
```

```
# 0, 1행의 2, 3열 추출
df.iloc[[0, 1], [2, 3]]
```

	math	english
0	50	98
1	60	97

조건을 충족하는 행을 추출할 수 없다

df.iloc[]는 df.loc[]와 달리 조건을 지정해 행을 추출할 수 없습니다.

```
# nclass가 1이면 추출
df.iloc[df['nclass'] == 1]

NotImplementedError: iLocation based boolean indexing on an integer
type is not available
```

df.loc[]와 df.iloc[]의 차이점

df.loc[]와 df.iloc[]의 차이점을 비교하겠습니다.

기능	df.loc()	df.iloc()
행 추출 인덱스	문자열, 번호	번호
열 추출 인덱스	문자열	번호
조건 지정해서 행 추출	○	×
연속된 행 추출 x:y	이상:이하	이상:미만

정리하기

```
## 1. [] 이용하기

df[df['math'] >= 80]                           # 조건을 충족하는 행 추출
df[(df['nclass'] == 1) & (df['math'] >= 50)]   # 여러 조건을 충족하는 행 추출

df[['id', 'nclass']]                           # 열 추출
df[df['nclass'] == 1]['math']                  # 조건을 충족하는 행에서 열 추출
df[df['nclass'] == 1][['math', 'english']]     # 조건을 충족하는 행에서 여러 열 추출


## 2. df.loc[] 이용하기

df.loc['kim']              # 인덱스 문자열로 행 추출
df.loc[['kim', 'park']]    # 인덱스 문자열로 여러 행 추출

df.loc[:, 'var1']          # 문자열로 열 추출
df.loc['lee', 'var1']      # 행, 열 모두 문자열로 추출

df.loc[0]                  # 인덱스 번호로 행 추출
df.loc[[1, 3, 5]]          # 인덱스 번호로 여러 행 추출

df.loc[7:9]                # 연속된 행 추출: x행 이상 y행 이하
df.loc[:2]                 # 첫 행부터 추출
df.loc[5:]                 # 끝 행까지 추출
df.loc[:]                  # 모든 행 추출

df.loc[df['math'] >= 60]                        # 조건을 충족하는 행 추출
df.loc[0:3, 'math']                             # 조건을 충족하는 행에서 열 추출
df.loc[df['nclass'] == 1, ['math', 'english']]  # 조건을 충족하는 행에서 여러 열 추출
```

```
## 3. df.iloc[] 이용하기

df.iloc[0]                    # 인덱스 번호로 행 추출
df.iloc[1:5]                  # 연속된 행 추출: x행 이상 y행 미만

df.iloc[:, 1]                 # 인덱스 번호로 열 추출
df.iloc[2, 3]                 # 행과 열을 모두 인덱스 번호로 추출
df.iloc[[0, 1], [2, 3]]       # 여러 행과 여러 열을 모두 인덱스 번호로 추출
```

자료 구조 다루기

데이터를 다룰 때 자주 사용하는 자료 구조를 알아봅니다.

```
# 리스트
x = [1, 2, 'a', 'b']
x
```

```
[1, 2, 'a', 'b']
```

```
# 데이터 프레임
df = pd.DataFrame({'var1' : [1, 2],
                   'var2' : ['a', 'b']})
df
```

	var1	var2
0	1	a
1	2	b

17-1 자료 구조란?   17-5 딕셔너리
17-2 스칼라   17-6 시리즈
17-3 리스트   17-7 데이터 프레임
17-4 튜플

17-1
자료 구조란?

자료 구조는 데이터를 담고 있는 변수의 모양을 의미합니다. 똑같은 데이터라도 다양한 모양의 변수에 담아서 활용할 수 있습니다.

자료 구조 = 그릇

자료 구조는 음식을 담는 그릇에 비유할 수 있습니다. 음식을 어디에 담든 음식 맛이 변하지는 않지만 식재료의 특성에 따라 담기에 적당한 그릇이 다릅니다. 예를 들어 갓 지은 쌀밥을 오목한 밥그릇에 담든 넓적한 접시에 담든 밥맛은 같겠지만, 접시보다는 밥그릇에 담아야 밥을 떠먹기 편합니다.

식재료의 특성과 먹는 방법에 따라 알맞은 그릇 모양이 있듯이, 데이터도 특성과 분석 목적에 따라 담아 두기에 적당한 모양이 있습니다. 데이터를 잘 다루려면 데이터를 어떤 자료 구조에 담아 두는 게 편리한지 알아야 합니다.

자료 구조를 알아야 함수를 고를 수 있다

데이터 분석은 원재료를 조리해 완성품을 만드는 요리와 비슷합니다. 요리를 잘하려면 식재료를 조리하기에 적당한 도구를 골라야 합니다. 예를 들어 계란 프라이를 할 때는 프라이팬, 라면을 끓일 때는 냄비를 골라야 요리를 잘 할 수 있습니다.

계란 프라이를 냄비로 하거나 라면을 프라이팬에 끓일 수도 있지만 적당한 도구를 골랐을 때보다 훨씬 힘들고 결과물도 마음에 들지 않을 겁니다.

요리할 때 식재료에 맞는 도구를 고르는 게 중요하듯 데이터를 분석할 때는 자료 구조에 맞는 함수를 선택하는 게 중요합니다. 자료 구조에 따라 사용하기에 적당한 함수가 다릅니다. 어떤 자료 구조에 어떤 함수를 사용하는 게 적당한지 잘 알아야 데이터를 효율적으로 다룰 수 있습니다. 예를 들어 데이터 프레임 자료 구조로 된 변수가 있다면 mean() 메서드를 이용해 평균값을 구할 수 있습니다.

```
import pandas as pd
df = pd.DataFrame([1, 2, 3])    # 데이터 프레임 만들기
df.mean()                       # mean() 사용
```

```
0    2.0
dtype: float64
```

하지만 리스트 자료 구조로 된 변수가 있다면 mean() 메서드를 사용할 수 없으므로 sum() 을 이용해 합계를 구한 다음 len()으로 값의 개수를 구해 나누는 방법을 택해야 합니다.

```
x = [1, 2, 3]    # list 만들기
x.mean()         # mean() 사용 불가

AttributeError: 'list' object has no attribute 'mean'

sum(x) / len(x)   # sum()과 len()을 이용해 평균 구하기

2.0
```

mean()을 사용하고 싶다면 우선 자료 구조를 데이터 프레임으로 바꿔야 합니다. 똑같은 데이터라도 자료 구조가 리스트일 때는 mean()을 사용할 수 없지만 데이터 프레임으로 바꾸고 나면 사용할 수 있습니다.

```
df_x = pd.DataFrame(x)   # 데이터 프레임으로 바꾸기
df_x
```

	0
0	1
1	2
2	3

```
df_x.mean()    # mean() 사용

0    2.0
dtype: float64
```

이처럼 어떤 자료 구조에 어떤 함수를 사용하는 게 적절한지, 자료 구조를 바꾸려면 어떻게 해야 하는지 알아야만 데이터를 잘 다룰 수 있습니다. 이 장에서는 데이터 분석 작업에 자주 사용하는 자료 구조를 알아보겠습니다.

17-2
스칼라

스칼라^{scalar}는 하나의 값으로 구성된 자료 구조입니다. 스칼라는 자료 구조를 만드는 가장 작은 기본 단위입니다. 다른 자료 구조도 스칼라가 여러 개 모여서 만들어집니다.

![Do it! 실습] **만들기**

변수에 값을 하나만 할당하면 스칼라가 됩니다. 스칼라는 값의 속성에 따라 다양한 타입^{type}이 있습니다. type()을 이용하면 변수의 타입을 확인할 수 있습니다.

int: 정수

```
x = 1
x
```
```
type(x)
```
```
1
```
```
int
```

float: 부동소수점

```
x = 1.5
x
```
```
type(x)
```
```
1.5
```
```
float
```

str: 문자열

```
x = 'apple'
x
```
```
type(x)
```
```
'apple'
```
```
str
```

이 외에도 다양한 타입이 있고, 타입마다 활용 방식과 적용할 수 있는 함수가 다릅니다. 함수를 실행했는데 출력 결과가 예상과 다르면, 함수에 적용할 수 있는 타입의 변수를 사용했는지 확인해야 합니다.

타입	의미	값
int	정수(integer)	1, -1
float	실수(real number), 부동소수점(floating point)	1.234
complex	복소수(complex number)	3+2j
str	문자열(string)	'male', '#Female#', '123'
bool	논리(boolean)	True, False
None	값이 없음(none)	None
datetime64	날짜 시간(date time)	'2014-04-16 08:50:00'

🌰 datetime64 타입은 pandas 패키지를 이용해 만들 수 있는 자료 구조입니다.

⌨️ **Do it! 실습**　　**타입 바꾸기**

변수의 타입은 다른 타입으로 바꿀 수 있습니다. 타입을 바꾸는 함수 이름은 대부분 타입 이름과 같습니다.

함수	기능
int()	int로 바꾸기
float()	float로 바꾸기
complex()	complex로 바꾸기
str()	str로 바꾸기
bool()	bool로 바꾸기
pd.to_datetime()	datetime64로 바꾸기

🌰 pd.to_datetime()은 pandas 패키지의 함수입니다.

```
# int 만들기
var1 = 1
var1
```

```
type(var1)
```

```
1
```

```
int
```

```
# int를 float로 바꾸기
var2 = float(var1)
var2
```

```
type(var2)
```

```
1.0
```

```
float
```

```
# float를 str로 바꾸기
var3 = str(var2)
var3
```

```
type(var3)
```

```
'1.0'
```

```
str
```

17-3
리스트

$$[1, 2, 'a', 'b']$$

리스트^{list}는 여러 값을 나열한 자료 구조입니다. 스칼라 여러 개를 나열하면 리스트가 됩니다. 데이터를 다루면서 여러 값을 사용할 때 대부분 리스트를 이용합니다.

⌨ Do it! 실습 만들기

리스트는 [ ]에 쉼표로 값을 나열해 만듭니다.

```
# 리스트 만들기
x = [1, 2, 'a', 'b']
x
```

```
type(x)
```

```
[1, 2, 'a', 'b']
```

```
list
```

⌨ Do it! 실습 추출하기

변수명 뒤에 [ ]를 입력하고 인덱스 번호를 입력하면 값을 추출합니다.

```
x[0]    # 0번째 값 추출
```

```
1
```

:를 이용하면 연속된 값을 추출할 수 있습니다. : 앞에 입력한 값은 '이상', : 뒤에 입력한 값은 '미만'을 의미합니다.

```
x[1:3]    # 1~2번째 값 추출
```

```
[2, 'a']
```

추가하기

append()를 이용하면 리스트에 값을 추가할 수 있습니다.

```
x.append(8)   # x에 8 추가
x

[1, 2, 'a', 'b', 8]
```

8 추가

삭제하기

값을 삭제하려면 remove()를 이용하면 됩니다.

```
x.remove(2)   # x에서 2 삭제
x

[1, 'a', 'b', 8]
```

2 삭제

변경하기

값을 변경하려면 x[0] = 9와 같이 인덱스를 이용해 값의 위치를 지정한 다음 새 값을 할당하면 됩니다.

```
x[0] = 9    # 0번째 값을 9로 변경
x

[9, 'a', 'b', 8]
```

9로 변경

리스트는 데이터를 다룰 때 가장 많이 사용되는 자료 구조입니다. 특히 여러 값을 나열할 경우 대부분 리스트를 사용합니다. 다음과 같이 함수에 []를 이용해 값을 입력하면 리스트를 사용한 것입니다.

```python
# df.query()로 목록에 해당하는 행 추출하기
exam.query('nclass in [1, 3, 5]')

# df.groupby()에 여러 변수 지정하기
mpg.groupby(['manufacturer', 'drv']) \
    .agg(mean_cty = ('cty', 'mean'))
```

17-4
튜플

(1, 2, 'a', 'b')

튜플^{tuple}은 리스트와 마찬가지로 여러 값을 나열한 자료 구조입니다. 리스트와 다른 점은 한 번 만들면 값을 수정할 수 없다는 것입니다.

⌨ Do it! 실습   만들기

튜플은 ()에 쉼표로 값을 나열해 만듭니다. ()를 생략해도 됩니다.

```
# 튜플 만들기
x = (1, 2, 'a', 'b')
x

(1, 2, 'a', 'b')
```

```
type(x)

tuple
```

```
# () 생략하고 튜플 만들기
x2 = 1, 2, 'a', 'b'
x2

(1, 2, 'a', 'b')
```

```
type(x2)

tuple
```

⌨ Do it! 실습   추출하기

튜플도 리스트와 마찬가지로 인덱스 번호를 이용해 값을 추출합니다.

```
# 0번째 값 추출
x[0]

1
```

```
# 1~2번째 값 추출
x[1:3]

(2, 'a')
```

튜플은 수정할 수 없다

튜플이 리스트와 다른 점은 한 번 만들면 수정할 수 없다는 것입니다. 리스트는 값을 추가하거나 삭제하거나 변경할 수 있지만 튜플은 불가능합니다.

```
x.append(8)    # 추가
```

```
AttributeError: 'tuple' object has no attribute 'append'
```

```
x.remove(3)    # 삭제
```

```
AttributeError: 'tuple' object has no attribute 'remove'
```

```
x[0] = 9   # 변경
```

```
TypeError: 'tuple' object does not support item assignment
```

활용하기

튜플은 함수의 파라미터에 값을 입력할 때 자주 사용합니다. 다음과 같이 코드에 ()가 들어가면 튜플을 사용한 것입니다.

```
# df.agg()로 요약 통계량 구하기
exam.agg(mean_math = ('math', 'mean'))

# sns.scatterplot.set()으로 축 범위 제한하기
sns.scatterplot(data = mpg, x = 'displ', y = 'hwy').set(xlim = (3, 6))
```

17-5
딕셔너리

$$\{'id' : [1, 2, 3]\}$$

딕셔너리^{dictionary}는 키^{key}와 값^{value}이 짝을 이루어 나열된 자료 구조입니다. 단어와 설명의 쌍으로 이루어진 사전처럼 딕셔너리도 키와 값의 쌍으로 이루어집니다. 딕셔너리를 다루는 방법을 알아보겠습니다.

👆 딕셔너리(dictionary)를 줄여서 딕트(dict)라고도 합니다.

⌨️ **Do it! 실습** 만들기

딕셔너리는 {}와 :를 이용해 만듭니다. :를 기준으로 앞은 키, 뒤는 값이 됩니다.

```
# 딕셔너리 만들기
x = {'name' : 'kim'}
x
```
```
type(x)
```

```
{'name': 'kim'}
```
```
dict
```

한 딕셔너리에 키-값 쌍을 여러 개 담을 수 있습니다. 값은 스칼라, 리스트, 튜플 등 다양한 자료 구조로 만들 수 있습니다.

```
x = {'id' : 1, 'name' : ['kim', 'park'], 'nclass' : (1, 2, 3)}
x
```

```
{'id': 1, 'name': ['kim', 'park'], 'nclass': (1, 2, 3)}
```

[]를 이용하면 값을 추출할 수 있습니다. 값을 추출할 때 리스트나 튜플과 다른 점은 인덱스가 아니라 키를 이용한다는 점입니다.

```
# id 키의 값 추출
x['id']
```
```
1
```

```
# name 키의 값 추출
x['name']
```
```
['kim', 'park']
```

키-값 쌍은 인덱스를 이용해 추출할 수 없습니다.

```
x[1]
```
```
KeyError: 1
```

키에 들어 있는 값의 개별 요소는 인덱스를 이용해 추출할 수 있습니다.

```
# name 키의 0번째 값 추출
x['name'][0]
```
```
'kim'
```

```
# nclass 키의 1번째 값 추출
x['nclass'][1]
```
```
2
```

![keyboard icon] **Do it! 실습**　수정하기

추가하기

딕셔너리에 키-값 쌍을 추가하려면 []에 새로 만들 키 이름을 입력한 다음 값을 할당하면 됩니다.

```
# 'score': [5, 6, 7] 쌍 추가
x['score'] = [5, 6, 7]
x
```
```
{'id': 1, 'name': ['kim', 'park'], 'nclass': (1, 2, 3), 'score': [5, 6, 7]}
```

삭제하기

del()을 이용하면 키-값 쌍을 삭제하거나 값의 요소를 삭제할 수 있습니다.

```
# id 키:값 쌍 삭제
del(x['id'])
x
```

{'name': ['kim', 'park'], 'nclass': (1, 2, 3), 'score': [5, 6, 7]}

```
# name 키의 1번째 요소 삭제
del(x['name'][1])
x
```

{'name': ['kim'], 'nclass': (1, 2, 3), 'score': [5, 6, 7]}

값 변경하기

값을 변경하려면 []를 이용해 키를 지정한 다음 새 값을 할당하면 됩니다.

```
# score 키의 값 변경
x['score'] = [7, 8, 9]
x
```

{'name': ['kim'], 'nclass': (1, 2, 3), 'score': [7, 8, 9]}

값의 특정 요소를 변경하려면 []에 인덱스를 입력해 위치를 지정한 다음 새 값을 할당하면
됩니다.

```
# score 키의 2번째 값 변경
x['score'][2] = 99
x
```

{'name': ['kim'], 'nclass': (1, 2, 3), 'score': [7, 8, 99]}

키 변경하기

키를 변경하려면 (1) 기존 키를 새 키에 할당한 다음 (2) 기존 키를 del()을 이용해 삭제하
면 됩니다.

```
# (1) 기존 키를 새 키에 할당
x['math'] = x['score']
x
```

```
{'name': ['kim'], 'nclass': (1, 2, 3), 'score': [7, 8, 99], 'math': [7, 8, 99]}
```

```
# (2) 기존 키 삭제
del(x['score'])
x
```

```
{'name': ['kim'], 'nclass': (1, 2, 3), 'math': [7, 8, 99]}
```

⌨️ Do it! 실습 활용하기

딕셔너리는 함수의 파라미터에 값을 입력할 때 자주 사용됩니다. 다음과 같이 코드에 {:}가
들어가면 딕셔너리를 사용한 것입니다.

```
# pd.DataFrame()으로 데이터 프레임 만들기
df = pd.DataFrame({'id' : [1, 2, 3]})
```

```
# df.rename()으로 변수명 바꾸기
mpg.rename(columns = {'cty' : 'city'})
```

자료 구조 비교하기

앞에서 다룬 자료 구조의 특징을 비교하겠습니다.

기능	리스트	튜플	딕셔너리
만들기	[]	()	{:}
수정	○	×	○
인덱스로 추출	○	○	키×, 값의 요소 ○

세 자료 구조 중에서 리스트는 활용하는 데 제약이 거의 없고 적용할 수 있는 함수도 많습니
다. 따라서 데이터를 다룰 때 리스트를 가장 많이 사용합니다.

시리즈

```
kim      3
lee      4
park     5
dtype: int64
```

시리즈^{series}는 여러 값을 나열한 자료 구조입니다. 시리즈는 데이터 프레임을 구성하는 하위 요소로, 데이터 프레임을 다루는 함수는 대부분 시리즈를 이용해 연산합니다. 시리즈는 앞에서 다룬 자료 구조와 달리 파이썬에 내장되어 있지 않고 pandas 패키지를 이용해야 활용할 수 있습니다.

⌨️ Do it! 실습 만들기

시리즈는 pd.Series()에 값을 나열해 만듭니다. 값을 나열할 때는 리스트, 튜플, 딕셔너리 등 다른 자료 구조를 이용합니다. Series()의 첫 글자 S는 대문자이니 주의하세요.

시리즈를 출력하면 값이 세로로 나열되고, 값 아래에 값의 속성이 출력됩니다. x_num의 출력 결과를 보면 값의 속성이 int64(정수)라는 것을 알 수 있습니다.

```
# 시리즈 만들기
import pandas as pd
x_num = pd.Series([3, 4, 5])
x_num
```

```
0    3
1    4
2    5
dtype: int64
```

```
type(x_num)
```

```
pandas.core.series.Series
```

리즈는 '값'과 값의 위치를 나타낸 '인덱스'로 구성됩니다. 앞의 출력 결과에서 값의 왼쪽에 나열된 숫자가 인덱스입니다. 인덱스는 0부터 순서대로 부여됩니다.

인덱스를 자동으로 부여하는 대신 직접 정하려면 pd.Series()의 index에 값을 입력하면 됩니다. 인덱스는 숫자 또는 문자로 정할 수 있습니다.

```
# 인덱스 정하기
x_label = pd.Series([3, 4, 5], index = ['kim', 'lee', 'park'])
x_label
```

```
kim     3
lee     4
park    5
dtype: int64
```

Do it! 실습   **추출하기**

시리즈에서 값을 추출할 때는 인덱스 번호나 문자열을 이용합니다.

```
# 0번째 값 추출
x_num[0]
```

3

```
# 1번째 값 추출
x_num[1]
```

4

```
# 2번째 값 추출
x_label[2]
```

5

```
# 인덱스 kim의 값 추출
x_label['kim']
```

3

시리즈는 데이터 프레임과 마찬가지로 loc[], iloc[]를 이용해 값을 추출할 수 있습니다.

```
x_label.loc['kim']
```

3

```
x_num.iloc[0]
```

3

추가하기

시리즈에 값을 추가하려면 x_num[3] = 9와 같이 새로 만들 인덱스에 값을 할당하면 됩니다.

```
# 3번째 인덱스에 9 할당
x_num[3] = 9
x_num
```

```
0    3
1    4
2    5
3    9
dtype: int64
```

```
# 인덱스 choi에 6 할당
x_label['choi'] = 6
x_label
```

```
kim     3
lee     4
park    5
choi    6
dtype: int64
```

삭제하기

del()을 이용하면 인덱스를 지정해 삭제할 수 있습니다.

```
# 2번째 인덱스 삭제
del(x_num[2])
x_num
```

```
0    3
1    4
3    9
dtype: int64
```

```
# 인덱스 park 삭제
del(x_label['park'])
x_label
```

```
kim     3
lee     4
choi    6
dtype: int64
```

변경하기

값을 변경하려면 x_num[3] = 4와 같이 인덱스를 지정한 다음 새 값을 할당하면 하면 됩니다.

```
# 3번째 인덱스의 값을 4로 변경
x_num[3] = 4
x_num
```

```
0    3
1    4
3    4
dtype: int64
```

```
# 인덱스 kim의 값을 5로 변경
x_label['kim'] = 5
x_label
```

```
kim     5
lee     4
choi    6
dtype: int64
```

데이터 프레임에서 변수 추출해 활용하기

데이터 프레임을 구성하는 각각의 변수는 시리즈입니다. 데이터 프레임에서 변수를 추출해 연산하는 작업은 대부분 시리즈를 이용합니다. 다음 코드에서 mpg['hwy']의 출력 결과는 시리즈 자료 구조입니다.

```
mpg = pd.read_csv('mpg.csv')
mpg['hwy']
```

```
0      29
1      29
2      31
3      30
4      26
  (...생략...)
```

```
mpg['hwy'].mean()
```

```
23.44017094017094
```

pandas 함수의 출력 결과 활용하기

pandas 함수의 출력 결과는 시리즈일 때가 많습니다. df.value_counts()의 출력 결과는 시리즈이므로 시리즈를 다루는 방법으로 활용할 수 있습니다.

```
n_category = mpg['category'].value_counts()
n_category
```

```
suv            62
compact        47
midsize        41
subcompact     35
pickup         33
minivan        11
2seater         5
Name: category, dtype: int64
```

```
type(n_category)
```

```
pandas.core.series.Series
```

```
# 인덱스 번호로 추출하기
n_category[0:2]
```

```
# 인덱스 문자열로 추출하기
n_category[['suv', 'compact']]
```

```
suv        62
compact    47
Name: category, dtype: int64
```

```
suv        62
compact    47
Name: category, dtype: int64
```

17-7
데이터 프레임

	var1	var2
0	1	4
1	2	5
2	3	6

데이터 프레임$^{data\ frame}$은 행과 열로 구성된 사각형 모양의 표처럼 생긴 자료 구조입니다. 데이터 프레임은 데이터를 다룰 때 가장 많이 사용되는 자료 구조입니다. 이 책에서 소개한 함수들은 대부분 데이터 프레임을 이용합니다. 데이터 프레임을 다루는 방법은 책 전반에 걸쳐 설명했으므로 여기서는 간략히 살펴보겠습니다.

Do it! 실습   만들기

데이터 프레임도 시리즈와 마찬가지로 파이썬에 내장되어 있지 않고 pandas 패키지를 이용해야 활용할 수 있습니다. 데이터 프레임은 pd.DataFrame()에 딕셔너리 자료 구조를 입력해 만듭니다.

```
# 데이터 프레임 만들기
import pandas as pd
df = pd.DataFrame({'var1' : [1, 2, 3],
                   'var2' : [4, 5, 6]})
df
```

	var1	var2
0	1	4
1	2	5
2	3	6

```
type(df)

pandas.core.frame.DataFrame
```

데이터 프레임을 만들면 시리즈와 마찬가지로 행마다 인덱스가 자동으로 부여됩니다. 인덱스를 직접 정하려면 pd.DataFrame()의 index에 값을 입력하면 됩니다.

```
# 인덱스 정하기
df = pd.DataFrame({'var1' : [1, 2, 3],
                   'var2' : [4, 5, 6]},
                  index = ['kim', 'lee', 'park'])
df
```

	var1	var2
kim	1	4
lee	2	5
park	3	6

데이터 프레임을 구성하는 각각의 변수는 시리즈로 되어 있습니다. 데이터 프레임에서 변수를 추출하면 시리즈가 됩니다.

```
x = df['var1']
x
```

```
type(x)
```

```
kim     1
lee     2
park    3
Name: var1, dtype: int64
```

```
pandas.core.series.Series
```

어떤 자료 구조를 사용해야 할까?

함수마다 입력할 수 있는 자료 구조가 다릅니다. 함수에 어떤 자료 구조를 입력해야 하는지 알고 있으면 코드를 작성할 때 시행착오를 덜 겪을 수 있습니다.

함수에 어떤 자료 구조를 입력해야 하는지 알려면 함수의 매뉴얼을 보면 됩니다. 다음과 같이 함수명 앞 또는 뒤에 물음표를 넣어 실행하면 함수의 메뉴얼이 출력됩니다.

```
pd.DataFrame?
```

자료 구조는 다른 것으로 바꿀 수 있습니다. 함수를 사용하려고 하는데 자료 구조가 맞지 않다면 자료 구조를 바꾼 다음 사용하면 됩니다.

다음 코드의 mean()과 value_counts()는 데이터 프레임을 활용하는 함수이므로 리스트로 된 x를 이용해 값을 구할 수 없습니다.

```
x = [1, 1, 2, 3]
x.mean()
```

AttributeError: 'list' object has no attribute 'mean'

```
x.value_counts()
```

AttributeError: 'list' object has no attribute 'value_counts'

pd.DataFrame()를 이용해 자료 구조를 데이터 프레임으로 바꾸고 나면 mean()과 value_counts()를 사용할 수 있습니다.

```
# 데이터 프레임으로 바꾸기
df_x = pd.DataFrame(x)
type(df_x)
```

pandas.core.frame.DataFrame

```
df_x.mean()
```

```
0    1.75
dtype: float64
```

```
df_x.value_counts()
```

```
1    2
2    1
3    1
dtype: int64
```

자료 구조를 바꾸는 함수의 이름은 자료 구조의 이름과 같거나 비슷합니다.

함수	자료 구조
list()	리스트
tuple()	튜플
dict()	딕셔너리
pd.Series()	시리즈
pd.DataFrame()	데이터 프레임

알아 두면 좋아요! } 중첩 자료 구조

자료 구조는 내부에 또 다른 자료 구조를 넣어 여러 단계로 중첩할 수 있습니다. 예를 들어 리스트에 리스트를 넣을 수 있는데, 이를 중첩 리스트^{nested list}라 합니다.

```
x1 = [1, 2, [4, 5, 6], 3]
x1
```

```
[1, 2, [4, 5, 6], 3]
```

[ ]와 인덱스 번호를 이용해 중첩 리스트의 하위 요소를 추출할 수 있습니다.

```
x1[2]
```

```
[4, 5, 6]
```

```
x1[2][0]
```

```
4
```

리스트뿐 아니라 다른 자료 구조도 중첩해 만들 수 있습니다. 자료 구조에 다른 유형의 자료 구조를 넣어 중첩할 수도 있습니다.

```
nested_list   = [1, 2, (4, 5, 6), 3]
nested_tuple  = (1, 2, [4, 5, 6], 3)
nested_dict   = {'score': {'math': 1, 'english': 2}}
nested_series = pd.Series([1, 2, [4, 5, 6], 3])
nested_df     = pd.DataFrame({'x' : [1, 2, [4, 5, 6], 3]})
```

정리하기

```
### 1. 스칼라

## 만들기
x = 1          # 정수
x = 1.5        # 부동소수점
x = 'apple'    # 문자열

## 타입 확인하기
type(x)

## 타입 바꾸기
var2 = float(var1)    # float로 바꾸기
var3 = str(var2)      # str로 바꾸기


### 2. 리스트

## 만들기
x = [1, 2, 'a', 'b']

## 추출하기
x[0]
x[1:3]

## 수정하기
x.append(8)    # 추가하기
x.remove(2)    # 삭제하기
x[0] = 9       # 변경하기
```

```
### 3. 튜플

## 만들기
x = (1, 2, 'a', 'b')
x2 = 1, 2, 'a', 'b'

## 추출하기
x[0]
x[1:3]



### 4. 딕셔너리

## 만들기
x = {'name' : 'kim'}
x = {'id' : 1, 'name' : ['kim', 'park'], 'nclass' : (1, 2, 3)}

## 추출하기
x['id']
x[1]
x['name'][0]

## 수정하기

# 추가하기
x['score'] = [5, 6, 7]

# 삭제하기
del(x['id'])
del(x['name'][1])

# 값 변경하기
x['score'] = [7, 8, 9]
x['score'][2] = 99
```

```
# 키 변경하기
x['math'] = x['score']    # (1) 기존 키를 새 키에 할당
del(x['score'])           # (2) 기존 키 삭제



### 5. 시리즈

# 만들기
import pandas as pd
x_num = pd.Series([3, 4, 5])


## 추출하기
x_num[0]
x_label['kim']


## 수정하기

# 추가하기
x_num[3] = 9
x_label['choi'] = 6


# 삭제하기
del(x_num[2])
del(x_label['park'])


# 변경하기
x_num[3] = 4
x_label['kim'] = 5


### 6. 데이터 프레임

## 만들기
import pandas as pd
df = pd.DataFrame({'var1' : [1, 2, 3],
                   'var2' : [4, 5, 6]})
```

데이터 분석 기술
효율적으로 익히기

데이터 분석 기술을 익히는데 도움이 될 만한 공부 방법과 팁을 담았습니다.

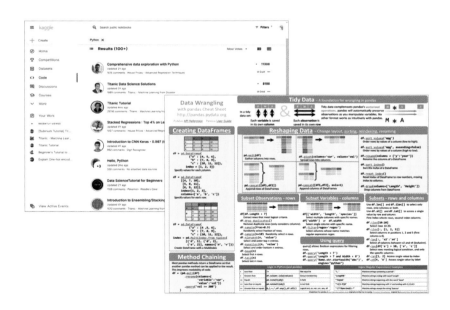

18-1 집중할 방향 정하기

18-2 데이터 분석 기술을 효율적으로 익히는 방법

18-3 오픈 소스 생태계에서 어울리기

18-1
집중할 방향 정하기

데이터는 눈에 보이지 않기 때문에 사람마다 정의를 다르게 내립니다. 개념 정의가 다양한 만큼 데이터를 다루는 분야도 다양해서 스스로 데이터 분석가라고 하는 사람들을 보면 서로 다른 일을 하는 경우가 많습니다. 데이터 분석을 처음 익히기 시작하면 이런 상황이 혼란스러울 수 있습니다. 데이터 분석의 숲에서 길을 잃지 않으려면 관련 분야에 어떤 것들이 있는지 이해하고, 자신이 집중할 곳을 명확히 정해야 합니다.

데이터 분석 관련 분야 살펴보기

데이터 분석

데이터를 이용해 현상을 해석하거나, 변수 간의 관계를 검증하거나, 미래를 예측하는 예측 모형을 만드는 등 데이터 분석에 초점을 둔 분야입니다. 이런 일을 하는 사람을 데이터 분석가^{data analyst}라고 합니다. 이 분야에서 일하려면 파이썬과 같은 데이터 분석 도구를 다룰 수 있어야 하고 통계 분석, 머신러닝 등 데이터 분석 관련 지식을 갖춰야 합니다. 이 책에서 다룬 내용은 주로 이 분야와 관련이 있습니다.

데이터 엔지니어링

서비스나 장비를 운영하면서 대량의 데이터가 지속해서 발생한다면 데이터를 효율적으로 저장하고 추출할 수 있도록 데이터베이스를 구축해야 합니다. 데이터베이스를 구축하고 관리하는 일을 하는 사람들을 데이터 분석가와 구별해 데이터 엔지니어^{data engineer}라고 합니다. 이 분야에서 일하려면 하둡^{Hadoop}, 스파크^{Spark}과 같은 분산 처리 시스템이나 AWS, GCP와 같은 클라우드 컴퓨팅 서비스를 다룰 수 있어야 합니다.

데이터 시각화

데이터 시각화^{data visualization}는 데이터를 쉽게 이해할 수 있도록 이미지로 표현하는 분야입니다. 데이터 분석에서는 주로 분석을 통해 요약된 데이터를 시각화하는 반면, 이 분야는 상대적으로 원자료 자체를 시각화하는 데 중점을 둡니다. 또한 데이터의 변화나 사용자의 조작에 따라 실시간으로 모양이 바뀌는 인터랙티브 그래프를 웹 페이지에 구현하기도 합니다. 이 분야의 일을 하려면 D3.js, 태블로^{Tableau}와 같은 데이터 시각화 도구를 다룰 줄 알아야 합니다.

웹 애널리틱스

웹 애널리틱스$^{web\ analytics}$는 인터넷 사용자의 웹 서비스 이용 행태를 중점적으로 분석하는 분야입니다. 웹 로그^{weblog}를 분석해 사용자가 언제 많이 접속하는지, 어떤 주제의 콘텐츠를 많이 공유하는지, 어떤 링크를 통해 방문하는지 등 웹 서비스 운영에 도움이 되는 정보를 도출합니다. 이 분야의 일을 하려면 구글 애널리틱스$^{Google\ Analytics}$ 같은 웹 로그 분석 전문 도구를 다룰 줄 알아야 합니다.

데이터 분석과 관련된 일을 하다 보면 4가지 분야 모두 어느 정도는 다루게 됩니다. 하지만 분야마다 데이터를 활용하는 목적이 다르기 때문에 작업 방식에 차이가 있고, 필요한 기술과 지식도 조금씩 다릅니다. 데이터 분석을 처음 익히기 시작한 입문자라면 우선 한 가지 주력 분야를 정해 관련 기술을 익힌 다음 점차 다른 영역으로 넓혀 가는 게 좋습니다.

18-2
데이터 분석 기술을 효율적으로 익히는 방법

분석 도구에 익숙해지기

데이터 분석 기술을 지속해서 익히려면 우선 한 가지 데이터 분석 도구를 능숙하게 다룰 줄 알아야 합니다. 파이썬을 주력 도구로 선택했다면 목적에 따라 데이터를 자유롭게 다룰 수 있을 정도로 익숙해져야 합니다. 이 책의 실습 문제를 스스로 해결할 수 있을 정도로 익숙해 졌다면 관심 분야에 따라 필요한 패키지를 추가로 익히면 됩니다. 패키지마다 사용법은 조금씩 다르지만 작동 원리는 비슷하므로 어렵지 않게 익힐 수 있습니다.

온라인에서 학습하기

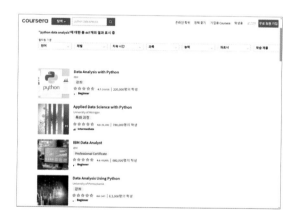

인터넷에는 데이터 분석 기술을 다룬 교육 콘텐츠가 무궁무진하게 많습니다. 코세라 (coursera.org)는 대표적인 MOOC 온라인 강의 서비스입니다. 'python data analysis'로 검색하면 기초 문법부터 머신러닝 모델링까지 주제와 난이도가 다양한 무료 강의를 찾을 수 있습니다. 코세라에서 강의를 듣고 과제를 해결하면서 데이터 분석 기술을 차근차근 익혀 보세요.

다양한 패키지 익히기

파이썬의 가장 큰 장점은 유용한 새 패키지들이 끊임없이 만들어진다는 것입니다. 다룰 줄 아는 패키지가 많을수록 데이터를 수월하게 분석할 수 있습니다.

자신이 관심 있는 데이터 분석 분야에서 어떤 패키지를 많이 사용하는지 검색해 보세요. 예를 들어 텍스트 데이터를 분석할 때 사용하는 패키지를 찾는다면 구글에서 'python text analysis package'로 검색하면 됩니다. 검색 결과에 자주 등장하는 패키지일수록 참고할 설명 자료와 예제 코드를 찾기 쉽습니다.

자신만의 데이터 분석 프로젝트 진행하기

데이터 분석 기술을 가장 효율적으로 익히는 방법은 자신만의 데이터 분석 프로젝트를 진행하는 것입니다. 회사에 있는 데이터를 활용해 평소 해왔던 생각이 데이터로 드러나는지 분석해 보는 것도 좋은 방법입니다. 특히 한 프로젝트를 처음부터 끝까지 파이썬만 활용해 완수하면 단기간에 실력을 늘릴 수 있습니다. 물론 처음에는 익숙하지 않아서 고생하겠지만, 부딪히는 문제들을 해결해 나가는 과정에서 노하우를 습득하게 됩니다.

공공데이터 활용하기

분석할 만한 데이터가 없다면 공공데이터를 활용해 보세요. 관심 분야의 공공데이터를 활용해 자신만의 데이터 분석 프로젝트를 진행하면 흥미를 유지하면서 데이터 분석 실력을 쌓을 수 있습니다. 다음은 공공데이터를 다운로드할 수 있는 대표적인 곳입니다.

- 공공데이터포털: data.go.kr
- 서울 열린데이터 광장: data.seoul.go.kr
- 한국복지패널: koweps.re.kr:442/main.do

데이터 저널리스트 되기

공공데이터를 활용하기로 했다면 데이터 저널리즘^{data journalism}에 관심을 가져 보세요. 데이터 저널리즘이란, 데이터에서 새롭고 흥미로운 사실을 발견해 기사화하는 언론 활동을 의미합니다. 데이터 저널리스트가 되면 데이터 분석 기술을 사회에 도움이 되는 데 활용할 수 있습니다. 기자가 아니더라도 누구든지 오마이뉴스 같은 매체에 기사를 송고할 수 있습니다.

- 오마이뉴스 시민기자 기사쓰기: bit.ly/easypy_181
- 데이터 저널 오마이뉴스 송고 기사: bit.ly/easypy_datajournal

실용주의적으로 접근하기

데이터 분석에 필요한 지식을 기초부터 착실히 다지겠다는 마음으로 두꺼운 수학 전공 서적이나 프로그래밍 관련 서적으로 공부를 시작하는 분들이 종종 있습니다. 데이터 분석이 수학과 프로그래밍 기술에 기반을 두고 있으니 연구자가 될 목적이라면 이런 접근은 정공법으로 추천할 만합니다. 하지만 데이터 분석을 학문의 대상으로 삼아 접근하면 방대한 지식과 기술에 질려 금방 지칩니다. 데이터를 현업에 활용할 목적이라면 어떤 문제를 어떤 분석 기술로 해결할 수 있는지, 실용주의적인 관점으로 접근하는 게 좋습니다.

엔진 작동 원리를 자세히 알지 못해도 자동차를 운전할 수 있는 것과 마찬가지입니다. 액셀러레이터를 밟으면 차가 움직이고 브레이크를 밟으면 멈춘다는 정도만 알아도 운전을 시작할 수 있습니다. 어느 정도 운전에 익숙해지고 나서 좀 더 효율적으로 자동차를 운행하고자하면 그때 자동차의 작동 원리를 익혀도 늦지 않습니다. 데이터 분석도 마찬가지입니다. 우선 간단한 분석 기술을 익혀 현업에 적용해 보고, 성능을 개선하거나 좀 더 복잡한 문제를 해결하고자 할 때 관련 지식을 늘려 가면 됩니다. 필요한 지식을 모두 습득하고 나서 시작하기보다는 우선 작은 기술을 적용해 본 다음 조금씩 지식을 늘려 가는 방법을 추천합니다.

18-3
오픈 소스 생태계에서 어울리기

거인의 어깨에 올라서기

파이썬은 오픈 소스 생태계에서 끊임없이 발전하고 있습니다. 파이썬 사용자들은 필요한 도구를 처음부터 직접 만들기보다 기존에 다른 사용자들이 만들어 놓은 도구를 활용하며 조금씩 발전시키는 방식으로 작업합니다. 파이썬 생태계를 탐방하면서 전 세계 사용자들이 이룩해 놓은 기술을 응용하는 것이야말로 파이썬의 강점을 제대로 활용하는 것입니다.

구글링하기

오픈 소스 생태계에 들어가는 가장 좋은 방법은 구글 검색입니다. 데이터 분석가들은 문제에 봉착하면 책을 찾기보다 구글링을 합니다. 대부분의 문제는 구글링을 하면 금세 훌륭한 해결 방법을 찾을 수 있습니다. 파이썬 사용자들은 질문 글이나 답변 글을 올릴 때 코드도 함께 올립니다. 이런 코드를 자신이 봉착한 문제를 해결하는 데 활용할 수 있습니다.

구글링하는 요령은 검색하고자 하는 내용 앞에 'python'을 붙이는 것입니다. 예를 들어, 변수명을 바꾸는 방법을 알아보려면 'python change variable name'처럼 단어를 나열해 검색하면 됩니다. 검색 결과 위쪽에 나타나는 자료일수록 많은 사람이 참고하는 자료입니다. 검색 결과 첫 페이지의 자료만 읽어 봐도 대부분 해결 방법을 찾을 수 있습니다.

구글링하면서 가장 많이 참고하는 사이트는 스택 오버플로(stackoverflow.com)입니다. 추천을 많이 받은 답변일수록 위쪽에 표시됩니다. 초보자가 겪는 문제는 스택 오버플로의 글을 참고하면 대부분 해결할 수 있습니다.

치트 시트 활용하기

자주 사용하는 함수와 파라미터를 요약한 매뉴얼을 치트 시트^{cheat sheet}라고 합니다. 문법이 기억나지 않거나 궁금한 기능이 있을 때 치트 시트를 활용하면 유용합니다. 치트 시트는 사용자들이 만들어 공유하기도 하고, 패키지 개발자가 직접 제작해 배포하기도 합니다. 모든 패키지에 치트 시트가 있는 것은 아니지만, 인기 있는 패키지는 대부분 만들어져 있습니다.

구글에서 '패키지명 cheat sheet'로 검색하면 치트 시트를 찾을 수 있습니다. 예를 들어 pandas의 치트 시트를 찾으려면 'pandas cheat sheet'로 검색하면 됩니다.

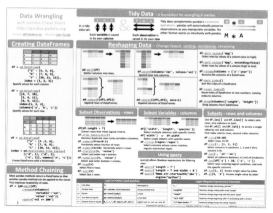

pandas 치트 시트: bit.ly/easypy_pandas

파이썬 코드 공유하기

파이썬이 강력한 데이터 분석 도구인 이유는 사용자들이 분석 과정에서 얻은 지식과 노하우를 공유하는 문화 때문입니다. 파이썬 사용자들은 자신이 작성한 코드를 공개하고 서로 조언하는 데 익숙합니다. 누군가 코드를 공개하면 더 좋은 방법을 제안하고, 다른 사람의 코드를 자신의 분석에 응용하고, 응용한 코드를 다시 공개합니다. 이런 과정을 거치면서 분석 기술이 지속적으로 발전합니다.

입문자라면 코드를 공유하는 게 특히 도움이 됩니다. 경험 많은 분석가로부터 책에도 없는 실용적인 조언을 얻을 수 있기 때문입니다. 데이터 분석가들이 활동하는 온라인 커뮤니티에 자신이 작성한 코드를 업로드해 보세요. 블로그를 개설해 분석 과정을 포스팅하는 것도 좋은 방법입니다.

파이썬 활용 사례 살펴보기

다른 사람들이 작성한 코드를 보면 데이터를 활용하는 다양한 방법을 익힐 수 있고, 사람들이 많이 사용하는 유용한 패키지들을 알 수 있습니다.

캐글

kaggle.com/code

온라인 데이터 분석 대회 캐글^{kaggle}에는 참가자들이 작성한 데이터 분석 보고서가 공개되어 있습니다. 투표를 많이 받은 보고서를 보면 코드를 효율적으로 작성하는 방법, 읽기 편한 데이터 분석 보고서를 만드는 방법을 익힐 수 있습니다.

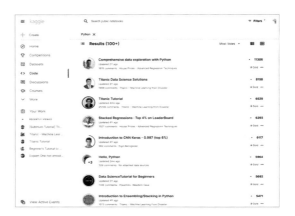

데이터 활용 사례 살펴보기

유튜브 데이터홀릭

youtube.com/dataholic4

데이터홀릭은 데이터와 관련된 다양한 분야의 소식을 전하는 데이터 전문 유튜브 채널입니다. 게임사, 통신사, 이커머스, 금융사, 공공기관 등 다양한 분야의 전문가들이 게스트로 참여해 현장의 문제를 해결하는데 데이터를 어떻게 활용하고 있는지, 최근에 어떤 기술을 주목하고 있는지 이야기 나누고 있습니다.

KDnuggets

kdnuggets.com

다양한 분야의 데이터 분석 사례와 패키지 활용법을 공유하는 사이트입니다. 파이썬 생태계의 최신 동향을 파악하는 데 도움이 됩니다.

온라인 커뮤니티 가입하기

다음은 데이터 분석가들이 활동하는 대표적인 페이스북 커뮤니티입니다. 커뮤니티에 가입해 최신 정보를 접하면서 사람들이 주고받는 댓글을 읽다 보면 데이터 분석의 세계에 깊숙이 빠져들게 될 겁니다.

데이터 분석 커뮤니티

facebook.com/groups/datacommunity

제 책의 독자 또는 제가 진행한 데이터 분석 강의에 참여한 분들과 함께 운영하는 커뮤니티입니다. 이제 막 입문한 분들이 많이 활동하고 있어서 누구든 부담 없이 질문을 올릴 수 있습니다. 데이터 분석을 익히는 데 도움이 되는 유용한 정보와 팁을 공유하고, 오프라인 스터디 그룹을 만들어 함께 공부하기도 합니다.

한국 파이썬 사용자 모임

facebook.com/groups/pythonkorea

파이썬 코리아Python Korea는 파이썬 고수들이 활동하는 대표적인 파이썬 사용자 커뮤니티입니다. 매년 콘퍼런스를 개최해 다양한 노하우를 아낌없이 공유하고 있습니다.

생활코딩

facebook.com/groups/codingeverybody

데이터 분석뿐 아니라 IT 기술 전반에 관한 정보가 활발하게 교류되는 커뮤니티입니다. 열심히 활동하는 사용자가 많아서 질문을 올리면 금방 답변을 받을 수 있습니다.

통계마당

facebook.com/groups/632755063474501

통계 분석에 관심 있는 사람들이 활동하는 커뮤니티입니다. 데이터 관련 분야의 전공자들이 활동하고 있어서 질문을 올리면 통계학과 교수, 연구원, 현업 데이터 분석가의 답변을 받을 수 있습니다.

싸이그래머

facebook.com/groups/psygrammer

심리학 전공자들이 프로그래밍과 데이터 분석을 공부하면서 시작한 스터디 그룹입니다. 지금은 여러 분야 전문가들이 함께 모여 파이썬, R, 머신러닝, 웹 개발, 뇌 과학, 인공지능 등 다양한 주제를 공부하고 있습니다. 스터디 그룹이 활발히 열리고, 누구든 자유롭게 참여할 수 있습니다.

 정답

73쪽 **혼자서 해보기**

Q1

```
score = [80, 60, 70, 50, 90]    # 변수 만들기
score                            # 출력하기
```

```
[80, 60, 70, 50, 90]
```

Q2

```
sum(score)                       # score의 합계 구하기
```

```
350
```

Q3

```
sum_score = sum(score)          # score의 합계를 담은 변수 만들기
sum_score                        # sum_score 출력하기
```

```
350
```

Q1

```python
# 데이터 프레임 만들기
sales = pd.DataFrame({'fruit'  : ['사과', '딸기', '수박'],
                      'price'  : [1800, 1500, 3000],
                      'volume' : [24, 38, 13]})

# 데이터 프레임 출력하기
sales
```

	fruit	price	volume
0	사과	1800	24
1	딸기	1500	38
2	수박	3000	13

Q2

```python
sum(sales['price']) / 3    # 가격 평균 구하기

2100.0
```

```python
sum(sales['volume']) / 3   # 판매량 평균 구하기

25.0
```

Q1

```python
mpg = pd.read_csv('mpg.csv')    # mpg 데이터 불러오기
mpg_new = mpg.copy()            # 복사본 만들기
```

```
mpg_new = mpg_new.rename(columns = {'cty' : 'city'})     # cty를 city로 수정
mpg_new = mpg_new.rename(columns = {'hwy' : 'highway'}) # hwy를 highway로 수정
```

```
mpg_new.head()   # 데이터 일부 출력
```

	manufacturer	model	displ	year	cyl	trans	drv	city	highway	fl	category
0	audi	a4	1.8	1999	4	auto(l5)	f	18	29	p	compact
1	audi	a4	1.8	1999	4	manual(m5)	f	21	29	p	compact
2	audi	a4	2.0	2008	4	manual(m6)	f	20	31	p	compact
3	audi	a4	2.0	2008	4	auto(av)	f	21	30	p	compact
4	audi	a4	2.8	1999	6	auto(l5)	f	16	26	p	compact

130쪽 **분석 도전**

문제 1

```
midwest = pd.read_csv('midwest.csv')   # midwest 데이터 불러오기
midwest.head()                          # 앞부분 출력
midwest.tail()                          # 뒷부분 출력
midwest.shape                           # 행, 열 개수 출력
midwest.info()                          # 변수 속성 출력
midwest.describe()                      # 요약 통계량 출력
```

(...생략...)

문제 2

```
# poptotal을 total로 수정
midwest = midwest.rename(columns = {'poptotal' : 'total'})

# popasian을 asian으로 수정
midwest = midwest.rename(columns = {'popasian' : 'asian'})
```

```python
# 백분율 변수 추가
midwest['ratio'] = midwest['asian'] / midwest['total'] * 100

# 히스토그램 만들기
midwest['ratio'].plot.hist()
```

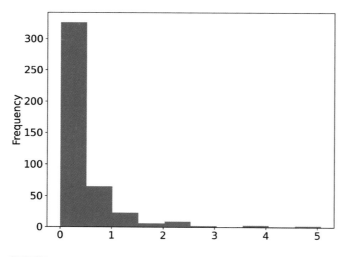

```python
# ratio 평균
midwest['ratio'].mean()
```

```
0.4872461834357345
```

```python
# large, small 부여
midwest['group'] = np.where(midwest['ratio'] > 0.4872, 'large', 'small')
```

```python
# group 빈도 구하기
count_group = midwest['group'].value_counts()
count_group
```

```
small    318
large    119
Name: group, dtype: int64
```

```
# 막대 그래프 만들기
count_group.plot.bar(rot = 0)
```

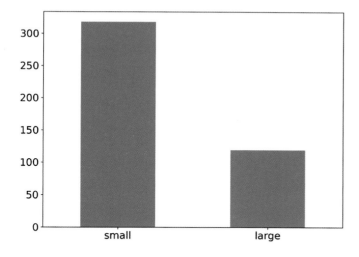

144쪽   **혼자서 해보기**

Q1

```
mpg = pd.read_csv('mpg.csv')       # mpg 데이터 불러오기
mpg_a = mpg.query('displ <= 4')    # displ 4 이하 추출
mpg_b = mpg.query('displ >= 5')    # displ 5 이상 추출
```

```
mpg_a['hwy'].mean()    # displ 4 이하의 hwy 평균
```

25.96319018404908

```
mpg_b['hwy'].mean()    # displ 5 이상의 hwy 평균
```

18.07894736842105

```
mpg_audi  = mpg.query('manufacturer == "audi"')     # audi 추출
mpg_toyota = mpg.query('manufacturer == "toyota"')  # toyota 추출
```

```
mpg_audi['cty'].mean()     # audi의 cty 평균
```

```
17.61111111111111
```

```
mpg_toyota['cty'].mean()   # toyota의 cty 평균
```

```
18.529411764705884
```

```
# manufacturer가 chevrolet, ford, honda에 해당하면 추출
mpg_new = mpg.query('manufacturer in ["chevrolet", "ford", "honda"]')
mpg_new['hwy'].mean()
```

```
22.50943396226415
```

150쪽 **혼자서 해보기**

```
mpg = pd.read_csv('mpg.csv')             # mpg 데이터 불러오기
mpg_new = mpg[['category', 'cty']]       # category, cty 추출
mpg_new.head()                           # mpg_new 일부 출력
```

	category	cty
0	compact	18
1	compact	21
2	compact	20
3	compact	21
4	compact	16

```
mpg_new.query('category == "suv"')['cty'].mean()    # suv의 cty 평균
```

13.5

```
mpg_new.query('category == "compact"')['cty'].mean()    # compact의 cty 평균
```

20.127659574468087

153쪽　혼자서 해보기

Q1

```
mpg = pd.read_csv('mpg.csv')                        # mpg 데이터 불러오기
mpg.query('manufacturer == "audi"') \               # audi 추출
    .sort_values('hwy', ascending = False) \        # hwy 내림차순 정렬
    .head()                                          # 5행까지 출력
```

	manufacturer	model	displ	year	cyl	trans	drv	cty	hwy	fl	category
2	audi	a4	2.0	2008	4	manual(m6)	f	20	31	p	compact
3	audi	a4	2.0	2008	4	auto(av)	f	21	30	p	compact
0	audi	a4	1.8	1999	4	auto(l5)	f	18	29	p	compact
1	audi	a4	1.8	1999	4	manual(m5)	f	21	29	p	compact
9	audi	a4 quattro	2.0	2008	4	manual(m6)	4	20	28	p	compact

158쪽　혼자서 해보기

Q1

```
mpg = pd.read_csv('mpg.csv')    # mpg 데이터 불러오기
mpg_new = mpg.copy()             # mpg 복사본 만들기

# 합산 연비 변수 추가
mpg_new = mpg_new.assign(total = mpg_new['cty'] + mpg_new['hwy'])
```

```
# 평균 연비 변수 추가
mpg_new = mpg_new.assign(mean = mpg_new['total'] / 2)
```

Q3

```
# mean 기준 내림차순 정렬, 상위 3행 출력
mpg_new.sort_values('mean', ascending = False).head(3)
```

	manufacturer	model	displ	year	cyl	trans	total	mean
221	volkswagen	new beetle	1.9	1999	4	manual(m5)	79	39.5
212	volkswagen	jetta	1.9	1999	4	manual(m5) ···	77	38.5
222	volkswagen	new beetle	1.9	1999	4	auto(l4)	70	35.0

Q4

```
mpg.assign(total = lambda x: x['cty'] + x['hwy'],    # 합산 연비 변수 추가
           mean  = lambda x: x['total'] / 2) \       # 평균 연비 변수 추가
  .sort_values('mean', ascending = False) \          # 내림차순 정렬
  .head(3)                                            # 상위 3행 출력
```

	manufacturer	model	displ	year	cyl	trans	total	mean
221	volkswagen	new beetle	1.9	1999	4	manual(m5)	79	39.5
212	volkswagen	jetta	1.9	1999	4	manual(m5) ···	77	38.5
222	volkswagen	new beetle	1.9	1999	4	auto(l4)	70	35.0

166쪽 **혼자서 해보기**

Q1

```
# mpg 데이터 불러오기
mpg = pd.read_csv('mpg.csv')

mpg.groupby('category') \          # category별 분리
  .agg(mean_cty = ('cty', 'mean'))  # cty 평균 구하기
```

| | mean_cty |
category	
2seater	15.400000
compact	20.127660
midsize	18.756098
minivan	15.818182
pickup	13.000000
subcompact	20.371429
suv	13.500000

Q2

```python
mpg.groupby('category') \                              # category별 분리
    .agg(mean_cty = ('cty', 'mean')) \                 # cty 평균 구하기
    .sort_values('mean_cty', ascending = False)        # 내림차순 정렬
```

| | mean_cty |
category	
subcompact	20.371429
compact	20.127660
midsize	18.756098
minivan	15.818182
2seater	15.400000
suv	13.500000
pickup	13.000000

Q3

```python
mpg.groupby('manufacturer') \                          # manufacturer별 분리
    .agg(mean_hwy = ('hwy', 'mean')) \                 # hwp 평균 구하기
    .sort_values('mean_hwy', ascending = False) \      # 내림차순 정렬
    .head(3)                                           # 상위 3행 출력
```

	mean_hwy
manufacturer	
honda	32.555556
volkswagen	29.222222
hyundai	26.857143

Q4

```
## 방법1
mpg.query('category == "compact"') \        # compact 추출
    .groupby('manufacturer') \              # manufacturer별 분리
    .agg(n = ('manufacturer', 'count')) \   # 빈도 구하기
    .sort_values('n', ascending = False)    # 내림차순 정렬
```

	n
manufacturer	
audi	15
volkswagen	14
toyota	12
subaru	4
nissan	2

```
## 방법2
mpg.query('category == "compact"') \        # compact 추출
    .value_counts('manufacturer')           # manufacturer별 빈도 구하기
```

```
manufacturer
audi          15
volkswagen    14
toyota        12
subaru         4
nissan         2
dtype: int64
```

Q1

```
# mpg 데이터 불러오기
mpg = pd.read_csv('mpg.csv')

# mpg에 연료 가격 변수 추가
mpg = pd.merge(mpg, fuel, how = 'left', on = 'fl')
```

Q2

```
# 변수 추출, 앞부분 일부 출력
mpg[['model', 'fl', 'price_fl']].head()
```

	model	fl	price_fl
0	a4	p	2.76
1	a4	p	2.76
2	a4	p	2.76
3	a4	p	2.76
4	a4	p	2.76

문제 1

```
# midwest 데이터 불러오기
midwest = pd.read_csv('midwest.csv')

# midwest에 백분율 변수 추가
midwest['ratio'] = (midwest['poptotal'] - midwest['popadults']) \
                    / midwest['poptotal'] * 100
```

```
midwest.sort_values('ratio', ascending = False) \     # ratio 내림차순 정렬
        .head() \                                       # 상위 5행 추출
        [['county', 'ratio']]                           # 변수 추출
```

	county	ratio
230	ISABELLA	51.501172
404	MENOMINEE	50.591260
281	ATHENS	49.320727
247	MECOSTA	49.059183
154	MONROE	47.358182

문제 3

```
# midwest에 grade 변수 추가
midwest['grade'] = np.where(midwest['ratio'] >= 40, 'large',
                   np.where(midwest['ratio'] >= 30, 'middle', 'small'))
```

```
## 방법1
midwest.groupby('grade') \                    # grade별 분리
        .agg(n = ('grade', 'count'))          # grade 빈도 구하기
```

	n
grade	
large	32
middle	396
small	9

```
## 방법2
midwest['grade'].value_counts()
```

```
middle     396
large       32
small        9
Name: grade, dtype: int64
```

```
# 백분율 변수 추가
# 내림차순 정렬
# 상위 10행 출력
# 변수 추출
midwest.assign(ratio_asian = midwest['popasian'] / midwest['poptotal'] * 100) \
       .sort_values('ratio_asian') \
       .head(10) \
       [['state', 'county', 'ratio_asian']]
```

	state	county	ratio_asian
404	WI	MENOMINEE	0.000000
105	IN	BENTON	0.010592
109	IN	CARROLL	0.015950
358	OH	VINTON	0.027032
390	WI	IRON	0.032504

(...생략...)

185쪽   **혼자서 해보기**

Q1

```
# 결측치 빈도 확인
mpg[['drv', 'hwy']].isna().sum()
```

```
drv      0
hwy      5
dtype: int64
```

Q2

```
mpg.dropna(subset = 'hwy') \          # hwy 결측치 제거
    .groupby('drv') \                 # drv별 분리
    .agg(mean_hwy = ('hwy', 'mean'))  # hwy 평균 구하기
```

	mean_hwy
drv	
4	19.242424
f	28.200000
r	21.000000

194쪽 **혼자서 해보기**

Q1

```
# 이상치 확인
mpg['drv'].value_counts().sort_index()
```

```
4    100
f    106
k      4
r     24
Name: drv, dtype: int64
```

```
# drv가 4, f, r이면 기존 값 유지, 그 외 NaN 부여
mpg['drv'] = np.where(mpg['drv'].isin(['4', 'f', 'r']), mpg['drv'], np.nan)
```

```
# 이상치 확인
mpg['drv'].value_counts().sort_index()
```

```
4    100
f    106
r     24
Name: drv, dtype: int64
```

```
# 상자 그림 만들기
sns.boxplot(data = mpg, y = 'cty')
```

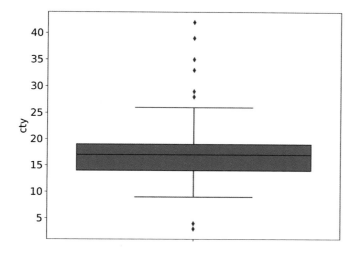

```
pct25 = mpg['cty'].quantile(.25)    # 1사분위수
pct75 = mpg['cty'].quantile(.75)    # 3사분위수
iqr = pct75 - pct25                 # IQR
```

```
pct25 - 1.5 * iqr   # 하한
```

```
6.5
```

```
pct75 + 1.5 * iqr   # 상한
```

```
26.5
```

```
# 6.5 ~ 26.5 벗어나면 NaN 부여
mpg['cty'] = np.where((mpg['cty'] < 6.5) | (mpg['cty'] > 26.5), np.nan, mpg['cty'])
```

```
# 상자 그림 만들기
sns.boxplot(data = mpg, y = 'cty')
```

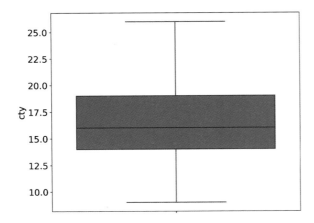

Q3

```
mpg.dropna(subset = ['drv', 'cty']) \     # drv, cty 결측치 제거
    .groupby('drv') \                      # drv별 분리
    .agg(mean_cty = ('cty', 'mean'))       # cty 평균 구하기
```

	mean_cty
drv	
4	14.247423
f	19.470000
r	13.958333

Q1

```
mpg = pd.read_csv('mpg.csv')                        # mpg 데이터 불러오기
sns.scatterplot(data = mpg, x = 'cty', y = 'hwy')  # 산점도 만들기
```

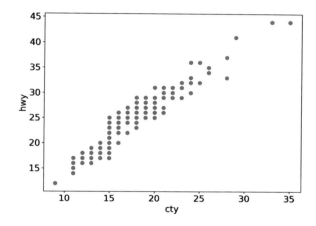

Q2

```
# midwest 데이터 불러오기
midwest = pd.read_csv('midwest.csv')

# 산점도 만들기, 축 범위 제한하기
sns.scatterplot(data = midwest, x = 'poptotal', y = 'popasian') \
    .set(xlim = [0, 500000], ylim = [0, 10000])
```

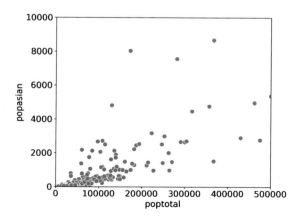

Q1

```
# mpg 데이터 불러오기
mpg = pd.read_csv('mpg.csv')

df = mpg.query('category == "suv"') \          # suv 차종 추출
        .groupby('manufacturer', as_index = False) \    # manufacturer별 분리
        .agg(mean_cty = ('cty','mean')) \      # cty 평균 구하기
        .sort_values('mean_cty', ascending = False) \   # 내림차순 정렬
        .head()                                # 상위 5행 추출
df
```

	manufacturer	mean_cty
8	subaru	18.833333
9	toyota	14.375000
7	nissan	13.750000
3	jeep	13.500000
6	mercury	13.250000

```
# 막대 그래프 만들기
sns.barplot(data = df, x = 'manufacturer', y = 'mean_cty')
```

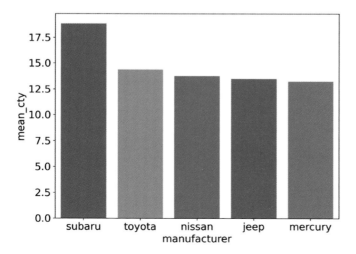

```
df_mpg = mpg.groupby('category', as_index = False) \      # category별 분리
            .agg(n = ('category', 'count')) \             # 빈도 구하기
            .sort_values('n', ascending = False)          # 내림차순 정렬

df_mpg
```

	category	n
6	suv	62
1	compact	47
2	midsize	41
5	subcompact	35
4	pickup	33
3	minivan	11
0	2seater	5

```
# 막대 그래프 만들기
sns.barplot(data = df_mpg, x = 'category', y = 'n')
```

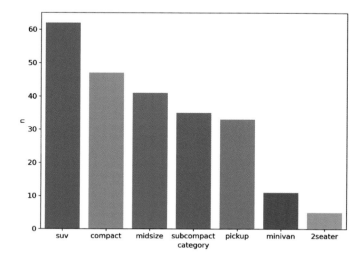

Q1

```
# economics 데이터 불러오기
economics = pd.read_csv('economics.csv')

# 날짜 시간 타입 변수 만들기
economics['date2'] = pd.to_datetime(economics['date'])

# 연도 변수 추가
economics['year'] = economics['date2'].dt.year

# 연도별 개인 저축률 선 그래프
sns.lineplot(data = economics, x = 'year', y = 'psavert', errorbar = None)
```

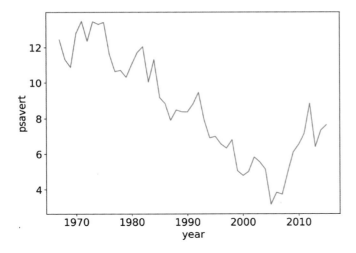

Q2

```
# 월 변수 추가
economics['month'] = economics['date2'].dt.month

# 2014년 추출
df_2014 = economics.query('year == 2014')

# 선 그래프 만들기
sns.lineplot(data = df_2014, x = 'month', y = 'psavert', errorbar = None)
```

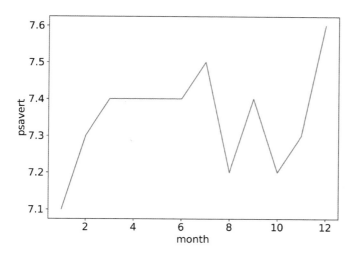

220쪽 **혼자서 해보기**

Q1

```
# mpg 데이터 불러오기
mpg = pd.read_csv('mpg.csv')

# compact, subcompact, suv 차종 추출
df = mpg.query('category in ["compact", "subcompact", "suv"]')

# 상자 그림 만들기
sns.boxplot(data = df, x = 'category', y = 'cty')
```

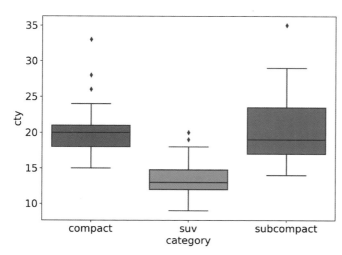

패키지명

folium	303
jpype1	280
json	301
KoNLPy	279
konlpy	282
matplotlib	203
numpy	120
object	103
pandas	81
PIL	290
plotly	316
pydataset	72
pyreadstat	225
scikit-learn	361
scipy	335, 338
seaborn	198, 200
sklearn	361
WordCloud	288
jupyter-dash	316
re	281

함수명

apply()	294
clf.fit()	363
ConfusionMatrixDisplay()	369
df.agg()	159
df.assign()	154
df.astype()	303
df.corr()	337
df.drop()	147
df.dropna()	180
df.dtypes	229
df.explode()	295
df.fillna()	184
df.groupby()	159

df.iloc[]	399
df.loc[]	390
df.mean()	118
df.pivot()	273
df.plot.bar()	122
df.plot.barh()	274
df.plot.hist()	119
df.quantile()	192
df.query()	133
df.rename()	113
df.replace()	189
df.sort_values()	151
df.value_counts()	121
df_midterm.to_csv()	92
df_raw.copy()	114
df.describe()	103
df.head()	100
df.info()	102
df.shape()	102
df.tail()	101
folium.Choropleth()	305
folium.Map()	303
json.load()	301
konlpy.tag.Kkma()	294
model.predict()	367
np.where()	120
open()	280
pd.concat()	171
pd.get_dummies()	358
pd.isna()	179
pd.merge()	168
pd.Series()	422
pd.to_datetime()	214
plt.imshow()	288
px.box()	320
px.line()	319
read()	280
round()	263
sns.barplot()	206

sns.boxplot()	218
sns.countplot()	209
sns.histplot()	232
sns.lineplot()	213
sns.scatterplot()	199
sort_index()	125
stats.pearsonr()	338
str.replace()	294
train_test_split()	361
tree.DecisionTreeClassifier()	363
tree.plot_tree()	364
unique()	210
wc.generate_from_frequencies()	288
hannanum.nouns()	282
import	72
konlpy.tag.Hannanum()	282
lambda	157
metrics.accuracy_score()	371
metrics.f1_score()	374
metrics.precision_score()	372
metrics.recall_score()	373
np.nan	178
pd.DataFrame()	82
pd.read_csv()	91
pd.read_excel()	86
pd.reset_option()	143
pd.set_option()	143
PIL.Image.open()	290
plt.rcParams.update()	203
px.bar()	318
px.scatter()	316
pydataset.data()	72
re.sub()	281
sns.boxplot()	191
sns.countplot()	67
sns.heatmap()	340
sns.load_dataset()	66

stats.ttest_ind()	335
str.len()	283
wordcloud()	286
GeoJSON()	301
len()	87
max()	60
min()	60

기호 및 숫자

!=	135
()	416
@	142
[]	82, 145, 384
{}	418
|	128, 138
\	150
==	134

영문

Accuracy	371
Anaconda	32
Anaconda Prompt	34
anomaly	186
arithmetic operators	143
attribute	111
bar chart	205
box plot	190, 218
choropleth map	301
class	289
codebook	227
colormaps	291
column	77
confusion matrix	368
correlation analysis	337
correlation coefficient	337

correlation matrix	338
cross validation	360
data frame	77, 427
data preprocessing	132
datetime64	103, 214
decision tree	348
descriptive statistics	333
dictionary	418
Error	96
F1 score	374
float64	103
frequency table	121
graph	197
heatmap	340
imputation	182
in	140
index	390
inferential statistics	333
instance	289
int64	103
inter quartile range	192
interactive graph	315
IQR	192
JupyterLab	32
Kernel	143
line chart	212
list	413
logical operators	143
markdown	323
mask	289
method	110
method chaining	126
missing value	178
module	69
morphology analysis	279
node	351
one-hot encoding	357
outlier	190
parameter	66

pip	71
pip list	95
pivot	273
Precision	372
predictor variable	347
prompt	34
p-value	333
quantile	192
Recall	373
row	78
scalar	410
scatter plot	199
series	422
significance probability	333
slicing	394
statistical hypothesis test	333
sum	60
t 검정	334
target variable	347
test set	360
text mining	279
time series data	212
training set	360
t-test	334
tuple	416
UTF-8	280
variable	77
vertical bar	128
Warning	96
word cloud	286

한글

결측치	178
결측치 대체법	182
교차 검증	360
그래프	197
극단치	190

기술 통계	333	시리즈	422	테스트 세트	360
꼬꼬마 형태소 분석기	294	시험 세트	360	텍스트 마이닝	279
날짜 시간	103	실수	103	통계적 가설 검정	333
내장 함수	65, 109	아나콘다	32	튜플	416
노드	351	어트리뷰트	111	트레이닝 세트	360
노트북	39	에러 메시지	96	파라미터	66
논리 연산자	143	열	77	파생변수	116
누적 비율 막대 그래프	274	예측 변수	347	파일 브라우저	45
단계 구분도	301	워닝 메시지	96	패키지	62
데이터 전처리	132	워드 클라우드	286	패키지 설치	71
데이터 프레임	77, 427	워킹 디렉터리	45	패키지 약어	65
딕셔너리	418	원핫 인코딩	357	패키지 함수	109
리스트	413	유의확률	333	프롬프트	34
마크다운	323	의사결정나무 모델	348	피벗	273
막대 그래프	205	이상치	186	함수	59
매개변수	66	인덱스	390	행	78
머신러닝	346	인덱스 문자열	391	형태소 분석	279
메서드	110	인덱스 번호	392, 399	훈련 세트	360
메서드 체이닝	126	인스턴스	289	히트맵	340
모듈	69	인코딩	280		
배치 파일	49	인터랙티브 그래프	315		
백슬래시	150	자료 구조	407		
버티컬 바	128	자바	279		
변수	53	재현율	373		
분위수	192	정밀도	372		
빈도표	121	정수	103		
사분위 범위	192	정확도	371		
사분위수	191	조건문	120		
산술 연산자	143	주석	51		
산점도	199	중첩 조건문	123		
상관계수	337	추론 통계	333		
상관분석	337	커널	143		
상관행렬	338	컨퓨전 매트릭스	368		
상자 그림	190, 218	컬러맵	291		
선 그래프	212	컬럼	77		
셀	39	코드북	227		
스칼라	410	크로스 밸리데이션	360		
슬라이싱	394	클래스	289		
시계열 데이터	212	타겟 변수	347		

인공지능

박해선 | 328쪽

정직하게 코딩하며 배우는
딥러닝 입문

파셉트론부터 GAN까지 핵심 이론 총망라!
딥러닝 교과서
윤성진 | 432쪽

이론을 더 깊게~

GPT-2부터 자동 신경망 구성까지
강화 학습 입문
조규남, 맹윤호, 임지순 | 360쪽

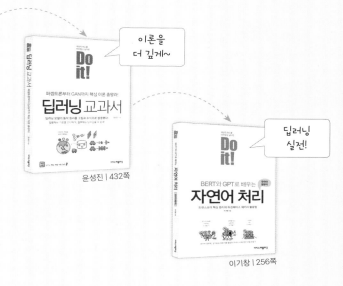

BERT와 GPT로 배우는
자연어 처리
이기창 | 256쪽

딥러닝 실전!

데이터 분석

쉽게 배우는
R 데이터 분석
김영우 | 376쪽

쉽게 배우는
R 텍스트 마이닝
김영우 | 344쪽

부동산 빅데이터 분석 전 과정 수록!
공공데이터로 배우는
R 데이터 분석 with 샤이니
김철민 | 248쪽

나는 어떤 코스가 적합할까?

A 인공지능 개발자가 되고 싶은 사람

- Do it! 점프 투 파이썬
- Do it! 정직하게 코딩하며 배우는 딥러닝 입문
- Do it! 딥러닝 교과서
- Do it! BERT와 GPT로 배우는 자연어 처리

B 데이터 분석가가 되고 싶은 사람

- Do it! 쉽게 배우는 R 데이터 분석
- Do it! 쉽게 배우는 R 텍스트 마이닝
- Do it! 데이터 분석을 위한 판다스 입문
- Do it! R 데이터 분석 with 샤이니
- Do it! 첫 통계 with 베이즈

Basic Programming Course
기초 프로그래밍 코스 | 파이썬, C 언어, 자바로 시작하는 프로그래밍!
기초 단계를 독파한 후 응용 단계로 넘어가세요!

기초
단계

박응용 | 360쪽

김성엽 | 576쪽

김동형 | 856쪽

시바타 보요, 강민 역 | 408쪽

시바타 보요, 강민 역 | 464쪽

시바타 보요, 강민 역 | 432쪽

응용
단계

김창현 | 296쪽

강성윤 | 712쪽

김종관 | 564쪽

나는 어떤
코스가
적합할까?

A 파이썬 개발자가 되고 싶은 사람

- Do it! 파이썬 생활 프로그래밍
- Do it! 점프 투 장고
- Do it! 점프 투 플라스크
- Do it! 장고+부트스트랩 파이썬 웹
  개발의 정석

B 자바·코틀린 개발자가 되고 싶은 사람

- Do it! 자바 완전 정복
- Do it! 자바 프로그래밍 입문
- Do it! 코틀린 프로그래밍
- Do it! 안드로이드 앱 프로그래밍
  — 개정 8판
- Do it! 깡샘의 안드로이드 앱 프로그래밍
  with 코틀린 — 개정판